国家社会科学基金项目（15BJY104）资助
2020 年度河北省哲学社会科学学术著作出版资助
河北农业大学现代农业发展研究中心资助
河北新型智库：河北省三农问题研究中心资助

新型农业经营主体与新型职业农民“两新融合”机制研究

张　亮　李逸波　周　瑾　等著

中国财经出版传媒集团
中国财政经济出版社

图书在版编目（CIP）数据

新型农业经营主体与新型职业农民“两新融合”机制研究／张亮等著．--北京：中国财政经济出版社，2020.6

ISBN 978-7-5095-9880-1

Ⅰ．①新…　Ⅱ．①张…　Ⅲ．①农业经营－经营管理－研究－中国　Ⅳ．①F324

中国版本图书馆CIP数据核字（2020）第111754号

责任编辑：彭　波　　　　责任印制：史大鹏

封面设计：卜建辰　　　　责任校对：胡永立

中国财政经济出版社 出版

URL：http：//www.cfeph.cn

E-mail：cfeph@cfeph.cn

社址：北京市海淀区阜成路甲28号　邮政编码：100142

营销中心电话：010-88191537　北京财经书店电话：64033436　84041336

北京财经印刷厂印装　各地新华书店经销

710×1000毫米　16开　16.25印张　276 000字

2020年6月第1版　2020年6月北京第1次印刷

定价：68.00元

ISBN 978-7-5095-9880-1

（图书出现印装问题，本社负责调换）

本社质量投诉电话：010-88190744

打击盗版举报热线：010-88191661、QQ：2242791300

前　言

我国农业处于由传统农业向现代农业的过渡阶段，目前我国农业劳动力素质偏低和农业生产方式落后的现状，理论上看是个体分化与组织形态变革的协同耦合。两者发展到一定阶段，新型职业农民需要新型农业经营主体作为平台，给予其发展的空间和学习的机会；新型农业经营主体作为一种组织形式，不仅需要职业农民的领办和组成，更需要新型职业农民作为其可持续发展的主体力量。新型农业经营主体和新型职业农民融合发展是客观要求。但是，当前的农业发展模式中主导力量脱离了“主力军”的发展，“主力军”的建设并未以主导力量的培育而壮大。两者本应相辅相成，却缺失有效的联结方式，甚至在培育与发展阶段中均出现脱钩乃至背离的现象。由此，新型农业经营主体和新型职业农民的融合具有一定的时代背景和现实需要（以下简称“两新融合”）。本书的研究目的是从现实观察和理论研究两个角度，探析“两新融合”的现实基础和理论逻辑；从分析两者在融合中的动机与行为入手，探寻“两新融合”的利益联结机制，并提出政府参与下的“两新融合”机制的优化路径，旨在找出现实行为的背后逻辑；提出政府参与的多方合作机制，从而促进新型职业农民和新型农业经营主体快速、深度融合，促进两者在共同发展的过程中，提升效能，更好地在现代农业农村工作中发挥作用。

新型农业经营主体逐渐成为现代农业发展的主要载体，新型职业农民不断成长，成为现代农业的“主力军”。现代农业的发展需要新型职业农民和新型农业经营主体融合发展。今后中国农业的从业主体，从组织形态看就是专业大户、家庭农场、合作社、农业企业等新型农业经营主体，从个体形态看就是新型职业农民。新型农业经营主体和新型职业农民不仅在现实中已经开始融合，而且其融合发展也是其各自的内在需要和客观趋势。针对当前两者难以有机结合的现象，从现实和理论中进行总结和探索，并提出促进“两新”有机融合的机制，具有重要的理论价值和实践意义。

本书基于国家社会科学基金项目“新型农业经营主体与新型职业农民‘两新融合’机制研究（15BJY104）”研究成果而撰写，历时5年，通过对全国12个省60多家新型经营主体的实地调研，27个省1679份农民调查问卷，以及河北省新型职业农民培育对象摸底调查的84220份问卷和数据展开研究。采用定量分析和实证分析相结合的研究方法，建立Logistic模型，分析“两新融合”的影响因素；采用案例分析法和比较分析法相结合对四川崇州等4个典型案例进行行为和有效性对比分析；采用博弈分析和均衡分析方法相结合通过“两新”目标趋向分析其利益联结机制。提出如下主要观点：

（1）“两新融合”指新型农业经营主体和新型职业农民通过生产要素的调整和重新配置，在行动上合二为一，达到效益最大化的过程。目前我国“两新融合”整体存在数量匹配性较差，利益机制联结不够完备，扶持政策未能融合发展等问题。

（2）新型农业经营主体行为的核心动机是组织利润最大化，新型职业农民则是为了获得产业化和职业化发展的综合技能，个人效用最大化，融合发展本质是通过利益联结的方式增强双方协调性和稳定性。

（3）不同的利益联结机制决定了“两新融合”的不同类型：合作社（或职业经理人）和普通农户之间的委托代理型、龙头企业+职业农民培育的合作共赢型、高科技龙头企业和合作社（或家庭农场）的客户服务型三种利益联结机制更为有效。

（4）“两新融合”必须通过要素融合，市场化运作，优化配置来提高供给体系质量和效率，融合前提是消除土地制度的障碍，基础是完善农业社会化服务体系，必须建立政策支持机制，通过经营主体、农民和政府三方协作来不断突破边界与稳定边界实现融合发展。

本书首次提出“两新融合”的观点，基于利益联结机制的理论分析，为实现现代农业发展提供了一个全新思路，指出“两新融合”是必然趋势，新型农业经营主体与新型职业农民作为参与博弈方均为理性的行为主体，最终决策都是谋求自身利益的最大化，政府必须运用市场化机制去均衡两者的利益联结，从而实现组织和个体融合理论的有效拓展。提出的“两新融合”模式得到了应用和推广，体现了理论与实践相结合。本书提出以下对策建议：优化融合机制的顶层设计。以习近平新时代特色社会主义思想为指导，以乡村振兴战略为总体要求，从政府层面完善法律保障和政策支持机制，市场层面建立利益联结机制。完善融合机制的制度建设。完善农村土地经营与流转制度、乡村人才制度和社会保障制度。加强融合机制的政策配套。加强财政资金支持政策、金融保险政策、社会化服务政策和农民教育培训政策的配套。保障融合机制的对策措施。完善新型农业经营体系建设，落实乡村振兴战略；加强政策引领，落实“两新融合”的扶持措施；引导农民加强合作，发展新型农民合作组织；发挥农业龙头企业优势，完善利益联结机制；加强经营主体带头人轮训，培育新时代高素质农民；完善农业社会化服务体系，吸纳小农户融入新型农业经营主体。

本书由张亮、李逸波、周瑾、夏志禹、樊梦瑶、吕雅辉等共同完成，具体分工如下：第1、2章由张亮、周瑾、夏志禹完成；第3章由张亮、李逸波、樊梦瑶完成；第4章由张亮、夏志禹完成；第5章案例部分由周瑾、夏志禹、吕雅辉根据其毕业论文修改完成；第6、7、8章由周瑾、张亮完成；第9、10章由张亮、樊梦瑶完成。其中天津商务职业学院夏志禹除完成约3万字的书稿外，还对本书的编辑出版做出了很多有益工作，本书的出版得到中国财政经济出版社的大力支持，在此表示最诚挚的感谢！

作者

2020年4月

目　录

第1章 引 言

1.1 问题的提出

1.1.1 研究背景

（1）我国农业农村发展背景。

“三农”问题始终是关乎我国经济社会发展改革的重大问题。当前，我国农业正由传统农业向现代农业过渡，处于转方式、调结构的攻坚期，面临农业人力资源和农业生产经营方式双重挑战的核心问题。

劳动力“质”与“量”的问题急需解决。随着农业比较效益降低，非农引力逐步增强，导致我国农村劳动力持续大量转移，“人走村空”的问题愈演愈烈。农业人力资本外溢，留存人力资本产出过小，成为限制现代农业发展的“瓶颈”。加之，农业现代化发展致使很多低水平劳动力被淘汰，并且对高水平农民需求强烈。因此，我国农业发展的当务之急就是打造一支高效率、高水准、高素质的新型职业农民队伍。

农业组织形式在内外制约中亟待变革。当前，资源和环境已经严重制约了农业发展，主要表现在：耕地数量减少，耕地质量下降，耕地污染甚至退化；农业生产结构不合理，种养加一体化程度低，地力下降与养殖业粪污未能有效利用问题并存。同时，生产、加工、流通、消费严重脱节，农业产业链短缺等问题更加突出。现代农业的发展急需农业生产方式的变革，急需解决如何构建新型农业经营主体这一核心问题。与此同时，虽然在优越的政策扶持下成立了一大批家庭农场、农业企业、合作社等新型农业经营主体，但是经营效益差、能够实现可持续发展的整体数量偏少。许多工商资本趁机注入农业，但由于生产经营效率低，出现了老板“跑路”，农民“受害”的情况。

党的十九大作出实施乡村振兴战略的重大决策。走中国特色社会主义乡村振兴道路，让农业成为有奔头的产业，让农民成为有吸引力的职业，让农村成为安居乐业的美丽家园[1]。要实现这一目标，急需解决我国乡村发展最为突出的不平衡不充分问题。例如，农产品供需矛盾已发生变化，一般农产品供过于求，高品质农产品供给不足，需要通过农业供给侧结构性改革、高质量发展来解决；农民的能力与现代农业的发展不能适应，具体表现为生产和市场竞争的能力不足，需要通过培养一支高素质的新型职业农民队伍来解决；国家支持农业发展的资金缺口较大与国家支农体系相对薄弱产生的矛盾，城乡之间要素配置不够合理，相互流动的制度不够健全，需要通过农村体制改革，健全城乡融合发展机制来解决。实施乡村振兴战略，“三农”问题作为全党工作重中之重，放在了前所未有的历史地位，农业农村必须优先发展，是解决当前我国主要矛盾的必然要求，是实现共同富裕的必然要求。

（2）新型农业经营主体发展背景。

新型农业经营主体作为农业农村发展的主体，可以在深入推进农业供给侧结构性改革中提供配套设施，2014～2018 年的中央一号文件都提出要发展多种形式的新型农业经营主体。2014 年，中央一号文件提到扶持发展新型农业经营主体，鼓励发展多种形式的农民合作社和混合所有制农业产业化龙头企业，引导发展农民专业合作社联合社，建设配套辅助设施和融资性担保公司，加强教育培训力度[2]。2015 年，中央一号文件提出加快构建新型农业经营体系，鼓励发展规模适度的农户家庭农场，引导农民以土地经营权入股合作社和龙头企业，鼓励工商资本发展适合企业化经营的现代农业[3]。2016 年，中央一号文件强调发挥多种形式农业适度规模经营引领作用，主要体现在农业机械、成果应用、绿色发展、市场开拓等方面；支持新型农业经营主体和新型农业服务主体成为建设现代农业的骨干力量，通过完善配套设施、促进财政资金引导、实施社会化服务支撑工程、扩大公益性服务创新试点来适应新型农业经营主体的发展需要[4]。2017 年，中央一号文件提出扶持规模适度的家庭农场，加强农民合作社规范化建设，加快发展多种形式规模经营并引导规模经营健康发展，带动新型农业经营主体和农户专业化、标准化、集约化生产，支持金融机构的融资业务和满足新型农业经营主体需求的保险产品，与多种业态的联系日益加深[5]。在资源环境约束趋紧的背景下，农业发展方式的转变需求、农村竞争实力的提升需求和农民收入的增长需求，使新型农业经营主体的多元化发展成为无可厚非的突破点。2018 年，中央一号文件提出统筹兼顾培育新型农业经营主体和扶持小农户，培育各类专业化市场化服务组织，推进农业生产全程社会化服务，帮助小农户节本增效。发展多样化的联合与合作，提升小农户组织化程度。注重发挥新型农业经营主体带动作用，打造区域公用品牌，开展农超对接、农社对接，帮助小农户对接市场[1]。

（3）新型职业农民培育背景。

新型职业农民培育是符合中央政策导向、教育制度变革及农业发展战略的系统性、承接性、长久性工程。2005 年底，基于提高农民整体素质，农业部在《关于实施农村实用人才培养“百万中专生计划”的意见》中提出了培养职业农民的要求，指出将农村劳动力中具有初中（或相当于初中）及以上文化程度，在农业生产、经营、服务及农村经济、社会发展等领域从事工作的职业农民作为培养对象[6]。这是在国家层面首次提出“职业农民”的概念，界定了职业农民的素质要求和从业范围。2006 年，中央一号文件同样基于提高农民整体素质，从“有文化、懂技术、会经营”的能力素质要求方面进一步明确了“新型农民”的概念[7]。2007 年 10 月，党的十七大报告明确了新型职业农民培育在新农村建设中的主体作用，指出培养新型农民队伍不仅需要通过教育培训提升其综合素质与专业技能，而且需要通过政府扶持和环境建设去保障其自身发展与产业需求的客观要求。自此，长期以来的农民培训概念正式升级为农民培育。2008 年，党的十七届三中全会指出，我国总体上进入加快走中国特色农业现代化道路，加速发展城乡经济社会一体化的重要时期，要求将培育职业农民作为实现农业和农村现代化工作的最基本内容。2012 年，中央一号文件立足我国农村劳动力结构和职业教育发展的新变化，为适应现代农业发展的新需求，提出大力培育新型职业农民。这是中央统筹城乡、推进四化同步发展的重大战略决策，标志着我国农民素质的革新及其身份向职业的转变[8]。2013 年，中央一号文件提出大力培育新型职业农民和农村实用人才，指明了转变农业经营方式，发展现代农业的人才队伍建设方向[9]。2015 年，中央财政安排农民培训补助资金 11 亿元，农业部正式启动新型职业农民培育工程，集中力量、突出重点、针对实际、迅速及时地培育一批新型职业农民[10]。2016 年，中央一号文件立足农业供给侧结构性改革，以实现全面小康为目标，以农业提效为重点，提出“加快培育新型职业农民，将新型职业农民培养成建设现代农业的主导力量”[4]，指明了在农业现代化进程中新型职业农民群体的主体地位，明确了培育的重点对象与方式方法。2018年，中央一号文件立足实施乡村振兴战略，提出必须破解人才“瓶颈”制约，要把人力资本开发放在首要位置，畅通智力、技术、管理下乡通道，造就更多乡土人才。再次提出大力培育新型职业农民，全面建立职业农民制度，完善配套政策体系，继续实施新型职业农民培育工程[1]。

长期以来，针对农民科技素质提升、农业发展能力提高的政策措施奠定了新型职业农民培育的环境基础，同时指明了新型职业农民培育的基本方向与路径。在此基础上，新型职业农民培育在各地开展速度迅猛，成效显著，迫切要求相关的理论研究成果支撑培育经验的验证与思路的创新，为进一步发展新型职业农民培育事业打下坚实的理论根基。

（4）新型农业经营主体和新型职业农民融合背景。

从实践上来看，要想提高农业综合效益，保持农业可持续发展，后继有人，必须创新农村体制，不断加快、深化改革步伐，促进农业社会化服务组织发展，大力发展多种形式的新型农业经营主体，转变农业发展方式，这是构建农业发展支点的关键。在农业生产实践中，发展新型农业经营主体，离不开人的因素，需要新型职业农民的参与，在新型农业经营主体培育的变革过程中只有让新型职业农民真正融入，新型农业经营主体才能够得到发展，新型农业经营主体建设以新型职业农民的培育为基础[11]，同时，新型农业经营主体又是新型职业农民培养的实践载体，两者互利共生，相互需求，两者的相互融合是现代农业发展的必然趋势，它使农民现代化、职业化，经营方式科学化、规模化。但目前，新型农业经营主体与新型职业农民融合发展相对缓慢，各地区新型职业农民培育工程仍靠政府牵头主办，培育主体单一，没有充分借助新型农业经营主体的力量进行培训，针对“两新融合”的支持政策也相对较少。新型农业经营主体的培育方面的支持政策主要体现在生产经营方面，针对新型职业农民的扶持政策较少，导致相互融合不仅程度不足且效率低下，在这样的背景下，迫切需要将“两新”相互融合发展。

从理论上来看，农业劳动力素质偏低和农业生产方式落后的问题是个体分化与组织形态变革的协同耦合。新型职业农民是懂技术、有文化、会经营的高级人力资源，是现代农业的主导力量。新型农业经营主体是坚持农村基本经营制度不变，农业生产经营方式变革的产物，是推动现代农业发展的主力军。但是，在当前的农业发展过程中主导力量脱离了主力军的发展，主力军的建设并未因主导力量的培育而壮大。两者本应相辅相成，却缺少有效的联结方式，甚至在培育与发展阶段中出现脱钩乃至背离的现象。由此，新型农业经营主体和新型职业农民的融合具有一定的时代背景和现实需要（以下简称“两新融合”）。新型农业经营主体是新型职业农民发展的平台，新型职业农民是新型农业经营主体的核心组成成员。

1.1.2 研究意义

（1）首次对新型农业经营主体和新型职业农民“两新融合”机制进行系统研究。新型农业经营主体是现代农业发展的必然要求和趋势，新型职业农民是新型农业经营主体的主体，能够适应现代农业专业化、标准化、规模化、集约化生产要求[11]，具有示范带动作用，是保障粮食安全和农产品供给的主体力量，代表了现代农业发展方向，新型职业农民与新型农业经营主体的有机融合是现代农业发展到一定阶段的有机融合。今后中国农业的从业主体，从组织形态看就是专业大户、家庭农场、合作社、农业企业等，从个体形态看就是新型职业农民。新型职业农民培育必须围绕新型农业经营体系建设来实现，培育新型职业农民就是培育现代农业的现实和未来[12]。本书运用“理性经济人”行为理论、公共产品最优供给理论、交易成本理论、契约理论、人力资本理论、比较优势理论等进行系统研究，在对新型农业经营主体和新型职业农民行为进行分析的基础上，运用博弈论对两者融合进行分析，具有一定的理论意义。

（2）总结提升现实中“两新融合”的成功做法与经验，探索“两新融合”机制。在全国各地已出现很多将新型农业经营主体与新型职业农民有效连接在一起，共同发展壮大的成功做法，但至今尚停留在分散的经验总结上，本书将不同地区、不同产业、不同类型的典型融合案例进行比较，透过现象看本质，探索适合不同地区、产业与类型的“两新融合”机制，将理论运用到现实中，并指导实践，具有一定的实践意义。

（3）分析新型农业经营主体和新型职业农民融合过程中急需解决的问题，为政府决策提供指导。如何在坚持家庭承包经营的基础上，构建新型农业经营体系，确保国家粮食安全和重要农产品有效供给，成为亟待解决的问题[13]。国家出台的政策有的针对新型农业经营主体，有的针对新型职业农民，两者不能协调统一，有的相互矛盾，有的重复支持，如何摆正新型农业经营主体和新型职业农民两者的关系至关重要。“两新融合”需要机制的创新，政府扮演着不可替代的重要作用，但市场化运作是发挥政府的扶持作用的最有效手段。通过系统深入研究，将对政府决策和政策优化起到重要参考作用，具有一定的社会意义。

1.2 国内外研究现状

1.2.1 新型农业经营主体相关研究

（1）新型农业经营主体含义研究。

在对农业经营主体的研究中，新制度经济学资深学者、美国经济学家Bain（1959）认为，有效的组织形式是社会经济发展中极其重要的资源。Emelianoff（1942）、Demsetz（1999）认为，合作社就是使农业生产要素实现最大化的一种企业。Robert A. Hoppe（1999）提出传统农业可以将家庭农场看作是向现代农业过渡的桥梁，传统农业也只有通过家庭农场的规模化经营才可能向现代农业发展，因此有其长期存在的合理性。在社会生产力缓慢发展的前提下，与以农业龙头企业为代表的大规模、集中化经营相比，家庭农场进行的适度规模经营更具有适用性[17]。马克思（1975）在《资本论》中曾提出，合作社是一种经济组织，在社会经济过渡中具有特殊性，他同时认为要促进土地的生产资料所有权向集体经济所有制过渡，而合作社正是这一过渡环节的存在形式[18]。

恰亚耶夫（1996）对新型农业经营主体主要分成三种类型：兼业农户、合作社和企业化经营的农场。把企业化经营的农场从经营方式和生产关系的不同又可分为家庭农场和公司型大农场这两种类型[14]。Enke（1945）认为农业合作社是一种独立的企业模式，或者说是投资者所有企业的变体。Seston（1986）认为农业合作社是农场主进行集体联合行动而存在的模式。新一代合作社产生后，Cook（1995）、Fulton（1995）认为传统合作社的几种具体形式包括农业服务合作社、农业共同经营组合和合作社企业，但是新一代合作社还具有自己的一些新特征，如具有增加社员收入也可转让的交货权等[19][16]。

在新型农业经营主体的定义及特点的研究中，黄祖辉等（2010）、郭庆海（2013）、孔祥智（2014）认为新型农业经营主体是具有相对较大经营规模，与现代农业及市场经济相适应的农业经济组织，是我国现代农业的核心主体[20][21][22]。刘帅等（2013）认为不同新型农业经营主体效益提高的来源不同，家庭农场、种植大户注重提高土地产出率而提高效益；农业企业、合作社拥有资金、技术、人才为比较优势的，注重要素组合而提高效益[23]。王春平（2013）认为要素投入能力增强是新型农业经营主体区别传统农业经营主体的重要特点，其中包含人才的投入，还指出政府在其发展过程中应该承担人才培养这一重要任务[24]。很多学者认为家庭农场是发展农业现代化的最优组织形式。杜志雄等（2014）认为家庭农场是世界上最为普遍的农业经营主体，教育培训是其发展的推进器[25]。陈永富等（2014）也认为家庭农场代表中国农业发展方向，并提出要对家庭农场主进行教育培训[26]。

（2）新型农业经营主体发展研究。

国外 John G. Thompson（1921）主要研究家庭农场，指出在西方发达资本主义国家较早实施农业机械化生产，家庭农场一直是农业现代化的主要力量。家庭农场主要凭借劳动力、资本、管理、土地等要素来增加产出率[27]。关于合作社的研究，Fama 和 Jensen（1983）认为，合作社组织的发展成本比较高，与公共服务的发展模式类似，并且存在一些问题，如“搭便车”、在长期投资方面没有投资激励等。Demsetz（1999）认为，合作社的管理者由于不能在合作社中取得剩余价值，就算是其管理得到改善之后，合作社的收益也与其自身的收入关联较小，导致其缺乏积极性。并且在管理过程中，管理者可能会滥用职权为自己赚取利益，导致合作社的监督成本提高。随着合作社的进一步优化，Cook（1995）等学者将传统农业和现代农业两个时期中合作社的特征进行比较，并进一步分析现代合作社的特征、绩效和制度变迁等[19]。Napier（2000）认为，当农业产业体系发生变革时，家庭农场要想一直生存下去，唯一途径就是寻找新的道路开发人的能力。Andrea（2009）认为，单一农场对农业和农业环境政策的反映程度以及环境和经济对农场的影响由农场的规模化、集约化和专业化程度决定。Adam Calo（2018）研究认为，小规模农业市场营销创新机构和农场孵化器应为新农民提供相关的农业培训以及市场营销和商业援助，通过这些手段振兴美国的小型家庭农场。

国内王礼力、赵晓锋等（2002），袁迎珍（2004），罗必良等（2014）通过对农业经营组织产生、变迁和演进的成因分析，得出农业经营组织形式变迁是由于成本—收益的变动而演变，并且收益问题是农户决定是否进入某种农业经营组织的主要原因[28][29][30]。孟丽等（2015）对四类新型农业经营主体的发展现状和功能定位进行研究，认为制度的完善和法律法规的约束影响着新型农业经营主体的优化演变[31]。汪发元（2014）提出，发达国家经营主体发展的重要措施是其严格按照条件实施补贴[32]。

黄祖辉等（2012）认为，在间接定价理论框架下，当农业生产经营出现具体分工，由于各市场主体会根据自己的实际情况对劳动交易所产生的费用相比较，选取不同的剩余权利所依赖的最佳组织结构，导致各类新型农业经营主体的产生。如果该市场主体认为农业生产经营劳动的交易费用高于分工收益，则选取家庭农场作为新型农业经营主体；反之，则会选取农民专业合作社或农业龙头企业作为新型农业经营主体[100]。

很多学者针对当前新型农业经营主体所存在的问题，提出相应的对策建议和发展思路，其中，人才培育的问题受到广泛关注。江维国（2014）提出了新型农业经营主体的人才战略，通过内部“造血”与外部“输血”增加人才[34]。宋洪远等（2013）认为，在新型农业经营主体“四化同步”的道路上，解决专业化问题的核心在“人”，实现新型农业经营主体专业化发展要培育专业化人才和推进规模化经营[35]。王国敏等（2014）认为，要避免“就主体论主体”，人流、资金流、信息流、物流改善推演出新型农业经营主体培育这一新的生产方式，其中，种养能手和专业大户是新型农业经营主体培育的中坚力量[36]。岳正华等（2013）认为，家庭农场发展的主要问题是土地权属模糊、承包问题频发[37]。崔宝玉等（2014）通过对土地股份合作社的组合形式进行研究，认为横向合作比大农领办的方式更为合理[38]。

方春华（2014）提出要创新新型农业经营主体机制，鼓励新型职业农民通过土地流转等方式扩大生产规模，成为种养大户、家庭农场[39]。朱启臻（2013）强调了在新型农业经营主体培育过程中新型职业农民的重要作用，认为新型职业农民的培育和发展能够进一步推动新型农业经营主体实现农业经营的集约化和专业化[40]。谷小勇等（2016）认为，当前政策扶持过于向“强”“优”农民倾斜，新型职业农民队伍的培育应吸纳在乡小农，从而培育专业大户、家庭农场等新型农业经营主体[41]。开展土地经营权入股，使合作社与农户、农户与企业形成了关系紧密的利益共同体[42]。

赵晓峰等（2016）认为，合作社是有益贫性的特征，合作社的建立是为了农民的脱贫，管理不完善的根本原因是合作社普通社员没有股权，无法与普通社员建立紧密的合作关系[43]。赵晓峰、赵祥云（2016）认为，合作社的发展必然压缩小农户的发展空间，不利于小农经济。而加强合作社的社会化服务的建设，不仅直接服务于小农经济，还促进小农户融入现代农业，小农户和合作社发展是提高小农户资源禀赋的必要条件[44]。

1.2.2 新型职业农民相关研究

（1）农民行为理论及新型职业农民的概念研究。

国外对农民行为理论的研究主要集中在对农民行为是否是理性行为的讨论上，主要有以下观点：1976 年，美国农民研究专家詹姆斯·C. 斯考特在其著作《农民的道义经济学：东南亚的反叛与生存》中提出农民践行生存伦理至上、安全第一的原则，他认为在生存边缘徘徊的农民受到各种外界因素的摆布，不会将新古典经济学中提出的追求利益最大化作为行动的目的，他认为农民追求的不是利益，而是风险回避，避免失败以降低最大损失的可能性，确保“生命安全”[45]。苏联著名农业经济学家 A. 恰亚诺夫通过对小农的农场经营的研究，提出农户生产主要是为了满足其家庭生存和消费的需要，并非实现利益最大化，农民的生产行为不受追求利益最大化理论的制约。一旦农民生存与消费需求得到满足，他们就会停止生产[14]。马克斯·韦伯（Max Weber）认为，农民是具有一种“传统主义”心态的“经济人”，农民的目标是减少付出的代价，不是追求最大利益，而是追求代价最小化[46]。波耶克在研究荷属爪哇农村后，提出“农民社会”中的农民的经济行为是基于道德而不是理性，生产不追求利益最大化。基于当时农民的生活方式与价值观念，他发现当生活水平达到某种程度后，农产品价格上升并没有促进生产增加，反而导致生产萎缩[47]。

美国经济学家西奥多·舒尔茨（Theodore W. Schultz）以 20 世纪一些发展中国家的农民为原型，提出传统农业中的农民就像企业家一样会在生产经营中权衡长短期利益与风险因素，追求生产利益最大化，资源的配置也是有效率的，配置效率低下的情况是比较少见的，并提出了“贫穷而有效率”观点[48]。1979 年，波普金（S. Popkin）在 *The Rational Peasant* 中也同意舒尔茨的说法，并对舒尔茨的命题进行了进一步的研究后提出，农民虽然贫穷和回避风险，但农民还会冒着风险寻找机会进行投资，权衡中短期利益与风险因素后，做出生产决策，追求利益最大化。

弗兰克·艾利思在对农民经济行为研究后提出农民的理性行为是有条件的，由于农民只是部分参与市场以及市场的不完全性，因此农民在面对市场时才会追求利益最大化，所以他认为农民在面对市场进行生产决策和消费决策时才是理性的[49]。美国人类学家奥斯卡·刘易斯（Oscar Lewis）在研究中提出了“贫困文化论”，这一理论认为农民会因为贫困而形成独特的居住和生活方式，产生一种脱离社会主流文化的行为规范和价值观念，并被制度化，世代传递，导致农民无法摆脱这种固有的模式[50]。美国社会学家阿列克斯·英格尔斯和戴维·H. 史密斯通过对六个发展中国家的数千名农民和产业工人的研究，提出农民由传统社会人向现代转变是因为他们的现代社会的特殊经历[51]。

国内对农民行为理论的研究发展较晚，主要包括以下观点：林毅夫（1988）认为现代经济学的逻辑框架适用于农民经济行为的研究，在承认农民的行为是理性的情况下，农民的行为依然受到其认识能力的限制，政府可以为农民提供良好的外部条件，增加人力资本投资提高农民认识能力[52]；黄宗智（2000）对中国长江三角洲和华北平原区域的农民行为进行了比较，不同的生态系统、耕作方式、商品化发达程度等因素造成了两地区农民社会关系和行为的差异[53]；黄祖辉等（2004）研究认为农户的决策行为都有他的合理性，受社会环境、经济环境和自然环境的影响[54]；马良灿（2014）认为农民经济行为研究分为实体论与形式论，在农民经济问题的研究中沿着这两种传统理论分析容易造成对整体农民经济行为的碎片化认识[55]；李继刚（2012）在对农民的经济行为研究后提出农民理性分为社区理性和市场理性，社区理性是农民最基本的理性层次，不同的社会环境、生态环境、生产力水平影响农民的行为与价值观，随着社会的发展，商业化的深入，农民所处的环境及其价值观念都发生了变化，农民的社区理性逐步演进到市场理性[56]。

国外没有新型职业农民的提法，国内新型职业农民的概念出自 2012 年中央一号文件，随后，国内学者对于新型职业农民的概念展开了深入研究，整理现有文献，主要从以下方面进行解读：朱启臻等（2012）、蒋平（2012）、郭智奇等（2012）等从新型职业农民的能力素质入手，认为新型职业农民是有文化、懂技术、会经营的现代农业主力军，他们具备基本的科学文化素质和熟练的农业生产技术以及先进的农业发展理念[40][57][58]，具有跨区域、流动性、社会化、职业化的特点；杨继瑞等（2013）、魏学文等（2013）从多个方面研究新型职业农民的经济属性，指出新型职业农民具有显著的“经济人”特征，其职业发展目标是个人利益和集体利益的最大化。职业农民持续充分进入市场，通过在农业产业中发展获得等于或高于其他行业的收入[59][60]；曾福生（2012）则认为新型职业农民是在市场中竞争并且能够获得利润最大化的经济人[61]；朱启臻（2013）定义新型职业农民的社会属性，认为传统农民的主要目标是满足家庭自给自足，而新型职业农民既要满足市场需求，也要对农产品市场、农产品消费者负有重要责任，是推动农业发展的主力军[62]；杨继瑞等（2013）认为培育新型职业农民能够推动农业科技成果的转化，具备高素质的劳动力能够促进生产力发展与生产关系变革[59]；李俏等（2012）认为新型职业农民的重要作用就是他们是新型农业经营主体的微观基础，也是农业现代化的推动者[63]。

（2）新型职业农民培育研究。

国外对农民培育的研究已拥有悠久的历史，到目前，多数国家都形成了独特的职业农民培育体系，取得了丰富的理论与实践成果。在西方发达国家，农民本身就是一种职业，在农民培育方面的研究比较成熟。国外代表人物，如 Rothwell（2009）、James J. Heckman（2012）等学者从人力资本角度研究农民。Thodore W. Schults 在《改造传统农业》一书中提出人力资本是促进农业经济增长的主要力量，被称为农业经济增长的“源泉”[48]。Nancy Franz 等 11 所大学（2010）对关于农民如何学习这一问题做了一项调查，结果显示：在农民组织中对农业教育需求不同；农民喜欢同伴互教；农民在参与研究中发现价值；农民喜欢更综合的教育方式；农民希望农业教育工作者能够抓住农业的变化等[66]。Deborah Duveskog 认为，农民田间学校促使农民增收，为肯尼亚带来巨大变革[67]。

理论方面，农民培育最重要的理论莫过于“人力资本理论”。1776 年，亚当·斯密提出了人力资本这一观点。他指出人在工作中所表现出的能力，不是生来就有的，而是后天教育与分工形成的，强调了后天教育对人的能力提高的重要性[68]。著名的美国经济学家舒尔茨认为在农业生产力的差别问题上土地上的区别不重要，物资方面差别很重，最重要的是农民自身的能力，强调了农村人力资本的重要性[48]。马歇尔也曾提出投资在人上的资本是最有价值的。贝克尔（1987）认为人力资本投资影响个人未来的收人[69]。卢卡斯（1989）认为人力资本积累是产业发展和经济持续增长的重要因素[70]。

实践方面，Kim 和 Young Pyong（1985）等通过对韩国“新村运动”期间的农民培训的研究得出，农民培训对“新村运动”的成功起到了促进作用[71]。Rogers（1995）认为提高农民在农业生产过程中的自我决策能力是农民培训的重点[72]。Wallace（1996）等研究认为，缺乏明确的农民职业教育培训政策阻碍了撒哈拉以南非洲国家农村进步[73]。Van den Ban 和 Hawkins（1996）研究中得出，让职业农民培育者获得最重要的是交流技巧[74]。Van Crower（1998）提出，农业教育在消除国家贫困中起着关键作用，因此要结合市场导向及本国国情，设置相应的农业培训课程[75]。Bennell（1999）研究指出，培训内容与现实需求因为缺乏有效的培训反馈和课程评审，且培训后续活动缺乏支持，由此导致对农民对培训项目失去吸引[76]。Benjamin（2000）等利用大量研究结果表明，受过良好教育的高素质农民对经济转型所带来的机会敏感度、把握度更高一些[77]。Wenger（2000）提出，培育新型职业农民应建立共同体，实现社会主体与教育机构的合作，共同完成培育任务，推动农民的自我发展。Noor（2011）对培训农民的认知和业绩的影响进行了研究，得出创新培育内容，可以提高农民的文化、科学素质，降低成本增加收入，同时农民的创业能力也可以进一步提高[78]。Jurksaitiene（2013）等研究认为可以通过职业资格教育提高农民的保护环境知识和能力[79]。Ma 和 Sangjin（2014）评价韩国农民教育政策后认为，教育对农民农场管理的信心、新技术购买、个人社会网络扩张、农场管理成本与收入、农业生产率等有积极影响[80]。María（2016）等研究认为，年轻农民更愿意参加有效的农业培训，进而提高其生产效益。

国内对新型职业农民培育的研究主要从对象甄选、教育培训方式以及教育发展平台的构建三个方面展开。孙中华（2012）、陈晓华（2014）、方春华（2014）认为在选择新型职业农民培育对象时应该有针对性，应侧重于家庭农场经营者、专业大户、合作社带头人等拥有产业基础的人[81][82][39]。叶迎（2013）在研究日本农业人力资源开发后指出我国要完善相关法律法规，从种粮大户开始提高农民素质和技能[83]。米松华等（2014）以四个部级新型职业农民培育试点地区为调查对象，分析提出当前新型职业农民培育对象具有以农业为职业、适度规模经营、有一定资金投入能力等特征[84]。夏志禹等（2017）认为，在新型职业农民的培育过程中，要避免单一的灌输式教育，采取“干中学”教育是增加人力资本的有效途径[85]。李俏等（2013）认为新型职业农民培育要以“参与式”作为指导思想，要将农民需求作为依据，将实现群体自我发展为目标，让农民真正融入培育过程中，发挥其主动性、能动性、参与培育效果的收益分配[63]

成就职业农民是培育职业农民的关键所在，关键问题就在于如何让农民投入现代农业发展过程中。童洁等（2015）认识到新型职业农民个体在农业经营过程中存在信息和资源上的匮乏，提出为了应对市场需求瞬息万变、交易成本过高和经营风险过大等问题，新型职业农民应联合起来构建不同的农业经济组织，这是新型职业农民发展的必然选择[86]。朱启臻（2013）认为家庭农场是新型职业农民最理想的载体，是培育新型职业农民的不可或缺的条件和现代农业组织发展的基础，家庭农场劳动者是典型的职业农民[87]。王秀华（2012）认为，新型职业农民可以通过团队或组织的形式参与农业生产经营而非单干或家庭式[88]。杨继瑞等（2013）提出要营造良好的环境促进新型职业农民的发展，其中包括完善土地流转以实现规模经营；制定相关法律法规以保障农民合法权益等[59]。贺喜灿（2010）认为要实现人力资源开发—就业—增收的良性循环[89]。

1.2.3 “两新融合”发展的研究

国外学者虽然没有明确提出“两新融合”的相关概念，但有很多有关农民关系和经营主体的研究。美国学者罗吉（1962）提出了一些愿意采用新技术的劳动者的主要特征，具体表现在：愿意接受最好的职业培训，更加年轻化，耕种的面积高于当地的平均水平，更积极地参加各种团队、协会和组织的活动，积极地参与社会活动，经常在合作社、联合会和其他农业组织中担任领导者。孟德拉斯（1962）指出各种农业组织联合会、合作社、信用社都有一段印象很深的政治历程，农民对这些组织总是半信半疑，但是在利益的驱动下，人们不会错过利用他们的机会。由于国外的农民合作组织已经在个体和组织中进行了要素的融合和利益的再分配，这方面的研究较多。例如，日本的农协是世界上最成功的农村合作经济组织形式之一，清水徹朗在2016年发表的论文中对日本农协进行了概述和分析：日本农协是一个遍布城乡、由农民志愿联合、自发组织成立的农民经济合作组织，涵盖了金融、农业、生活、技术经营指导等部门，业务范围包括农业技术经营指导，生产资料的统一购置，农产品加工储存和销售，以及储蓄、信贷、保险、医疗、旅游观光，涉及农民从生产到生活的各个方面。

国内现阶段关于“两新融合”的研究较少，各地也多处于试点阶段。很多学者针对各地出现的“两新融合”案例进行研究。吕亚辉、周瑾等（2015）对涉县“两新融合”培育模式进行分析，涉县两新培育齐抓并进，相互渗透，促进新型经营主体转型，促进新型职业农民“培训—培育—成型”。通过政府领导、政策激励、机制创新实现“两新”培育有效对接，职业农民有效培育，促进了特色产业发展[90]。刘风国（2016）对山东省临邑县的“两新融合”模式进行调研，指出新型职业农民逐渐将新型农业经营主体作为奋斗目标，他们是新型农业经营主体的助推动力，临邑县正在从“两新”向“多新”融合发展延伸[91]。夏志禹等（2017）对四川省崇州市“两新融合”模式进行研究，将培育新型职业农民与发展新型农业经营主体有效衔接，并尝试定义“两新融合”的内涵。与此同时，以计算土地股份合作社的成本收益为介质，分析“土地股份合作社 + 农业职业经理人”模式能够良性运行的经济基础[85]。吕雅辉等（2018）对“阳晨模式”的高效持续运行进行介绍分析，新型职业农民与农业组织的共享合作是新型职业农民培育工作有效开展的前提。政府主导方向，合作组织承担培育实施，共享是合作发展的助力剂[92]。

近几年，部分学者针对“两新”共享、组织创新、融合进行研究。邵腾伟（2017）通过对现代农业中家庭经营的共享化组织创新的研究，梳理近现代农业发展轨迹及趋势，整合各种农业生产经营组织资源，构建一种兼顾农业家庭经营、合作经营和企业经营长期共存又不断高级化跃迁的农业共享机制与合作经营模式。他认为以家庭承包经营模式为基础的农户共享化合作，并植入合作外包，同时加入农户、合作社与企业融合发展，提高农业生产的集约化、规模化。范会芳（2018）对新时期现代化农业发展中农民专业合作社的发展机制进行研究，总结出农民专业合作社发展的模式有“村社 + 农民”和“知识分子 + 农民”的资源共享型发展模式，并提出农民专业合作社发展的三重动力，即国家力量、城市与乡土资本力量和新乡建派力量，通过三种力量，整合要素共享机制。提出未来合作社发展的三种可能方向：小农户联合的农民专业合作社、政府扶持组织建立的民主化合作组织以及“家庭农场 + 合作社”形式的联合组织[93]。

1.2.4 国内外研究现状评述

现有研究关于新型农业经营主体大多提到了已经出现的专业大户、家庭农场、农民合作社龙头企业等，对于还有哪些新主体需要培养，还没有完整性的描述。在新型农业经营体系的构建过程中，新型农业经营主体应该起到什么作用，如何发挥其作用以及如何完成培育新型农业经营主体的关键任务，还缺乏深入研究。尤其是关于不同新型农业经营主体的异同分析、优劣势比较和演变趋势及发展前景等都缺乏系统分析；不同种类新型农业经营主体的创新发展方向以及需要采取的有效举措，均有待深入探讨[94]。近年来，国内对农民问题的研究开始由“培训”向如何“培育”转化，但整体缺乏系统性。

国内外的学者均认为人力资本与有效的组织形式对于农业生产具有重要意义，但是对于新型职业农民与新型农业经营主体的研究仍旧相互独立，对两者之间的关系缺乏探究。新型农业经营主体和新型职业农民的培育，支撑体系究竟包括什么，尚须进一步探究。尤其是新型农业经营主体作为中观组织形态和新型职业农民作为微观个体形态之间的关联，两者如何耦合协同优化，如何相互融合，均有待深入研讨。我国农民剥离传统农民属性向职业农民属性过渡，农业经营主体向组织化、市场化、社会化的新型农业经营主体迈进，在农业产业化进程中展现出强大的竞争力。以往研究虽然没能系统地指出两者相融合的方式方法，但指出两者在地位、性质和目标等方面具有高度的同一性，具体表现为：地位统一，两者均代表现代农业最先进的生产力；性质统一，均具有注册或认定的性质；目标统一，都将务农作为终身事业和目标。两者的同一性已经暗示出“两新融合”是现代及未来农业发展的必然趋势，本书通过总结“两新融合”发展典型案例，分析“两新”利益联结机制，构建“两新融合”发展机制，探究“两新融合”效益，为创新现代农业生产方式方法提供现实依据。

1.3 研究内容与技术路线

1.3.1 研究对象

本书的研究对象是各类新型农业经营主体和新型职业农民。新型农业经营主体是指在家庭承包经营制度下，经营规模大、集约化程度高、市场竞争力强的农业经营组织[13]。新型农业经营主体主要包括专业大户、家庭农场、农民专业合作组织、农业产业化龙头企业和其他各类农业社会化服务组织等。不同类型的经营主体，在农业生产发展实践中承担的角色不同、定位不同，不论是采用什么形式，主要由农民组成。新型职业农民是指以农业为职业、具有较高素质和一定的专业技能、收入主要来自农业生产经营的现代农业从业者[95]。新型职业农民始终是农业生产经营的主体。可分为生产经营型、专业技能型和社会服务型三种类型。研究“两新融合”机制就是研究如何促进融合，政府促进融合的节点、高效率的运行机制。生产经营型实际就是家庭农场、种养大户，可以作为合作社的单个经营体加入。专业技能型一定是在农业企业、合作社从事专业技术性强的技能人才。社会服务型可以是农机合作社的会员、职工，也可以为服务公司。

1.3.2 研究内容

（1）相关概念界定和理论分析。要厘清新型农业经营主体和新型职业农民的内涵与相互关系，对“两新融合”进行概念界定，剖析两者区别及其相互关系。运用经济学、管理学等理论对新型农业经营主体和新型职业农民培育相互融合进行理论研究，围绕“两新融合”产生的现实基础（规模化、组织化、产业化、市场化）、制度变迁（强制性和诱致性）进行研究，从资源配置、合作原则、利益分配、权力制衡、三方协作等方面对“两新融合”机制进行理论分析，为指导我国新型农业经营主体和新型职业农民“两新融合”机制框架的构建提供理论依据。

（2）我国“两新”发展及融合的现状分析。现代农业经营的主体分为组织与个体两种形态。在分别对新型农业经营主体和新型职业农民的现状进行分析的基础上，从专业大户和家庭农场、农民专业合作社、农业龙头企业、农业服务组织等不同新型农业经营主体和新型职业农民融合的现状进行分析，并指出融合中存在的问题。

（3）“两新融合”典型案例分析。深入剖析在新型职业农民培育过程中形成的四川崇州、陕西安康、湖南隆平高科、上海松江区等“两新融合”典型案例，找出其新型农业经营主体与新型职业农民培育的联结机制与运行办法，从而探索不同区域、不同产业、不同类型“两新融合”适用的方式，为建立“两新融合”的机制提供基础。

（4）新型农业经营主体实现融合的行为分析。分析新型农业经营主体在新型职业农民培育中的教育培训、就业保障和发展扶持行为，通过利益相关者理论，参照不同新型职业农民培育模式，结合不同类型的新型职业农民与新型农业经营主体的分类关系，分析新型农业经营主体的行为动机和目标。对新型农业经营主体是否参与培育，如何参与培育，培育中的地位与实施方法等问题进行分析。并对新型农业经营主体参与新型职业农民培育，实现“两新融合”的优势作用与局限性进行探讨。

（5）新型职业农民培育对象“两新融合”行为分析。通过分析农民理性的层次表达特征，提出新型职业农民的理性阶段假设，并在此基础上通过数据实证与计量分析，以培育对象需求为核心，就培育对象参与新型职业农民培育的动机意愿、从业选择等问题展开讨论，以期明确新型职业农民培育对象参与培育的相关行为决策与影响机理。

（6）“两新融合”利益联结机制研究。在“两新融合”的过程中，各经济主体行为的作用耦合会产生一定的利益联系，通过对新型职业农民的调查，分析和探讨其加入新型农业经营主体的意愿与动机；通过对新型农业经营主体的调查，探索其激发和吸引农民加入、与之共同做大的模式与途径；通过对政府相关部门的调查，深入挖掘当前政策实施的“瓶颈”与优化配置方案。通过找到新型农业经营主体、新型职业农民的利益联结点，探索建立“两新融合”的利益联结机制。

（7）政府参与下“两新融合”的机制分析。对政府的支持政策和在“两新融合”中的职能进行研究，研究在市场化运作的前提下，如何通过政府搭建平台，在“两新”要素融合的基础上协调三方主体进行协作，构建融合机制。剖析融合的内在机理，深入分析融合前提、融合基础与深层次融合形式。基于理论与实证的研究，提出“两新融合”的对策措施，通过顶层设计、制度建设、政策框架的分析以期对相关政策的制定和实施提供指导与借鉴。

1.3.3 技术路线

本书的技术路线如图 1－1 所示。

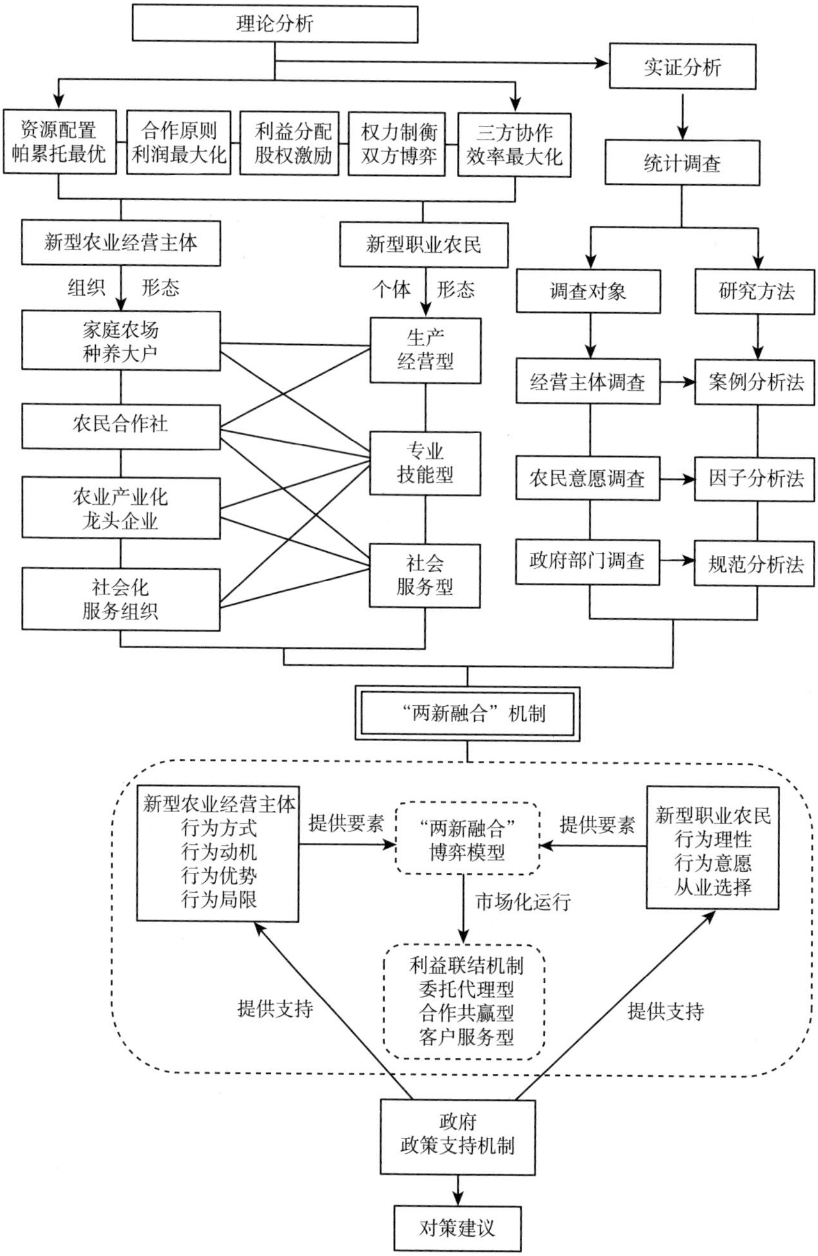
理论分析
实证分析
资源配置 帕累托最优
合作原则 利润最大化
利益分配 股权激励
权力制衡 双方博弈
三方协作 效率最大化
统计调查
新型农业经营主体
新型职业农民
组织 形态
个体 形态
调查对象
研究方法
家庭农场 种养大户
生产 经营型
经营主体调查
案例分析法
农民合作社
专业 技能型
农民意愿调查
因子分析法
农业产业化 龙头企业
政府部门调查
规范分析法
社会化 服务组织
社会 服务型
“两新融合”机制
新型农业经营主体 行为方式 行为动机 行为优势 行为局限
提供要素
“两新融合” 博弈模型
提供要素
新型职业农民 行为理性 行为意愿 从业选择
市场化运行
利益联结机制 委托代理型 合作共赢型 客户服务型
提供支持
提供支持
政府 政策支持机制
对策建议

图 1-1 本书的技术路线

1.4 基本思路和研究方法

1.4.1 基本思路

（1）假设“两新融合”是必然趋势，如何实现“两新融合”，政府促进融合的节点在哪里？提高效率的具体办法是什么？

（2）新型经营主体有多种类型，新型职业农民也有多种类型，如何实现两者的有效联结。

（3）不同区域、不同产业类型对“两新融合”的推进作用是不同的。

（4）政府行为在推动“两新融合”中的市场化机制需要进行验证。

1.4.2 研究方法

（1）实证分析和理论分析相结合。运用调研数据建立模型对新型农业经营主体和新型职业农民培育如何相互融合进行实证分析；通过理论分析从组织形态和个体形态提出建立新型农业经营主体和新型职业农民培育相互融合机制。

（2）博弈分析法。在“两新融合”利益联结机制中对新型农业经营主体与新型职业农民的关系进行博弈分析，通过权力制衡，进行均衡分析。

（3）案例分析法。在新型农业经营主体参与新型职业农民培育的典型模式分析中采用了案例分析法。

（4）比较分析法。对新型农业经营主体行为中不同培育模式下的经济主体行为特征等进行了比较分析。在四川崇州“两新融合”模式中针对不同地区进行比较分析，将A、B合作社与当地散户进行对比；A、B合作社之间进行对比，探究不同模式中的效益增值。

（5）计量经济方法。在新型职业农民从业选择影响因素分析上运用多分类 Logistic 计量回归，对获取的资料进行分析、处理和计算。

1.5 创新点

创新点一：以现代农业经营的组织形态和个体形态出发点，从资源配置、合作原则、利益分配、权力制衡、三方协作等方面构建“两新融合”机制分析的理论框架。

创新点二：通过对新型农业经营主体和新型职业农民的行为的博弈和均衡解分析，构建了“两新融合”委托代理型、合作共赢型、客户服务型三种利益联结机制。

创新点三：提出“两新融合”机制的构建需要通过优化要素配置，内部通过市场化运作，建立利益联结机制，外部通过政府政策支持机制，政府、主体、农民三方协作突破原有边界。

第2章　相关概念的界定与理论基础

本书以新型农业经营主体和新型职业农民作为研究对象，并探讨两者融合机制。因此本章对新型农业经营主体、新型职业农民及“两新融合”等相关概念进行界定，并在此基础上对“两新融合”的相关理论进行梳理，为新型农业经营主体和新型职业农民“两新融合”机制的深入研究奠定理论基础。

2.1　相关概念的界定

2.1.1　新型农业经营主体

（1）农业经营主体。

农业经营主体是指直接或间接从事农产品生产、加工、销售和服务的团体或个人。直接经营主体主要包括农户、家庭农场、企业、农业园区，而间接经营主体主要包括各类服务组织、农民合作组织或协会等社会组织[96]。贺宏善（1998）认为农业经营主体更侧重能够承担农业经营任务的当事者，农业经营主体必须满足三个条件：一是自身具有一定的经营知识、经验和能力；二是拥有一定规模的土地、资金、劳动力等生产要素；三是自主经营、自负盈亏、独立承担相关法律责任[97]。匡远配等（2005）认为农业经营主体要在农业生产中进行活动，还可以提供适宜的农业服务的团体，从实践中得以认识农业发展[98]。在微观和宏观层面可以将农业活动划分开来，微观主体主要为一般农户，宏观主体主要是政府机构，而微观和宏观经营主体以中观农业经营主体的纽带，主要是农业企业、科技园、农业合作化组织[99]。黄祖辉等（2010）认为农业经营主体是随着经济发展和制度变迁而发生演变的，产生的多元化的农业经营主体[100]。

（2）新型农业经营主体。

新型农业经营主体是为了与传统农业经营主体进行区分而提出的，是基于家庭承包经营制度，农业生产过程中进行专业化分工的产物，是实现农业和农村现代化的中坚力量。新型农业经营主体正式提出基于新型农业经营主体在国家在实现农业现代化进程中扮演了十分重要的角色。在当今条件下，新型农业经营主体的概念仍没有一致的说法，不同学者虽然从不同角度阐述了各自的观点，也在一定程度上达成了一定的共识：即新型农业经营主体以农业现代化为经营目标，具备规模化经营的特点，而且具有完善的生产技术和管理水平，进行组织化和集约化生产，并为社会提供相关的农产品服务。但是在新型农业经营主体范畴的边界划分、规模的量化标准等方面仍有较大分歧[96]。由于我国区域差异较大，很难用一个统一的标准来界定新型农业经营主体，如果强硬设定一个标准来界定其范畴，反而不利于其发展。因此，本书认为新型农业经营主体是在家庭承包经营制度的基础上，除一般农户之外具有一定经营规模的农业经营主体，着力于组织化、社会化、专业化、集约化程度很高的农业生产经营组织形式。其生产的目的是实现农产品的商品化和产业化，具备科学的管理理念、先进的技术和物质装备。具体包括专业大户、家庭农场、农民合作社、农业龙头企业等。

第一，专业大户，也称专业种植或养殖大户，实质上是生产经营规模较大的家庭农户，是我国农业实现现代化进程中必然出现的一种生产组织形式。专业大户相对小农户的主要特征是适度的经营规模、资金能力较强、采用较先进的经营方式、产品科技含量较高、产品进行专业化生产更符合市场需求，能起到一定的示范带动作用。专业大户是中国农业先进生产力的典型代表，是推进现代农业发展的先进经营主体，不仅起到优化农业产业结构，而且在吸收离散土地、加快农村土地流转方面具有积极的作用。在学术界到底多大规模才算是专业大户并没有形成一致意见，究其原因是社会发展水平各不相同。平原地区耕地面积较广，专业大户土地规模的认定标准可能几百亩，而一些山区，其土地规模认定标准只需要十几亩即可。因此辨别“大户”的标准，与他自身的组织示范功能有密切关系。

第二，家庭农场，2013 年“家庭农场”首次在中央一号文件中出现，家庭农场可以将闲散的土地集中经营，更有利于机械化操作，他们进行农产品生产，从而提高作业技术和耕作水平，相比兼业农户来说，更有利于农产品的集约化生产。同时，家庭农场在农业技术采纳、成本节约、机械装备、抵御风险等方面都要优于传统农户，从而增强了农产品市场竞争力，提高了农户的经济效益。但是多年来我国农业积贫积弱的局面比较深，家庭农场发展还处于起步阶段，家庭农场与专业大户之间在某些方面也存在类似点，专业大户是家庭农场的前身，但是家庭农场需要在工商部门注册，是法人单位，具有规模化的农业生产、市场化经营、经济效益更加明显、商品组织化的特征。

第三，农民专业合作社简称为合作社，合作社联盟（International Cooperative Alliance，ICA）。农民合作社是在农村家庭承包经营的基础上，农产品的生产经营者或农业生产经营服务的提供者、利用者，自愿联合、民主管理的互助性经济组织[101]。人们通过主动联合和和平相处等方式，来满足经济、社会和文化方面的一种组织。合作社定义的具体内涵为主要以下两个方面：一是明确合作社是农民自主建立、自主经营的组织；二是强调合作社从事的是市场性经济活动。在优化资源配置领域方面农民合作社具有一定效果，并具有较强的抵御风险能力。

第四，农业龙头企业简称龙头企业，是指主要从事农产品加工和流通，经营规模达到一定标准，经工商部门认定的法人单位。通过这个组织可以加强与农户的联系，并有利于农产品的商品化和产业化发展。农业龙头企业具有现代企业的明显特征，以盈利为目的，以商品市场交易活动为主，具有法人资格。因此，农业龙头企业可以定义为具有现代农业制度，依托农产品生产基地与农户通过契约或股份形式形成利益联结机制，具有一定规模和辐射带动作用的农业产业化涉农企业。

2.1.2 新型职业农民

(1) 农民。

农民是一个简单的概念，但无论在学术界还是日常生活中，人们对农民的理解有很大差异。根据美国人类学家艾瑞克·沃尔夫（Eric R. Wolf）对农民的定义："peasantry" 一般指以维持生计为目标，身份有别于市民的农业从业人员，是传统意义上的身份农民，他们受"世袭"式的身份约束，是被动的身份选择结果；而"farmer" 指将农业作为产业，充分融入市场，利用一切可能的选择实现报酬最大化的农业从业人员[102]，是市场化的职业概念，是主动的职业选择结果。在西方，务农者为农民，一旦不再务农也就不再是农民了。按照《国际社会学百科全书》为农民下的定义，农民是“农业土地上生活资料的耕种者。”在我国，“农民”这一称呼已延续了几千年，其内涵一直也是社会学和经济学界争论的焦点[10]。有些学者从农民的身份属性出发，认为农民是生活在农村，具有农村户口身份的人员。也有学者从农民的职业属性出发，认为农民是从事农业生产经营的人员，与“工人”“教师”等从业人员类似。随着我国市场经济的发展，城乡劳动力市场逐步开放，越来越多的农民放弃家乡的土地到城市从业或打工。但在城乡二元户籍制度的约束下，不论其从事农业领域还是非农领域就业，是处于就业状态、失业状态还是兼业状态，只要是农村户籍，都依然是农民。因此，谈到农民，人们想到的不是一种职业，而是一种社会等级、一种社会身份、一种生存状态、一种社会组织方式、一种文化模式乃至一种心理结构等。为了更清晰地表述我国农民概念的演变，区分农民在不同时期属性与特征，本书提到的农民概念都特指传统意义下的身份农民。

（2）新型农民。

新型农民是与传统农民相对应提出的概念，是一个发展中的概念，在不同时期具有不同的内涵特征。2006 年中央一号文件基于提高农民的整体素质，提出了新型农民的概念，界定新型农民为“有文化、懂技术、会经营”的农民。段飞泉（2007）认为新型农民是能够适应社会经济发展和社会主义新农村建设需要，具备一定的思想道德素养、民主法制观念、市场经营理念，掌握先进农业技术与技能的新一代农业劳动者[103]。莫鸣（2009）指出新型农民是兼具社会属性、经济属性和文化属性的概念，他在解读文件定义的基础上，对新型农民的内涵做出了进一步的解释，认为“有文化”是新型农民概念的前提与基础，“懂技术”和“会经营”是科学文化知识在生产和经营中的运用和体现[104]。张亮（2010）则认为新型农民是适应农业产业化发展要求，从事高效农业或者在农村区域参与生产、服务的各类人员的统称，是“有文化、懂技术、会经营、讲文明、守法纪、能创业”的现代化农民[105]。根据以上论述，新型农民应当包括以下方面：一是拥有农村户口，在身份属性下的新型农民，于传统农民的基础之上衍生出来的概念；二是生活在农村，居住在农村社区的新型农民；三是在农村服务的，从事农业生产或农村服务等职业的新型农民。新型农民的“新”在三个方面有所反映：一是新观念。

在传统思维上发生了转变，拥有适当的法律意识、自立和合作精神，适应了生产力现代化发展并且在21世纪逐步与其接轨。二是新素质。对于传统农民来说，农民的文化水平大幅度提高，是拥有远大志向和一定技术的新型人才。三是新能力。新型农民是农民中的“领头羊”，是技术骨干和经营示范力量，其理性目标是运用知识和技能从事生产活动获得最大化的收益。综上可得，新型农民是一个历史范畴，与传统农民概念进行差异性对比可以得出，在农业现代化的发展规律下，具备良好的思想品质、道德修养，掌握先进农业科学技术或相关技能，生活于农村、扎根于农村、服务于农村，参与事物经营管理的现代农民。

（3）职业农民。

伴随着生产力的提高和生产关系的改善，我国产生了一个社会化问题，就是地由谁来种，这个问题引起了社会广泛的关注，增强农民的个人能力，打造职业化农民的形势越来越迫切，职业农民的概念开始出现。2005年，农业部在实施农村实用人才培养“百万中专生计划”中提出职业农民的说法，奠定了农民职业化的基础。

在我国，职业农民与传统农民存在很大差别。从两者内涵来看，传统农民带有被动强制性色彩，但是职业农民占有主动性特点。与社会上诸多职业相比职业农民具有家庭归属感和高度的社会责任感，现代化观念比较重。

从技术水平来看，职业农民拥有现代农业经营所需要的各项技能，如生产经营型职业农民能够负责规模化、集约化、组织化的生产管理工作；专业技能型职业农民拥有市场需求的农产品生产技术；社会服务型职业农民掌握一定农业服务技能，并服务于农业产前、产中和产后的各项服务，如农产品对接市场、农业技术服务等。而传统农民由于自身因素，大多都局限于自己耕种，规模、技术、销售都跟不上现代农业市场需要。

职业农民定义应回归职业属性，进行界定应考虑以下条件和因素。

第一，职业农民从事的必须是与农业或农业相关联的产业。

第二，职业农民可以是进行农业方面的生产，也可以作为管理者进行经营，还可以为农业或关联产业提供服务。

第三，职业农民的生产具有较高的专业化程度和现代化水平。

第四，参照《中华人民共和国劳动法》和国家有关规定，不得招用16岁以下的未成年人，因此职业农民的起始年龄为16周岁。考虑到职业农民将来要建立与其他职工相统一的退休制度，且目前农村居民领取养老金的年龄不分男女均为60岁，因此作为职业农民年龄最高也不超过60周岁。

第五，考虑农业生产的特殊性，且有一定的农闲时间，按照国家规定扣除休息日和法定节假日，每年有250个工作日，再扣除职工带薪休假天数（按10天计算）工作日为240天，同时考虑职业农民制度应涵盖较多的农民，职业农民的条件不宜过高。综合以上因素按50%计算劳动就业时间，为120个工作日。

第六，强调市场机制和规则来获取收入，是为了排除从事农业生产主要用来满足自给自足的劳动者，即传统农民。考虑不宜将职业农民的条件定得过高，收入来源于农业及关联产业的比例应不少于50%。

职业农民主要包括以下人员：

农业生产经营人员：指从事农业规模化经营、专业化生产以及为其提供服务的人员。其包括家庭农场、专业合作社组织负责人及骨干成员，农业种植、养殖企业经营者和管理人员，农业个体或合伙经营者，农业职业经理人，具有一定规模的种养大户中的骨干成员，以及具有一定专业化程度和收入水平的普通承包户中满足工作时间要求的劳动者。

农业产业工人：指被雇用到农业企业、家庭农场、农民专业合作社、专业大户、私营或合伙的农业工商经营组织等进行长期工作的专业化雇工，通过提供劳动，按天、周、月、年等领取固定工资。其既包括从事技术型工作的专业技能型的农民（如农艺工、园艺工、家畜繁殖员等），也包括主要从事体力劳动（如浇地、采摘等）的农民。

农产品加工小业主：指主要依靠自己或家庭成员或其他人同伙的劳动，用自有的或合伙购买的工具等生产资料和少量资金，从事农产品初加工，并进行加工品销售等活动的劳动者，如在农业生产地进行初加工的经营者和加工豆腐、挂面、粉条、香油等小作坊的经营者等。

农业服务人员：包括非公职的农业生产服务人员、动植物疫病防治人员、农村能源利用人员、农机化服务人员、农资经营人员、农产品储藏及运输人员、农村经纪人、休闲农业及乡村旅游（包括采摘园、农家乐、家庭旅馆）经营和服务人员等。

（4）新型职业农民。

2012年，为适应“培养未来的现代农业主体”的战略决策，中央一号文件提出“大力培育新型职业农民”，这是“新型职业农民”概念的首次提出。在这之后，在全国范围掀起了一波研究和界定新型职业农民内涵的潮流。在现代化农业迅速发展的大背景下，很多学者认为新型职业农民在市场主体中能适应农业发展需要，运用市场机制获得相应报酬。从“经济人”角度来考量新型职业农民的内涵，认为其是从事专业化生产的市场主体；也有学者以新型职业农民“新”的特征为视阈，在新型农民的概念基础上强调农业生产或经营技能，认为新型职业农民是新型的农业生产经营主体，是有文化、懂技术、会经营、善管理的新型农民；更多学者着眼于新型职业农民的职业化特征，认为新型职业农民是在农民职业分化中产生的，从业时间较长，主要经济活动与经济收入都与农业相关的职业化群体。然而，职业化后的专职务农人员并不完全符合我们所要研究的新型职业农民定义。众所周知，由于职业和收入的线性关系，市场参与行为能力的提升已成为定义职业农民的主要核心。

那么新型职业农民的“新”又源自何处？前面提及，“新”是一个发展的概念，是一个适应环境的特殊副词。新型职业农民的“新”首先体现为符合人的现代化规律，新型职业农民是具有现代化特征的群体，包括有思想、有道德、高素质、会技能、能创新等新的社会属性；其次体现为能够匹配农业产业化发展模式，新型职业农民是有能力、懂经营、集约、高效的农业产业化发展主体；最后体现为新的行为选择方式，新型职业农民不再是身份的被动接受者，而是从业者自主、理性选择的职业对象。

新型职业农民，对于社会发展有重要意义，突出社会等级秩序在群体中的作用，是城乡劳动力市场发展下农民职业化的结果，不受身份来源，限制呈现多样化，既可以是身份农民，也可以是城市人口。新型职业农民的经济学定义首先是一个行为人，在知识和技术方面具有一定能力，能够主动参与到市场活动中，伴随农业现代化发展下的新型职业类型。

根据以上阐述，新型职业农民是有文化、懂技术、善经营、会管理的高素质农民，以农业相关产业为职业，收入主要来源于农业及相关产业，能够实现自身发展并取得报酬的新型现代化农业从事者。

2.1.3　新型农业经营主体和新型职业农民的关系

新型农业经营主体是现代农业发展的中观组织形态，效率高，抗压能力强，自身稳定性好。新型职业农民是现代农业发展的微观个体形态。新型农业经营主体和新型职业农民两者的关联特征为：区别于农业的短期行为，两者均从事农业相关的生产活动，两者之间的联系主要表现在：

（1）新型职业农民是新型农业经营主体的基本构成要素。

新型农业经营主体与新型职业农民两者相辅相成。伴随着我国经济的飞速发展，劳动力成本不断提升，终结低成本劳动力，劳动生产率快速提升的时期已经到来，传统农民将被拥有较强能力和技术的新型职业农民取代，并更多地出现在新型农业经营主体之中。

一是新型农业经营主体中的成员主要由农民组成。新型农业经营主体是指在家庭承包经营制度下，集约化程度和经营规模比较大，在市场经济中有竞争力的农业经营组织[106]。按农业经营主体类型划分，不同类型的经营主体，在农业生产发展实践中承担的角色不同，定位不同。不论是采用什么形式，都主要由农民组成，农民始终是农业生产经营的主体。

二是家庭农场主是生产经营型职业农民的核心队伍。家庭农场是农业组织的基本形式，随着一部分小农户进城务工或无力耕种而放弃土地，逐步形成了家庭农场，家庭农场为新型职业农民提供了平台，在新型职业农民成长过程中，发挥了重要作用。家庭农场主是生产经营型职业农民的核心队伍，也是新型职业农民培育的主体。

三是新型职业农民是农民合作社的骨干力量。新型职业农民与农民合作社具有相互推动、相互促进的关系：一方面，新型职业农民具有较高的技能水平和生产经营管理能力，有助于提高农民合作社的活力和示范带动能力，促进农民合作社健康发展；另一方面，农民合作社发展对农民素质提出了新的更高的要求，为新型职业农民提供了发挥作用的舞台。新型职业农民是农民合作社的骨干力量，农民合作社的带头人是经过选举产生的优秀人才，他们也是新型职业农民队伍的重要成员。

（2）新型农业经营主体是新型职业农民发展平台。

围绕统筹推进“五位一体”总体布局和协调推进“四个全面”战略布局，牢固树立和贯彻落实新发展理念，围绕帮助农民、提高农民、富裕农民，国家提出加快培育新型农业经营主体，综合运用多种政策工具，与农业产业政策结合、与脱贫攻坚政策结合，发挥其在现代农业的引领作用，新型农业经营主体成为新型职业农民发展的平台。

一是培育新型职业农民是提高新型农业经营主体组织效率的关键。新型农业经营主体建设的规范度、主体内的机制运行效率与新型职业农民的培养、成长环境、农业产业的就业引力正相关。新型职业农民作为流动性最强，附加值最高的资本要素，是农业生产经营中其他要素投入的载体，也是新型农业经营主体发展的核心竞争力，是提升组织效率的关键。组织的运行效率源自科学的专业化分工，新型职业农民培育应是先导环节。

二是新型农业经营主体急需新型职业农民为主体的农村人才。新型农业经营主体的优势主要体现在新理念、新技术、新装备上，这些都需要相应的农村人才来实现。随着经营规模的扩大，新型农业经营主体普遍缺乏在技术和能力过硬的人才，急需一批素质高、懂技术、会管理的新型职业农民。为此，需要提升农民个人文化水平，培养出更多的新型职业农民，满足新型农业经营主体的人才需求。

（3）农业现代化对新型农业经营主体与新型职业农民提出了共同要求。

农业现代化是我国全面实现现代化的关键，对新型农业经营主体提出了更高要求，对于农民来说机遇与挑战并存。新型职业农民和新型农业经营主体的迅速发展是农业现代化发展的必然要求，培育新型职业农民和新型农业经营主体最终是为了实现农业现代化，促进社会和谐。

一是完善农业基本经营制度对两者提出了共同要求。培育新型职业农民是保障家庭经营基本制度不变与农业现代化生产经营方式变革相结合的重要抓手，新型农业经营主体也是以家庭经营为基础，在双层经营体制和土地三权分置实施的条件下快速发展起来的，农业基本经营制度对新型职业农民与新型农业经营主体提出了共同的要求。

二是构建新型农业经营体系对两者提出了共同要求。为了使新型职业农民焕发生机，发挥建设现代农业的作用，在党的十八大上提出构建多种专业化、集约化、组织化相结合的新型农业经营体系要求，推动家庭经营不断转型。农业产业链思路的不断延伸，使新型农业主体和农业合作化组织协同并进，进行重组，专业大户在农民专业合作社中成为重要力量，让集约化家庭经营的农户、专业大户为主体的农民专业合作社和产业化合作经营的农业龙头企业成为现代农业的经营主体[106]。新型职业农民在这样的现代农业经营主体中才能为农业现代化贡献出自己的力量。

三是农业产业的发展对两者提出了共同要求。农业产业的发展是实现农业现代化的核心。农业产业的发展必须在新型农业经营主体和新型职业农民的共同努力下才能实现现代农业产业特色化、规模化、标准化、科技化、品牌化水平，这是对两者的共同要求。

2.1.4 “两新融合”机制

（1）融合。

融，有调和、融洽的含义；合，指聚，集。有合作，齐心协力做某事的含义。历史上宋朝陈亮的《书赵永丰训之行录后》：“天人报应，尚堕渺茫；上下融合，实关激劝。”融合，物理意义上指熔成或如熔化那样融成一体。在心理上是指相互的群体或者个体发生碰撞后在认知上形同一体。个体或群体在社会发展中的相应需求和自我实现价值不同，长此以往形成了属于自身独特的心理活动。伴随着个体的不断发展，个体与其他个体在社会发展中不断碰撞，在进行了基本的了解后，个体之间会形成自己的认知，进而趋向融合状态；反之，会形成个体之间的不同心理。

《牛津高阶英汉双解词典》中英文为 fusion（融合；熔接；结合 the process or result of joining two or more things together to form one），与融合的本意最为接近。在实际文献中则更多地使用 combination（结合；联合；混合 the act of joining or mixing together two or more things to form a single unit）、cooperation（①合作；协作 the fact of doing sth together or of working together towards a shared aim。②协助；配合 willingness to be helpful and do as you are asked）、jointing（联结）。

有研究将融合分为三个层次，第一层次是互动，战术性融合；第二层次是整合，组织结构性融合；第三层次是大融合，各主体集中到一个平台上。各层次融合是同时发生、各自推进，大融合是一种对未来发展的展望[107]。习近平总书记在谈到新旧媒体相互交叉时指出：融合发展关键在融为一体、合而为一。从相“加”迈向相“融”，从“你是你，我是我”变成“你中有我，我中有你”。

这里的融合是指社会领域的个体和组织通过某种关系的联结，组织为个体提供平台，使个体在组织中发挥最大作用，并促进组织的发展，两者为了共同目标和利益在行动上形成一体。

（2）“两新融合”。

基于对新型农业经营主体和新型职业农民“两新”概念的界定及“两新”关系的分析，“两新融合”指新型农业经营主体和新型职业农民进行农业生产经营活动中，为了共同目标和实现双方利益最大化、一致化和公平化，通过生产要素的调整和重新配置，在行动上合二为一的过程。

(3)“两新融合”机制。

“机制”一词最早源于希腊文，原指机器的构造和工作原理，泛指一个工作系统的组织或部分之间相互作用的过程和方式。对机制可以从以下两个方面来解读：一是工作系统由哪些部分组成和为什么由这些部分组成；二是工作系统是如何工作和为什么要这样工作；三是采取什么运行模式可以使工作效率更高。本书“两新融合”机制基于资源配置、合作原则、利益分配、权力制衡和三方协作的理论框架，在分析新型职业农民培育中主体和个体行为的基础上，分析如何实现“两新融合”，提出“两新融合”机制内部从利益联结机制、外部从政府参与下政策支持机制两个方面来进行构建。其包括个体和组织的融合、行为和目标的融合、农民和主体利益的融合、经营规范的融合、管理和政策的融合等。

2.2 理论基础

2.2.1 “理性经济人”行为理论

1776 年，亚当·斯密（Adam Smith）曾言：“人的本性是利己的，追求个人利益是人们从事经济活动的唯一动力”。在此之后，李嘉图和尼尔对“经济人”假设进行了概括与演绎，使其更贴近于经济学现象的解释假设。直到穆勒将人类活动的经济性抽象出来，才开创了对“理性经济人”假设的研究，提炼出了“理性经济人”假设的含义和特征。在以亚当·斯密为代表的古典经济学对“经济人”的人性理解基础上，新古典经济学把“理性经济人”定义为以利益极大化为基本原则的个体。其中洛桑学派首次引入“经济人”的概念，把“经济人”命名为在个体化条件下，完全有能力具备十分完全喜好的信息。

新古典学派认为，每个人都有自己的私利，为了自身的经济利益，在竞争力激烈的当今社会环境下是可以理解的，也是他们的根本动机才可以保护自身。自利的人总是关爱自己超过关爱别人，每个人首先关注的都是自己的福利。自利的人总是首先考虑利益，“理性经济人”的行为动机总是以个人为本位的。从“经济人”的行为目标来看，“经济人”的理性具有一致性，其行为隐含着逻辑的非矛盾性与可计算性，即“理性行为人”的决策可通过成本—收益分析方法作出权衡。从方法论的个人主义来看，每一个“理性经济人”在追求自己利益的同时，都会合理配置资源，因此个体行为的群体化会提高整个社会的满意度。针对经济现象的观察，利益最大化的理性解释在诠释现实经济活动中的某些行为和结果时产生了不一致的结果。新经济学派代表人加里·斯坦利·贝克尔（Gary Stanley Becker）和詹姆斯·布坎南（James M. Buchanan）这些国外学者在新的历史条件下对“经济人”有了新的理解，他们认为在新的历史条件下个人私利不仅仅包括物质方面的，还应当包括内在的社会地位以及个人心灵高度、受他人崇拜能力等方面。即“经济人”理性体现为对“效用最大化”的追求而非对“经济利益最大化”的追求，并提出了要素市场影子价格对“理性经济人”行为的影响。

新经济学派对“理性经济人”行为理论的发展很好地诠释了在行为学、社会学与经济学相融下的“经济人”行为准则，最大限度地揭示概括了个体行为的群体化特点，为研究新型职业农民培育中的经济主体行为目标、行为逻辑与行为趋向奠定了重要的理论基础，即所有的经济主体在参与培育这项经济活动中都表现出一定的行为理性，其行为方式、行为路径与行为相容关系均是在各自效用最大化的基础上产生的。

2.2.2 组织与个体行为理论

1769 年，以英国的小瓦特、亚当·斯密为代表人物的管理思想开始由经验直觉进入系统研究。19 世纪是管理研究的黄金时期，对于管理学的系统研究开始兴起。被称为“人际关系之父”的欧文进行了改革实验，开始研究组织中的人。虽然这些著作都是管理学著作，是研究者逐渐开始关注企业、组织内的人的心理状态，关注组织内人与人之间的人际交往等对生产效率的影响[108]，为组织行为学的发展奠定基础，20 世纪 60 年代，组织行为学学科逐渐兴起发展。

组织行为学通过对组织中人的心理与行为的研究，揭示其规律，并以此规律指导个体、群体或组织的行为，达到组织的预期目标。在个体维度，大量学者通过研究个体的心理及行为规律，包括个体的能力、态度和工作满意度、人格与价值观、动机、情绪情感，探寻如何提高员工的组织行为、组织承诺、工作满意度和工作绩效，新的前因变量有组织道德气氛、心理资本、管理者核心自我评价、员工培训、领导成员交换、领导风格、人格特质等[108]。

新型职业农民加入或成为新型经营主体实现融合是由个体向组织发展的行为，基于组织行为学理论可以较为全面地了解新型职业农民的行为动机与意愿及新型经营主体作为组织对于现代农业发展的趋势与优势，为融合发展奠定学理基础。

2.2.3　公共产品最优供给理论

早在 1919 年，林达尔（Erik Robert Lindahl）出版著作《课税的公正》，从理论上对比了公共产品与私人物品的市场均衡价格原理，建立了关于公共产品的供给模型（林达尔均衡），推动了公共产品理论与公共财政理论体系的形成与发展。1954 年和 1955 年，萨缪尔森（Paul A. Samuelson）分别发表了《公共支出的纯理论》和《公共支出理论的图式探讨》，通过对比私人物品，从效用的群体性角度给出了公共产品的经典定义，并对公共产品的非排他性和非竞争性予以了分析与说明，同时解决了供给公共产品所需资源的配置问题，开创了纯粹公共产品理论的先河[109]。

公共物品的非竞争性和非排他性决定了公共产品的产权难以明晰，因此，西方经济理论认为供给公共产品是政府的重要职责。同时，公共产品理论作为新政治经济学的基本理论，是正确处理政府职能转变、改善政府与市场关系、构建公共财政收支的基础理论，核心理论是公共产品的供给理论。由此产生了西方公共产品最优供给理论：引导市场力量参与供给体系，并在公共产品的供给者与需求者间插入市场媒介，运用民主机制进行公共选择，迂回解决公共产品的供需失衡问题，最大限度地反映消费者对公共产品的偏好信息。

公共产品最优供给理论对优化我国新型农业经营主体和新型职业农民培育的供给结构具有重要的借鉴意义。因而必须要结合我国的经济、社会制度，从培育对象的实际需求出发，通过多方主体互联互补，建立完善的需求表达机制，优化新型农业经营主体和新型职业农民培育的整体格局。

2.2.4　交易成本理论

“交易”最早由传统制度经济学的奠基人康芒斯（Commons John Rogers）

提出，交易成本则起源于人们对货币交换的深入思考。亚当·斯密（Adam Smith）在其《国富论》中讨论了交换所遇到的“障碍和困难”，这一概念在经济学发展中被各经济学家借用“摩擦”予以表述，指代交易过程中收支不同步的问题与困难。事实上，“摩擦”即表明交易是有成本的。前者是指“起草、谈判、保证落实某种协议的成本”，后者则是指交易双方维护契约、变更契约、解除契约时发生的成本[110]。张五常在前人的基础上扩大了交易成本的概念边界，认为交易成本是一切不直接发生在物质生产过程中的制度成本的总和，包括缔约前的信息成本、谈判成本、监督管理成本以及改变制度安排所产生的费用与成本。

作为关乎企业边界的关键成本，交易成本的产生与计量受到多方因素的影响。威廉姆森将其内因划分为“人的因素”和“交易因素”。前者主要指代交易方作为经济行为人，本身具有有限经济理性（bounded rationality）和机会主义倾向（opportunism）。而机会主义倾向一般指交易人借助欺诈等手段谋取更高自身利益的行为倾向，隐藏在契约签订之前及执行过程中。资产专用性是影响交易成本大小的核心因素，一般来说，专用性资产的市场交易成本较高，行为人较倾向于采用组织内的交易方式进行产权转移，而通用性资产的交易成本相对有限，资产所有者常选择市场交易方式。除资产的专用性外，交易的不确定性也与交易成本存在一定的正相关关系，即交易的不确定性越大，交易成本越高，行为人越倾向于采用内部交易的手段进行产权转移。交易频率也对交易成本的大小存在一定影响，较低的交易频率往往采用市场形式进行，频率较高的交易则往往发生在企业内部。随着制度经济学的发展，威廉姆森也考量了制度因素和企业及个人行为的关系，指出制度环境对市场、企业或其他契约关系具有深刻影响。

交易成本理论作为新制度经济学核心理论，在分析组织与市场的关系中具有重要作用，因此成为本书分析经营主体参与新型职业农民培育的重要理论工具。新型职业农民作为现代农业劳动力的突出代表，其职业化发展与农业劳动力市场的完善形成了高效互动，交易成本普遍存在于其从业、就业的过程中，成为影响经营主体与个体选择培育方式与融合时所考察的关键因素。在这些选择决策的过程中，不同的劳动力类型与经营主体的利益联结方式所产生的交易成本主要受资产专用性等交易特征变量的影响。经营主体根据不同的交易特性和个体的劳动特性而采用不同的利益联结形式，形成不同的组织关系，个体则会在理性和外部约束条件下去选择对自己最有利的制度安排。

2.2.5 契约理论

经济学家很早就从契约或者合同（contract）的角度思考问题。最初，埃奇沃斯方盒中的“契约曲线”实际上刻画了瓦尔拉斯一般均衡下的帕累托最优的短期契约集合。契约理论在早期也称代理理论。契约理论考虑的核心问题有两个：一是不对称信息下的收入转移；二是不同风险态度的当事人之间的风险分担（Hart and Holmstrom，1987）。但是，如果当事人是风险中性的，并且可以进入完美的资本市场，那么此时长期契约和契约理论价值何在呢[111]？

具体地说，可以将契约不完全的原因概括为三类成本（Tirole，1999）：一是预见成本，即当事人由于某种程度的有限理性，不可能预见到所有的或然状态；二是缔约成本，即使当事人可以预见到或然状态；三是证实成本，即关于契约的重要信息对双方是可观察的，但对第三方（如法庭）是不可证实的。完全契约与不完全契约的根本区别在于：前者在事前规定了各种或然状态下当事人的权利和责任，因此问题的重心就是事后的监督问题；后者不能规定各种或然状态下的权责，而主张在自然状态实现后通过再谈判（renegotiation）来解决[111]。经营主体和个体之间通过契约的形式来规范它们之间的权利和责任，利用契约理论研究“两新”如何达到利益的均衡分配，来实现有效融合，需要去进一步探索。

2.2.6 人力资本理论

人力资本（Human Capital Management，HCM）理论最早起源于经济学研究。人力资本是把人自身中的知识能力和技术并且具有经济价值的各种因素综合。20世纪60年代，美国经济学家舒尔茨首先开创了相对完整的人力资本理论，这一理论有两个核心观点：一是在经济增长中，人力资本的作用大于物质资本的作用；二是人力资本的核心是提高人口质量，教育投资是人力投资的主要部分[112]。

人力资本，增值空间的潜力比较大，相对于物质、资本来说，主要在当今后工业时期和知识经济初期，人力资本的增值潜力更大。因为作为“活资本”的人力资本，创新性和创造性强，在资源合理有效配置方面具有调控能力和市场应变能力。在投资人力资本上，对 GDP 的增长具有更高的贡献率。而人力资本则是体现在人身上的资本，即对生产者进行教育、职业培训等支出及其在接受教育时的机会成本等的总和，表现为蕴含于人身上的各种生产知识、劳动与管理技能以及健康素质的存量总和[112]。人力资本管理理论从 18 世纪开始，经历了三大工业革命后的世界，生产力高速发展：一是机械生产代替手工生产；二是科学技术代替经验工艺套路，科技与生产互动作用日益加强；三是专业技术培训代替作坊师徒传教，人的知识、技术因素在生产中的作用越来越大。当时兴起的古典经济学开始从劳动者在生产过程中的不同作用来关注教育对促进生产发展、增加财富的意义[113]。英国古典政治经济学的奠基者亚当·斯密在生产和财富中的经验知识能力做出了分析，指出“学习一种才能，须受教育，在进学校学习的时候，固然要花费一笔费用，但这种费用，可以得以偿还，赚取利润”。新型职业农民既是一种经过教育与培训后形成的资本，同时这种资本也追求市场回报。新型农业经营主体参与新型职业农民培育，是一种人力资本的投资。

2.2.7 比较优势理论

比较优势理论又称比较成本贸易理论，提出于大卫·李嘉图的《政治经济学及赋税原理》[114]，其观点最早用于国际贸易中基于不同国家生产技术的相对差别，及由此产生的相对成本差别，择其优出口，取其劣进口，从而获得比较利益，快速促进贸易发展。同时比较优势理论又区别与其根源亚当·斯密的绝对优势理论，绝对优势理论认为在国际贸易中，每一个国家都具有优势资源和优势产品，通过对优势资源的利用和优势商品的互换交易产生利润。而比较优势理论解释了为什么当一个国家不存在绝对优势时仍然存在贸易往来的现象。如果一个国家的所有产业都处于劣势，比较优势理论强调只要有一个产业相对于其他国家相同劣势产业存在相对优势，那么即便整个国家均是劣势行业也可通过国际贸易实现更大的利益。

通过众多经济学者的深入剖析和社会经济的自然发展，比较优势的一般属性已经可以确定，在经济活动中无论国家还是地区均要找到自己的禀赋优势，利用禀赋优势在同其他生产相同产品的组织中取得相对优势，获得最大社会收益。例如，当两个组织均能生产两种不同产品时，组织 1 对于产品 1 的生产效率高，组织 2 对于产品 2 的生产效率高，双方便可用其生产效果高的产品进行交易互换，这样不仅会获得更多的资源还会促进其生产更多的产品[115]。当两个组织的两种商品都具备高生产率时，还可以通过寻找更低的机会成本（比较生产效率比率）而继续发生贸易往来，所以比较优势理论在经济学中还具有广泛性适用性。

在农业经济发展中比较优势理论需要把握两点：一是即便地区整体处于发展劣势，其自然资源、经济发展、人口结构、技术水平等组成结构中也会有存在同其他地区的比较优势，对地区整体结构进行分析也会找到其相对优势的要素或劣势中劣势较轻的要素，“两优取其重，两劣择其轻”，集中该要素进行生产活动，也可获得比较优势；二是比较优势是动态存在的，每个产业都存在一定的周期性，不仅商品会经历由兴起到衰败的周期，生产要素也可能会由优势变为劣势，从而致使比较优势地位上的转变。为了尽量规避比较优势的动态弊端，生产者应在产业的后期发展上寻找出路，一个成功的产业链条不仅得益于得天独厚的优势资源更需要后天培养，所以需要生产者积极学习，升级改造，加强管理才能获得长久的相对优势收益。

在新型农业经营主体和新型职业农民融合发展中，比较优势理论也得以体现和验证，两者无论是新型农业经营主体发展过程中广泛吸纳培养新型职业农民还是新型职业农民发展过程中形成新型农业经营主体，其在自身发展中均是增加了比较优势要素，新型职业农民数量和质量的提升在新型农业经营主体群体中乃至整体经营主体中均存在非常明显的比较优势，其对于经营主体的发展必然增加优势。同时在新型农业经营主体和新型职业农民融合时会产生差异化发展，既符合融合发展的内在规律，又会形成其独特的差异优势，就要求“两新融合”发展中不仅要求融合发展的多样性还要在农业经济发展中找到自身定位，发挥独特优势，还要在“两新融合”发展中利用好后发优势，根据现有情况不断进行内生强化，才能保持优势的长久性。

第3章 “两新融合”理论框架构建

研究“两新融合”机制，首先需要构建一个理论框架，本章从规模化、组织化、产业化、市场化四个方面分析了“两新融合”的现实基础，在“两新融合”过程中，政策的指引性与强制性作用巨大，这就是强制性的制度变迁，同时还有诱致性制度变迁。在此基础上从资源配置、合作原则、利益分配、权力制衡和三方协作等方面构建“两新融合”机制理论框架。

3.1 “两新融合”的现实基础

3.1.1 规模化——土地制度的变革

土地作为最基本的农业生产要素，直接影响着农民的生产效益。基于经济学中规模经济理论，适度规模经营来源于规模经济，农民在生产达到一定阶段后，由于技术采纳以及其他生产要素投入的限制，规模经济会转为规模不经济，此时土地的流转是解决这一困境的最好方式。新型农业经营主体和新型职业农民形成的基础在于农村基本经营制度的变迁，伴随着土地制度改革以及农业产业化进程的推动，逐步实现农业“生产经营”。土地制度变革主要划分为三个阶段的演进，伴随着农村基本经营方式的探索以及农民强烈诉求得以发展。

（1）土地私有私营：顺应民心　土地改革。

新中国成立之初，改革任务尚未取得完全成功，共产党亟须通过社会主义建设稳定民心，土地制度改革是建设的突破口。在这一阶段，将土地所有权重新赋予农民是改革的重心，也是农民的强烈诉求。国家通过制度建设的方式保障了农民本该拥有的权利，让农民重新翻身做了土地的主人，极大地调动了农民群众的生产积极性，顺应了民心，农村生产生活重新步入正轨。

（2）农村合作化运动：集中力量 规模生产。

土地改革完成后，农民生产积极性得到极大的提高，但仍存在生产力水平低、农产品供不应求现象。为此，1955 年国家开始实施农村合作化运动，将农民群众团结起来进行联合生产。农村合作化运动可以划分为四个发展阶段：农业互助组、初级农业生产合作社、高级农业生产合作社、人民公社，在此期间土地私有制转变为土地公有制，土地所有权上交国家。在农村合作社运动中，国家和农民不断探索适合生产力发展的生产方式，逐渐摸索出一条适合中国国情的农村发展道路，即通过集中劳动力进行规模生产共同抵御农业风险的现实经验。

（3）土地公有私营：有效激励 提升产量。

农村合作化运动通过集中劳动力进行规模生产共同抵御农业风险在一定程度上提高了粮食产量，但由于生产力水平本身低下，农业生产并没有达到农民实际需求，规模效益并不突出，再加上后来发生的“大跃进”和人民公社化运动，严重挫伤了农民生产积极性。为了解决这一发展困境，安徽省凤阳县凤梨公社小岗村农民通过“包产到户”试图重新调动生产积极性，这也为家庭联产承包责任制的确立奠定了实践基础。1978 年，党的十一届三中全会创新提出土地所有权分离为所有权和经营权，所有权归集体所有，经营权归农民所有，集体有权将土地进行统一的安排、分配、使用与调度，这一历史性创举将土地重新进行调整和分配，实现了统分结合双层经营的家庭联产承包责任制。家庭联产承包责任制一方面是在本质上破除土地集体所有发展的“瓶颈”，改变了传统集体经营、落后的农业生产模式的弊端，确立了以家庭为单位的新型农业生产模式；另一方面也是一种解放农民生产力的激励机制，在很大程度上调动了农民生产积极性，提高了粮食产量。但由于家庭联产承包责任制单纯地解放了生产力并未实现长远发展，因此并不是彻底的农业经营体制改革。

（4）土地三权分置：扩大规模 双层经营。

2016 年 11 月，中共中央办公厅、国务院办公厅印发《关于完善农村土地所有权承包权经营权分置办法的意见》，提出在当前农村基本经营制度基础上进一步深化，即坚持土地集体所有权，稳定农户承包权，放活土地经营权，实现“三权分置”，这是将承包经营权进一步分离的又一创举，是家庭联产承包责任制顺应时代发展的创新实践表现。

“三权分置”在很大程度上推动了新型农业经营主体的发展，鼓励农民进行生产经营，赋予其土地经营权，保障其合法权益。对农村基本经营制度的进一步深化是实现人地关系的松绑，盘活土地资源从而实现资源优化配置。新型农业经营主体的发展是在规模化的基础上进一步实现集约化、专业化、组织化和社会化。由此来看，“三权分置”的确立推动了新型农业经营主体的发展。

农业生产经营方式与农村基本经营制度相生相伴，生产经营行为既催化了制度变迁发展，也反作用于制度改革方向。通过梳理农村基本经营制度的变迁可以发现经济制度的发展主要依靠资源配置的优化进而实现生产效率的提高。劳动力作为众多生产要素中最为活跃的直接影响着剩余价值的产生，间接作用于资源优化配置，这其中素质提升与激励措施是有效手段。新型职业农民培育是素质提升的有效途径，是资源优化配置的前提，而新型农业经营主体则是结果（见图 3－1）。

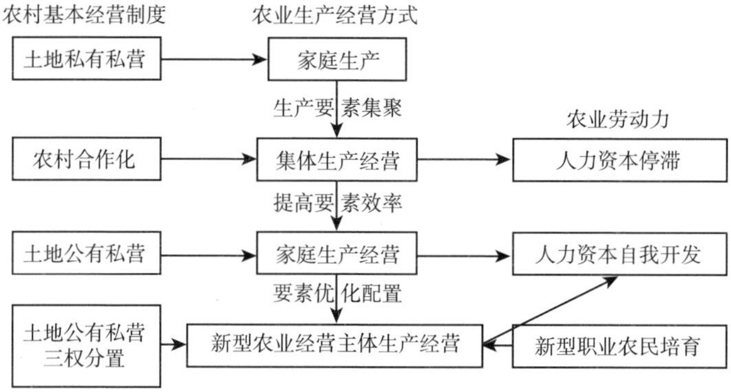

图 3－1　农村基本经营制度、农业生产经营方式、农业劳动力的演变

3.1.2　组织化——合作社的发展

农民组织化是农村市场化发展的前提，也是必然结果。尤其在加入世贸组织后，我国农业生产面临国际农产品价格优势及国内生产要素价格上升的双面夹击，开放的农产品市场对于农业发展产生了巨大冲击。基于合作经济理论，发展农村合作经济组织，是农业经济发展到一定阶段的必然产物，探索有效的合作发展机制，是现代农业发展的有效途径。新型职业农民作为联系新型农业经营主体与小农户的桥梁，在实现小农户与现代农业有机衔接方面发挥着关键性作用，而合作社作为新型农业经营主体的重要组成部分，成为实现“两新融合”的重要载体。

（1）萌芽阶段。

改革开放后我国实行家庭联产承包责任制，农民拥有了土地的承包经营权，在很大程度上调动了农民的生产积极性。但在实践中又出现了新的矛盾与问题，有些地区集体组织频繁调整承包土地的划分，并且在粮食政策压力下为保障主要农产品供给限制农民的生产行为，农民生产经营的自主选择权很小。此时农民之间产生了一种合作需求，渴望抱团发展。1984 年，中央一号文件提出发展合作经济组织，有效地将统一经营和分散经营结合起来，是一种以地区为单位，名称、形式与规模问题由集体或农民商定，农民自愿加入的专业合作经济组织。在此之后农民合作经济组织得到了良好的发展，也为后期农民专业合作社的发展奠定了现实基础。

（2）起步阶段。

在进入社会主义市场经济后，1993 年，中央一号文件规定将耕地承包期再延长 30 年不变，极大地调动了农民继续生产经营的积极性。但由计划经济转向市场经济后，农产品供应开始出现结构性失衡。为了应对农产品市场出现的严峻形势，农民自发联合起来组成各种形式合作组织，他们之中有的开始联合共同进行农业生产，有的延长产业链从事农产品加工业，这些都被称为“新型农村合作经济组织”。这一时期“农民专业合作社”名称开始使用，南方一些发达地区如浙江开始推动合作社规范发展，在工商局或民政局进行注册，成为受法律保护的经济组织。

进入 21 世纪，农民专业合作社发挥的带动辐射作用越发明显，陆续出现专家学者要求制定相关法律法规，希望促进并规范农民专业合作社的发展。2006 年，第十届全国人民代表大会通过了《中华人民共和国农民专业合作社法》，这是首次在法律层面规范其发展[116]。在此之后，涌现出了大批以从事农产品销售为主的合作经济组织，另外，不仅能人或专业大户，包括各类农村经济组织、涉农部门和一些农业龙头企业也纷纷牵头兴办农民专业合作经济组织，合作组织的形式日趋紧密，活动范围逐步扩大。

（3）深化阶段。

2007 年，《农民专业合作社法》正式实施，开启了中国合作社新阶段，标志着农民合作社受到法律保护，可以在市场中与其他经济主体进行交易等开展经济活动。同年《中华人民共和国物权法》颁布，土地承包权性质由债权转换为物权，成为农民的财产权，这对于农民土地流转积极性产生巨大调动，也间接促进合作社的发展。2008 年，《关于推进农村改革发展若干重大问题的决定》提出现有土地承包关系要保持稳定并长久不变，进一步调动了农民土地流转积极性，推动各类农民专业合作社迅速发展。在深化发展的 10 多年里，合作社自身盈利能力和带动农户能力都有了很大提高，已经发展成为促进小农户与市场良好衔接的主要新型农业经营主体。

3.1.3 产业化——产业积聚

农业产业化是以市场化发展为导向，以提升农民经济效益为目标，将农业与其他相关产业建立稳定的合作共赢关系，实现农村三次产业融合发展的过程。农业产业化其本质是生产要素之间的交叉、重组与融合，农业与其他相关产业相互交织共同开展经济活动建立稳定的利益联结机制、利益分配机制，从而降低农业自身高风险性，其中最有效的表现形式为龙头企业。龙头企业作为现代农业发展的重要依托载体，同时也是新型农业经营主体中产业化程度最高的组织形式，相较于其他新型农业经营主体在实现产业积聚方面具有绝对优势，各种生产要素的禀赋带来明显的外部经济效应，与新型职业农民及小农户的融合发展也成为必然趋势。

（1）第一阶段：“企业 + 农户”。

农业产业化的最初表现形式是由于当时农民分散且封闭，只能以企业为依托或媒介对接市场，从而形成“企业 + 农户”。企业此时发挥的基本功能主要是代销农产品以及农产品初级加工，由于农民本身较为分散且生产规模较小，在销售农产品时存在较高的市场风险，并且本身产业链条短不具备条件进行农产品加工，农民获利很少。企业在解决农民生产经营问题的同时，建立与农民较好的合作关系，有助于实现规模经济效益，从而壮大自身发展。随着企业辐射范围不断扩大，逐渐成长为经济实力和带动能力强的龙头企业解决农民的加工与销售困难，并且一些龙头企业之间也会形成合作共赢联系。龙头企业与农民在市场经济体制下建立起合作、交易关系，签订书面合同发展契约关系，这种关系是一种互利型紧密的利益关系，龙头企业可以在一定程度上代替农户分担市场风险，农民的收益获得大幅度提高。

这一阶段是我国农业产业化最早的实践形式，有效解决了农民对接市场的问题，对提高农民收入水平、活跃农产品市场等起到了明显的推动作用，为下一步组织形式创新奠定了良好的物质条件。但由于当时宏观层面市场机制不成熟以及相关法律的缺失，企业和农民作为微观主体由于有限理性都在逐步摸索的过程中寻求发展，此时建立的合同或协议对双方难以形成预期的约束力，拟订的为不完全契约，存在着大量的不确定性，企业和农民之间的经济利益关系容易受到破坏[117]。并且由于农民相对于龙头企业始终是弱势群体，即使在契约关系保护下，在合作与交易中产生的利益分配额仍很少。

（2）第二阶段：“企业+中介组织+农户”。

当“企业+农户”组织形式发展到一定程度时，分散的农户之间渴望形成一个群体共同参与经济活动，在与企业建立合作关系时也由多个农户转换为一个群体，农户之间形成一个紧密型利益组织。这种紧密型利益组织是农业产业化发展到第二阶段的明显特征，企业不再直接面对单一的农户，而是面对组织，这在很大程度上保障了农户利益。组织相较于之前的农户，在谈判与交易中都占有很大优势，同时降低了交易费用。存在两种原因解释这一现象，对农户来说，将多份合约转变为一份合约，在合约效应不变的前提下，节约了大量的物质成本与时间成本；对企业来说，组织将代替企业执行监督权，农产品的品质更容易得到保证。由于各类中介组织之间行为方式存在差异，市场上也缺乏对于中介组织的统一监管，有时在市场竞争中还是会处于劣势地位。同时，企业在发展过程中，对于中介组织的发展也产生极大需求。

农业产业化的第二阶段主要特征为中介组织作为企业与农户之间的媒介参与到市场中进行经济活动，这也是农业产业化发展的必经之路。在农户角度，由于逐渐意识到个体在市场活动中的行为劣势，在渴望长远发展时，会自发形成合力组成利益体，赢得在面对企业时的话语权。再加上市场上消费者需求逐渐多样化，对于农产品消费提出了更高要求，农业企业想要实现逐步发展必须从农产品的收购环节实现利益增值，即从价格、品质、渠道等方面进行综合考虑，也对中介组织产生很大需求，渴望其进行前期的管理与筛选。中介组织作为企业与农户之间的桥梁构成稳定的三方利益共同体，促进了农业产业化的发展。

（3）第三阶段：“企业+中介组织联合体+农户”。

在农业产业化逐步深入发展的过程中，对中介组织提出了更高要求，所以在第三阶段，主要表现为中介组织自身的发展壮大，也进一步加快了农业产业化进程。中介组织的发展首先表现在规模上，即吸纳更多的农户积极加入组织，增强自身实力。在规模发展成熟后，各类中介组织在利益目标一致的前提下开始加强合作，成为一种更高级的联合体，再与企业进行沟通与合作。这种中介组织联合体的出现类似于合作社联社，都是组织之间加强合作的表现，也标志着农业产业化进入新的发展阶段。此时的农业产业化组织结构相较于之前两阶段，更为稳固，辐射范围也更广泛。

农业产业化在这一阶段的发展，主要是改善了分散的中介组织各自为政的局面，将中介组织形成联合体，与企业交易进行市场活动，提高谈判地位。中介组织联合体的出现为农民带来了很多优势，主要表现在以下方面：首先，由于联合体相较于组织辐射范围更广，有利于获得市场上更多的交易信息从而做出科学判断，减少了由信息不对称带来的决策失误，降低了市场交易风险，从而准确把握农业产业化发展方向，减少长期波动；其次，联合体可以将很多外部竞争内部化，在内部进行协调与管理，避免市场上过度竞争、不良竞争情况的发生；最后，联合体作为社会组织群体，可以制定相应的规章，有效地约束所有组织内的成员。由此可见在农业产业化的第三阶段，基本上可以实现农业产业化的短期和长期目标的有效结合[130]。

（4）第四阶段：“协会 + 企业 + 中介组织联合体 + 农户”。

在农业产业化发展到高级阶段，中介组织联合体已发展成熟，无论是对农户的管理还是成员之间的协调与约束，都已经运行良好；在与企业进行沟通与合作时，双方基本可以站在对等地位，保障农民利益。由于势均力敌，双方在合作中寻求自身最大利益，在博弈过程中容易出现“囚徒困境”，造成交易成本的大幅增加。所以企业与联合体共同渴望能够有另外的组织对交易行为进行监督与协调，促使合作的顺利完成，基于此协会组织应运而生，其主要目的是通过制度安排对联合体和企业的合作进行管控从而降低交易成本。

农业产业化协会的出现对企业与联合体来说起到“黏合剂”的作用，协调各方工作与行为。在进行市场经济活动时，协会可以避免企业、联合体、农户之间出现行为矛盾，最终目标是保障农民利益使企业共同分担成本与风险。协会还可以代表企业与农户的利益与政府进行谈判，政府可以对市场进行宏观调控从而协调经济行为。在面对个体组织时，协会由于自身对于市场动态把握的优势可以协调农民的生产活动，更利于农业产业向区域型、特色型发展。农业产业化协会的出现对于农业产业化的发展产生了巨大的推动作用，也进一步促进了农业农村良好发展以及社会安定和谐。

3.1.4 市场化——国内外农产品市场变化

市场是一只“看不见的手”对于经济行为的协调起决定性作用，而市场化是一个动态的复杂的过程。自1992年党的十四大正式提出建立社会主义市场经济体制，农业产业也逐步向开放的市场发展。农业市场化的概念是在我国计划经济体制转向市场经济体制过程中逐步丰富与发展的，在理论和实践共同发展的过程中进一步确立内涵与外延。从微观层面看，农业市场化是农业生产要素市场化进而由市场决定农产品供需与价值；从宏观层面看，农业市场化不仅局限于市场交易更应该涵盖管理、运营与制度的市场化。综合定义，农业市场化是指农业生产要素向市场配置转轨，由市场决定供给与需求发挥价值规律在农业全产业链条基础性作用的过程。同时国际农产品市场也对我国农业发展造成很强烈的冲击，由于发达国家现代农业的发展进程较快，农产品无论在质量还是在价格方面都具有绝对优势，造成我国农产品在国际市场缺乏竞争力，长期的进出口逆差对我国农业发展产生了很严重的负面影响。为了提高我国农产品国际竞争力，提升农产品品质，发展现代农业成为当前的首要任务[10]，新型职业农民作为新型农业经营主体的带头人，是现代农业发展的主力军，也是参与市场的主体，市场化的发展对促进新型农业经营主体与新型职业农民融合发展形成了有利条件。

（1）农产品国际化带来新挑战。

经济全球化势头对我国农业发展带来极大挑战，在农产品市场表现得尤为明显。发达国家先进科学技术与管理手段快速传播，对我国传统农业的生产经营造成很大冲击。农产品国际化是消费者需求多样化、个性化的导向，微观主体的需求转变造成宏观经济市场的波动，随着经济快速发展，我国农业也将向现代化、专业化迈进。

在这场浪潮中，农业产业可以借势得到快速发展。一是国外先进科学技术、管理手段、外来资本的流入，可以提高我国农业生产经营水平，加快农业现代化进程。二是通过借鉴发达国家成熟经验对我国农业生产进行结构性调整，农产品供求失衡已成为我国新时代农业发展的主要制约因素，在国际化进程中可以扩大市场范围，综合考虑国际国内农产品消费市场，进一步优化我国农产品生产结构。三是农产品国际化可以加强我国与其他国家的沟通与协作，提升国家在世贸组织中的地位，有利于享受到更优厚的待遇。四是对于农村发展来说，有利于深化农村经济体制改革。学习国际农业生产经营经验，进行有中国特色的农村经营管理制度改革，完善农业经营管理制度[118]。

国际化作为一把“双刃剑”，在带来机遇的同时也对我国农业发展带来诸多挑战。一是国内农产品相较于国际农产品缺乏竞争力，体现在农产品品质上，主要原因是国内农产品缺少特色性、优势性；体现在农产品价格上，由于国外机械化水平高，农产品生产成本低，而国内多依靠人工作业，在劳动力价格持续上涨的情况下农产品价格没有优势。二是国内农产品在进入国际市场时面临进口压力，主要体现在关税方面上，根据规定由于只能对进口农产品征加关税，我国在国际化背景下会面临严重的农产品进口压力，这对我国农产品消费产生巨大影响，国外农产品挤占国内农产品市场份额，造成农产品市场动荡。

（2）国内农产品市场“天花板”效应。

由于经济全球化发展，国际农产品市场对国内农产品市场带来了强烈的价格冲击，加上农业生产要素如劳动力、土地、技术等价格的抬高，形成了我国农产品的“天花板”效应。随着居民生活水平的提高，消费者对于农产品的消费更加注重安全与品质，农户生产的逆向选择行为出现。2016 年提出的农业供给侧结构性改革是破解农产品市场目前面临巨大压力的有效对策。从消费者对农产品多样化、个性化需求出发改变传统生产理念，新型职业农民作为现代农业主力军，其综合素质与技能高于普通农民[119]，对于科学技术的掌握与先进生产观念的接受都具有很大优势，这样对新型职业农民培育有了更大的需求。

新型农业经营主体在降低农产品生产成本、提高农产品品质、提升农产品竞争力方面有很大优势，由于本身对于市场形势有着更准确预判，在农产品供应方面更为迎合消费者需求，可以更好地应对生产要素与农产品市场风险。由于国内市场“天花板”效应的出现，更鼓励农民之间抱团发展，这时新型农业经营主体发挥了良好的示范与带动作用，分担农民风险与压力。也正是由于市场的波动，进一步促进了新型农业经营主体、新型职业农民“融合发展”。

3.2 “两新融合”的制度变迁

3.2.1 强制性制度变迁

我国农村基本经营制度经历过三次改革，从中可以总结归纳出制度变迁的三条有效途径：一是生产要素主体间的流动，在满足农民基本权利的同时改变不适应生产力发展的土地关系。在两次土地改革中实现土地所有权、承包权、经营权的变更和分离，将土地上交集体实现土地私有制转变为土地公有制，在农村合作化运动中是将土地所有权与经营权实现分离，在家庭联产承包责任制中将土地所有权与承包权实现分离，即逐步实现土地三权分置。二是提高要素生产效率，从国家政策制度设计层面提高农民的积极性。在土地制度变革中，农民在生产经营中获得了更多的自主经营权，制造出了更多的剩余价值。三是资源配置进一步优化，在初期探索土地规模经营实现规模经济的过程中表现得更为明显。对于土地制度的探索变革由最初的私有制逐步向规模经济发展，对于当时社会而言提高了社会生产力，但由于只关注土地这一生产要素而忽视生产力这一活跃要素，并不能实现农业的长远发展。

在新型职业农民培育与新型农业经营主体的发展过程中，政策的指引性与强制性作用巨大。政策作为新型职业农民与新型农业经营主体强制性变迁的推力，作用于两者的产生、发展、壮大各个阶段。21 世纪以来，历年中央一号文件以“三农”为主题，对农村改革和农业发展做出重要部署，是解决“三农”问题的总纲。为此，本书梳理了 2012—2018 年 7 年的中央一号文件（见表 3－1），通过对文件中关于新型职业农民培育与新型农业经营主体培育的相关政策内容的梳理，探索两者强制性变迁的基础。在新型职业农民方面，由培训转向培育，更加重视农村人力资源的开发以及人力资本的积累。在新型农业经营主体方面，更加注重带头人的培育，由构建完善的配套政策体系转向管理人力资源素质发展。国家政策逐步重视两者的长效发展，但由于新型职业农民较新型农业经营主体而言起步较晚，发展较为缓慢，仍存在一些突出的问题。新型职业农民在参加培训后对于自身长久发展或融入新型农业经营主体都有迫切需求，需要新型农业经营主体为其提供帮助与扶持。

表 3-1　2012—2018 年中央一号文件有关新型职业农民与新型农业经营主体的政策说明

年份	新型职业农民	新型农业经营主体	政策说明
2012	全面造就新型农业农村人才队伍大力培训农村实用人才，大力培育新型职业农民	发展多种形式的适度规模经营促进农业生产经营模式创新	明确提出新型职业农民
2013	培育新型农民和农村实用人才，着力加强农业职业教育和职业培训。充分利用各类培训资源，加大经营大户、家庭农场经营者培训力度，提高生产技能和经营管理水平	培育壮大新型农业生产经营组织，充分激发农村生产要素潜能	注重集约化生产的农户的教育培训，但未涉及其他新型农业经营主体中成员的教育培训。培育壮大农业生产经营组织，制定详细的家庭农场、合作社、龙头企业发展规划
2014	加强农村职业教育和技能培训	扶持发展新型农业经营主体；加大对新型职业农民和新型农业经营主体领办人的教育培训力度	提出农民教育与技能培训政策扶持新型农业经营主体；首次提出新型职业农民与新型农业经营主体领办人的教育培训，仍未明确提出二者的关系
2015	积极发展农业职业教育，大力培养新型职业农民	农机具购置补贴政策向新型农业经营主体倾斜；完善对新型农业经营主体的金融服务	职业教育拓展为培养；新型经营主体政策扶持逐步完善
2016	开展新型农业经营主体带头人培育行动，通过 5 年努力使他们基本得到培训	支持新型农业经营主体和新型农业服务主体成为现代农业的骨干力量；大力培育新型农业经营主体	已初步引导新型经营主体以新型职业农民为支撑；新型农业经营主体地位提高
2017	深入推进现代青年农场主、林场主培养计划和新型农业经营主体带头人轮训计划，探索培育农业职业经理人，培养适应现代农业发展需要的新农民	大力培育新型农业经营主体和服务主体；带动新型农业经营主体和农户专业化、标准化、集约化生产	发挥企业培训主体作用，鼓励新型农业经营主体承担培训
2018	全面建立职业农民制度，完善配套政策体系。实施新型职业农民培育工程	注重发挥新型农业经营主体带动作用，扶持带动小农户	创新培训机制，支持农民专业合作社、专业技术协会、龙头企业等主体承担培训

资料来源：2012—2018 年中央一号文件。

3.2.2 诱致性制度变迁

随着强制性制度变迁的发展，诱致性制度变迁基于新型农业经营主体与新型职业农民追求逐利性的双向选择产生。

（1）农民职业化与经营主体企业化。农业产业化是实现农业现代化的必经阶段，以专业化、规模化、市场化为主要特征，具有更先进的生产力组织特性。农业产业化本身反作用于农业产业更快发展，主要表现在组织形态变革与个体分化的协同耦合。在初级阶段中，规模经济产生的效益促使农民将生产资料聚集推动农业产业化发展，但此时的生产方式并没有因为生产资料聚集而发生改变，仍然具备“小而全”的本质特征，即单纯地扩大规模并未触及生产结构。在生产力水平的限制下，规模化收益带来的边际报酬递增只是短暂的，并且由于组织内部劳动力质量、报酬支付方式以及农业自身弱质性所带来的更高要求，农业单纯依靠组织规模扩大获取的经济效益十分有限。此时机械化、科技化的发展提高了农业规模效益，出现农业比较效益。比较效益使部分兼业化农民逐步向职业化农民发展，从事于农业产业全链条的农民逐步向专业型、技术型农民发展，标志着新型职业农民出现。农业生产重新分工促使农业生产经营方式发生变革，标志着新型农业经营主体产生。农业产业化发展到一定阶段，农业市场化特征明显，并以市场化为导向发展，市场化程度是测量产业化阶段的重要指标。市场化是一个动态发展过程，始于农业自给自足转向商品经济时期，随着市场机制对资源配置的作用逐步显著，经济发展对于市场依赖程度逐渐加深而实现市场化。市场机制为主体发展提供机会，主体伴随市场化而长远发展。市场化机制刺激新型职业农民的职业化与新型农业经营主体的企业化需求，使其具有明显的经济属性。

经营主体企业化是逐步转向企业体制下为追求利润最大化而进行专业化生产、独立核算的“农业生产车间”的过程。在市场经济下，农业企业化经营是实现产业化发展的必经之路。因此，经营主体企业化既是一种高效率的经营方式也是一种组织制度安排，是农业产业化的微观表现形式和重要载体。新型职业农民的“职业化”是将农业作为产业经营，在市场机制中寻求利润最大化的理性经济行为，体现农民身份转化、阶层变化的过程[120]。因此，职业化是农民在现代农业产业化、市场化的根本体现，也是新型职业农民作为“理性经济人”最显著的特征。市场以利润最大化为追求，各主体具有利己性与逐利性，“企业化”的新型农业经营主体与“职业化”的新型职业农民作为市场主体通过要素交叉重组在竞争中获得更高收益。

（2）新型职业农民的个体分化与新型农业经营主体的组织形态变迁。新型职业农民是有文化、懂技术、会经营的高级人力资源，是建成现代农业的主导力量与强有力队伍。新型农业经营主体是农业生产经营方式变革的产物，是现代农业的骨干力量，是将土地、资本、劳动等生产要素聚集而成的集约化、专业化、组织化、社会化相结合的经济组织，是适应现代农业发展与经济体制变革的重要载体[121]。农业规模化发展是农业产生规模效益的重要原因，也是新型职业农民与新型农业经营主体发展的前提，两者的融合发展不仅仅是生产要素的聚集，也是通过要素间的交叉重组实现优势互补从而产生更大效益的产生[122]。

（3）新型职业农民的经济属性与新型农业经营主体的盈利特性。新型职业农民的“经济人”属性与新型农业经营主体的盈利特性相对应，以个体与组织的形态各自生存，“两新融合”是双方实现长远发展的共同诉求[123]。新型农业经营主体在实现规模经济与抵御农业风险方面具有绝对优势，满足农民的多种需求。新型职业农民作为高级人力资源只有在加入经济组织中才能实现更多的剩余价值，成为人力资本。在组织生产经营中，劳动力要素是社会发展要素中最为活跃、最具有能动性的要素，是其他一切生产要素发挥作用的基础，其行为表现直接影响到组织绩效与目标的实现。人力资本一方面能直接促进经济增长，还将通过提高物质资本的边际生产率，逐步积累物质资本，从而直接或间接地提高总产出。仅仅依靠物质资本累积，通过规模效应短期可能获得优势，但物质资本的非异质性决定了其无法承担人力资本对于经济增长的决定性作用（见图3－2）。

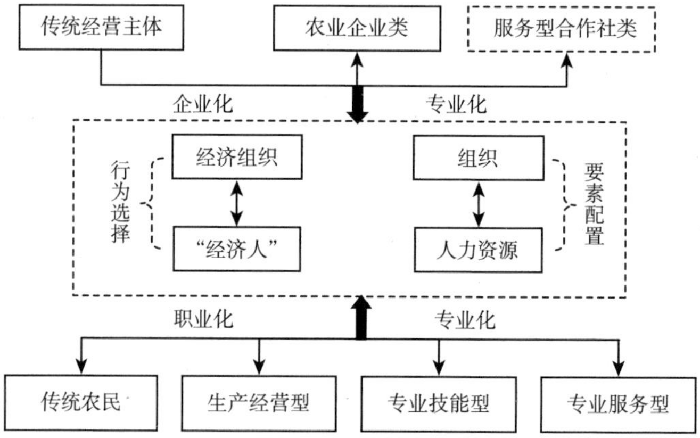

图3－2 “两新融合”的基础—要素配置与行为选择

3.3 “两新融合”机制的理论分析

3.3.1 资源配置——“帕累托最优”

帕累托最优（Pareto Optimality），也称为帕累托效率，是指资源分配的一种理想状态，假定在调整改变资源分配状态的情况下，在没有使任何人境况变坏的前提下，使至少一个人变得更好，即不存在帕累托改进的余地，称为达到帕累托最优的路径和方法。帕累托最优是最能体现资源配置的公平与效率。在自由市场中，各经济主体在不断追求自身利益最大化的过程中，可以使整个社会的经济资源得到最优化的配置。在市场交易中，市场机制代表一只“看不见的手”促使各主体以逐利为目标，在各种竞争与合作关系中实现互利的经济效果。以一家生产企业为例，在竞争中如果能够做到不损害对手的利益的情况下又为自己争取到利益，或是合作双方在交易时都能保全各自利益，这些情况就算是帕累托最优。

新型农业经营主体与新型职业农民的融合其实是一种要素间的交叉重组，在“两新”融合的过程中，新型农业经营主体如果能够满足新型职业农民利益需求的情况下又实现自身逐利性，就算是达到帕累托最优状态。新型农业经营主体具有丰富的生产资源与生产资料，新型职业农民具有自身劳动力及少量的土地资源，使在融合后实现无论是培育资源还是之后的农业生产资源的优化配置，从而实现理想中的“帕累托最优”状态。

3.3.2 合作原则——“利润最大化”

在经济学中，“利润最大化”是企业从事生产行为的最终目标，利润的获得存在三种情况：如果总收益大于总成本，出现的剩余就是利润，此时的利润是指超额利润，不包括正常利润，正常利润包括在总成本中；如果总收益等于总成本，则企业未能获得超额利润，只获得正常利润；如果总收益小于总成本，此时的企业则发生亏损。利润的大小是由边际收益与边际成本决定的，只有在两者相等时企业的总利润才能达到最大化，即 MR = MC 成为利润极大化的条件，并且适用于所有类型的市场结构。融合的基础是实现合作，即个人与个人、群体与群体或个人与群体之间为达到共同目的，彼此相互配合的一种联合行动、方式，双方会有意无意地遵循着某一原则，以求有效地配合从而完成共同任务[124]。

从微观层面考虑，新型农业经营主体与新型职业农民都属于市场中的生产主体，在从事农业生产时都有逐利性，追求“利润最大化”。新型农业经营主体与新型职业农民作为经济主体，合作原则是追求生产的利润最大化。新型职业农民作为市场中的个体在独立面对交易中的竞争时，弱势较为明显且风险性极高，同时作为“理性经济人”加入或成为新型农业经营主体在一定程度上会降低农业生产成本或提高农业抗风险能力，直接或间接地实现了利润最大化效应。新型农业经营主体吸纳或培训新型职业农民可以间接实现收益的增加，如提供土地等要素资本加入新型农业经营主体，利于实现规模效益，从而追求利润最大化。在新型职业农民培育中，新型农业经营主体希望通过培育，吸纳优秀的新型职业农民成为其成员或员工，这些高技能的新型职业农民可能给新型农业经营主体带来更多的总收益的增加（边际收益），但培育这些新型职业农民可能会带来更高总成本的增加（边际成本）。这就是说，这些新型职业农民不一定给新型农业经营主体带来更大的好处，甚至会给新型农业经营主体带来负的利润[123]。

3.3.3 利益分配——“股权激励”

利益分配是融合机制中一个重要组成部分，执行的是经济利益机制的协调功能。经济利益机制则指各经济主体之间在利益方面相互联系、相互作用的制约关系及其调节功能，促使各主体的经济行为朝着预定目标发展的运作过程，它具有自我控制和自我平衡的功能特性[125]。建立完善的利益分配机制是实现融合的前提与基础。在管理学理论中，企业为了激励和留住对企业发展做出突出贡献的人才，会以股权激励方式对其进行长期奖励而推行的一种长期激励机制，属于期权激励的范畴。股权激励是一种员工以获得公司股权形式，使他们能够以股东的身份参与企业各项经营决策活动中，增加归属感从而忠心地为公司的长期发展服务的一种激励方法。现阶段，股权激励模式主要有：股票期权模式、限制性股票模式、股票增值权模式、业绩股票激励模式和虚拟股票模式等[126]。有些企业直接给予优秀员工部分股东权益，企业与员工之间形成利益共同体，更有利于实现企业的长期目标。

在新型农业经营主体和新型职业农民之间建立互惠互利的合作关系是融合发展的关键，“风险共担、利益共享”是利益分配秉持的根本原则。利益分配代表的是新型农业经营主体与新型职业农民所存在的利益分配关系，利益联结机制必离不开分配关系，离开了这种分配，联结机制就不具备意义，在融合系统里面，分配关系处于核心地位。在新型农业经营主体中，确保分配的公平以实现社会福利最大化，主要表现为分红形式。在各个发展模式或发展阶段下，新型农业经营主体和新型职业农民之间所建立起来的利益分配机制都是多元性质的，如对于价格收购的合理保护、返利、定金的预付、购买和销售的赊账、技术信息的服务、股权分配和合作等。在新型农业经营主体和新型职业农民深度融合时，利益分配方式应该以股权激励形式为主。无论是采取什么形式的利益分配，要将新型职业农民处于市场经济的主导地位上，对农业内部的结果作出合理的调整，优先考虑新型职业农民的利益需要，并同时合理兼顾到融合主体的利益关系。

3.3.4 权力制衡——“双方博弈”

制衡机制是一种权利的制约和平衡的制度，对于“两新融合”利益总体，可以将制衡机制看成由内部制衡机制和外部制衡机制共同构成，内部的制衡机制主要包括新型农业经营主体与新型职业农民之间如何进行权利与利益的分配，外部制衡机制是将政府作为宏观调控者的身份引入利益总体，保障利益总体在要素市场、产品市场等实现对各主体的激励与约束。

从理论上来看，新型农业经营主体培育新型职业农民对更多的新型职业农民自发参与培育产生了有效激励。同时，新型农业经营主体通过增强培育出的代理人、客户和合作伙伴的发展能力，带动周边更多的传统农民参与到以新型农业经营主体为核心的市场活动中来，为新型农业经营主体带来了更多的现实利益，最终形成新型农业经营主体与新型职业农民间较稳定的利益联结以及互促共进的良性循环。在新型农业经营主体与新型职业农民的关系博弈中，新型农业经营主体可以选择对新型职业农民培育进行投资支持或不进行投资支持；新型职业农民考虑到参与培育可能会增加机会成本，也可能选择参与或不参与培育[127]。在新型职业农民培育的过程中，两者的行为逻辑为新型农业经营主体先于新型职业农民做出决策。

3.3.5 三方协作——“效率最大化”

效率的一般含义是指投入产出比，或者说是指在一定条件下实现目标的程度。效率最大化在本质上是一种数学最优化问题，通常效率最大化是一种约束决策，即投入一定产出的决策和产出一定投入最小的决策。政府作为宏观经济主体，在经济活动中的行为目标表现为追求最大化的社会公共利益和社会效率，通过系列手段对经济活动予以投资、监管与调控。作为准公共产品的主要供给者，政府主导新型农业经营主体和新型职业农民融合，实现三方协作是应对“市场失灵”的必然选择。

在新型职业农民培育这项经济活动中，单一的政府或新型农业经营主体由于自身行为的局限性都不能实现这一经济活动的最好效果，政府与新型农业经营主体三方协作共同完成这项工程，进而达到“帕累托”最优资源配置，实现效率最大化。新型职业农民培育由于其本身具备正外部性特征，在多层面体现出“效率最大化”。在个体成长角度来看，新型职业农民接受培育相当于对人力资源进行投资，可以提高自身综合素质，无论是在生产经营过程中还是参与工作时都将对整体劳动生产率做出贡献，增加社会的经济收益水平实现效率最大化。在社会层面，新型职业农民在接受培育后，不仅能够提升其思想意识水平，提高其价值判断能力，增强其对农业生产经营和经济社会发展的责任感，职业属性进一步增强，社会地位与社会整体福利水平都得到了提高。无论在哪一层面，都需要在实现正外部溢出的同时保障供给方的收益补偿。因此，在新型职业农民培育中，政府一方面要将其作为公共事业直接参与供给，另一方面也要为新型农业经营主体参与培育而产生的社会收益外溢买单[128]。因此，新型职业农民培育的正外部性决定了政府的参与意义，即政府需要通过与新型农业经营主体协作，保障新型职业农民培育的有效供给，提高培育的总体效率[129]。

第4章　我国“两新”发展及融合的现状分析

在构建“两新融合”理论分析框架、总结新型农业经营主体和新型职业农民发展现状的基础上，通过不同类别不同角度分析新型农业经营主体与新型职业农民融合现状，并指出“两新融合”中存在的问题，是对“两新融合”进行深入分析的前提。

4.1　我国新型农业经营主体的现状

我国在家庭承包经营的基础上，已初步形成以家庭农场、专业大户、农民专业合作社及龙头企业为主要类型的新型农业经营主体，并以多元化发展态势呈现[130]。据统计，截至2016年末，全国家庭农场、农民合作社、农业企业等各类新型经营主体超过300万家。2017年6月农业部部长韩长赋在对《关于加快构建政策体系培育新型农业经营主体的意见》解读时提出，近年来以家庭承包经营为基础，各类以从事生产和服务为主的新型农业经营主体蓬勃兴起，并且以农户为单位的家庭农场已超过87万家，依法登记在册的农民合作社已有188.8万家，农业产业化经营组织超过38万个（其中龙头企业超过12万家），农业服务组织超过115万个[131][132]。

4.1.1　专业大户和家庭农场

专业大户和家庭农场是以家庭成员为主要劳动力，面向市场从事集约化、专业化、标准化生产经营，以务农为家庭收入主要来源的农业生产经营组织，具有经营规模较大，不存在委托代理、契约化交易为主、监督成本较低等基本特征。专业大户经过 30 多年的不断发展，其规模不断扩大。据农业部统计，2012 年末我国在粮食种植、畜牧养殖、农机服务、农业经纪服务等全产业链中经营规模超 100 亩以上的大户达到 270 万户，其中种粮大户 68.2 万个，经营耕地面积 1.34 亿亩，占全国承包耕地面积的 7.3%。截至 2016 年底，全国经营耕地 50 亩以上的农户为 376.20 万户，占全国农户总数的 1.40%。全国生猪、肉鸡、奶牛规模养殖户数量已超过一半。2016 年我国家庭农场超过 87.7 万个（其中经农业部门认定的家庭农场数量为 44.49 万个），经营耕地面积达到 1.76 亿亩，占全国承包耕地面积的 13.4%。

4.1.2 农民专业合作社

农民专业合作社是以农户之间通过联合合作的方式组建成的一种生产经营组织形式，组织成员以农民为主体，实行“一人一票”的决策方式，以横向联合的形式扩大经营规模。2007 年，中国农民专业合作社的数量仅为 2.6 万家，截至 2017 年 7 月，10 年数量便达到 193.3 万家，合作社规模覆盖 11243 万户，占农户总数的 46.8%，平均社员规模 58 户，虽然专业合作社的社员规模仍然不大，但社员规模超过 100 人的专业合作社的比例已从 2008 年的 1.8% 上升至 2016 年的 3.8%。我国农民专业合作社的特征表现为：一是数量持续增长，截至 2019 年初，仅依法登记在册的合作社便达到 218.6 万家，生产联合社 1 万多家，并且辐射带动全国大部分农户。二是农业产业逐步拓展态势，农民合作社产业覆盖粮棉油、果蔬茶、肉蛋奶等主要产业产品生产，并且由种养业向加工、服务业等第三产业延伸。三是农业服务能力逐渐增强，农民合作社不仅能够为成员提供农资、农机、技术信息等统一服务，超过一半的合作社还能够提供产加销一体化服务。在 2019 年 3 月举办的《关于促进小农户和现代农业发展有机衔接的意见》发布会议上，中央农村工作领导小组办公室副主任韩俊指出，农民合作社发展成效显著，依法登记注册的农民专业合作社超过 210 万家。但是近年来虽数量扩张快，但发展质量总体还是不高，一些合作社的管理运行还不是很规范，并且与农民利益联结也不是很紧密[133]（见图 4-1）。

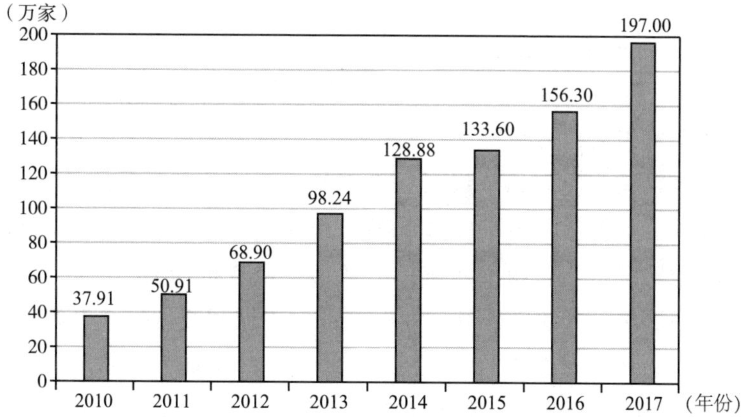

图4-1 2010~2017年全国农民专业合作社数量变化情况

资料来源：作者自绘。

4.1.3 农业龙头企业

农业龙头企业是具备高市场化的现代农业经营组织，具有结构完善、产权明晰、技术装备先进、融资能力强、产品利润价值高、具备辐射带动能力等基本特征，主要从事农产品生产、加工、流通或销售，并通过各种利益联结机制与农民发生联系[130]。据农业部统计，截至2013年底，全国有各类龙头企业近12万家，其中种植业、畜牧业、水产业的龙头企业数量分别占56.9%、27.4%和6.6%。2017年初，我国农业产业化组织超40万个。其中，农业产业化龙头企业占比近1/3。农业产业化龙头企业年销售收入达到为9.73万亿元；大中型企业增速加快，销售收入1亿元以上的农业产业化龙头企业数量同比增长了4.54%；农业产业化龙头企业固定资产约为4.23万亿元[134]。截至2017年底，我国县级以上认定的龙头企业数量已经达到8.7万家，国家级重点龙头企业1242家，年收入超过1亿元和100亿元的省级以上龙头企业分别达到8000家和70家，主营农产品加工的业务收入超22万亿元，增速值达7%。农产品加工业固定资产投资累计投入达到39129亿元，增速值达3.9%。以龙头企业为主体的各类产业化经营组织辐射带动全国40%以上的农户和60%以上的生产基地，起到示范带头作用。

4.1.4 农业服务组织

农业服务组织可以分为两类：一类是公益性服务组织，以国家设在基层的公益性服务机构为主，如基层农技推广站、区域站等；另一类是经营性服务组织，即除公益性服务组织以外的各类服务组织，如农资服务机构、负责农机作业、统防统治、动物疫病防控的社会化服务机构等。实际上，很多专业大户、家庭农场、农民合作社、龙头企业也不同程度地提供生产经营服务，它们既是经营主体，又是社会化服务组织。据农业部有关部门统计，截至2013年底，全国农业公益性服务组织超过15万个，农业经营性服务组织（不包括农民合作社和农业产业化龙头企业）超过100万个，在为农民服务、带动农民发展方面发挥日益重要的作用。

4.2 我国新型职业农民的现状

4.2.1 新型职业农民数量

2012年，我国农村劳动力结构出现新变化，为适应现代农业发展对农业劳动力新需求，响应“培养未来的现代农业主体”的战略决策，中央一号文件提出“大力培育新型职业农民”，为加快构建一支有文化、懂技术、善经营、会管理的新型职业农民队伍，2017年农业部编制了《“十三五”全国新型职业农民培育发展规划》[135]。2018年《关于实施乡村振兴战略的意见》强调：为实施乡村振兴战略，必须破解人才“瓶颈”制约，大力培育新型职业农民，全面建立职业农民制度[136]。随着全国新型职业农民培育工作的稳步推进，新型职业农民数量不断增长。新型职业农民培育工作经过6年的发展，试点范围从最初的100个县扩大到2014年2个省、14个市和300个示范县，再扩大到2015的4个省、21个市和487个示范县，截至2016年，新型职业农民培育工程的实施范围已经扩大到8个整省、30个整市和2000多个农业县（团、场），覆盖面逐年增大。其中生产经营型新型职业农民占比76%，数据显示，2014~2015年，全国共有1121个县开展认定工作，认定新型职业农民21万余人，占培育总数的10.89%。截至2015年底，全国农村实用人才总量为 16923021 人，其中新型职业农民总量为 12722061 人。2016 年末全国农村实用人才总量为 18520016 人，其中新型职业农民总量为 14013184 人，全国新型职业农民总量较 2015 年末增加 12911230 人，增长 10.15%。根据第三次全国农业普查，2016 年全国农业生产经营人员为 31422 万人[137]，全国新型职业农民数量占农业生产经营人员总量的 4.46%。截至 2017 年底，全国新型职业农民数量超过 1500 万人，为实现农业现代化和乡村振兴战略提供了有力的人才支撑。

4.2.2 新型职业农民受教育程度

从受教育程度看，新型职业农民队伍的文化程度不高，以初中文化为主，但在逐渐提高。根据 2016 年全国新型职业农民发展报告数据显示，2015 年新型职业农民中大专及以上占 5%，高中（含中专）占 25%，初中占 58%，小学占 10%，未上过学占 2%。2017 年全国新型职业农民发展报告数据显示，2016 年新型职业农民中大专及以上占 5.47%，高中（含中专）占 24.87%，初中占 57.63%，小学占 10.59%，未上过学占 1.44%。2018 年调查显示，新型职业农民中受教育程度在未上过学、小学、初中的占比有所降低，而文化程度在高中及以上的占比有所提升，说明新型职业农民正朝着更高文化程度发展（见表 4-1）。

表 4-1　2015 年、2016 年、2018 年全国新型职业农民受教育程度结构比例

单位：%

受教育程度	2015 年	2016 年	2018 年
大专以及上	5	5.47	14.05
高中（含中专）	25	24.87	35.25
初中	58	57.63	43.61
小学	10	10.59	6.09
未上过学	2	1.44	1

注：2015 年、2016 年数据来源：全国新型职业农民发展报告；2018 年数据为全国新型职业农民调研数据。

4.2.3 新型职业农民年龄结构

随着农村劳动力特别是青壮年劳动力向城镇转移，留在农村的务农农民以中老年为主，新型职业农民中大部分都是从务农农民中成长发展起来的，所以新型职业农民队伍整体年龄偏大。从年龄结构看，2015 年新型职业农民年龄在 35 岁及以下占 17.14%，36～40 岁占 16.41%，41～45 岁占 21.05%，46～50 岁占 20.79%，51～54 岁占 12.78%，55 岁及以上占 11.84%。由此可见，全国新型职业农民中 41～50 岁年龄段人数最多，占总数的 41.84%。2018 年调查显示，新型职业农民年龄占比变化不大，并有向低年龄层次发展趋势（见表 4－2）。

表 4－2　2015 年、2016 年、2018 年全国新型职业农民年龄结构比例　　单位：%

年龄范围	2015 年	2016 年	2018 年
55 岁及以上	11.84	11.76	10.79
51～54 岁	12.78	13.04	14.7
46～50 岁	20.79	20.85	19.23
41～45 岁	21.05	21.36	21.78
36～40 岁	16.41	16.24	13.53
35 岁及以下	17.14	16.75	19.97

注：2015 年、2016 年数据来源：全国新型职业农民发展报告；2018 年数据为全国新型职业农民调研数据。

4.3　我国“两新融合”的现状

4.3.1　专业大户、家庭农场与新型职业农民融合现状

根据新型职业农民的内涵，经营规模、收入、文化水平达到一定程度的专业大户和家庭农场主就是新型职业农民。据农业部统计，截至 2016 年末，全国经营耕地 50 亩以上的农户为 376.20 万户。以农业部农村固定观察点数据库中 1139 个种养大户为样本，户主平均年龄为 60 岁，户主配偶劳动年龄和子女年龄分别为 58 岁和 31 岁，均高于其他农户家庭成员的平均年龄。种养大户户主受教育程度以小学和初中为主，其中小学文化程度占比为最高，为 45.05%，初中文化程度次之，为 44.51%。户主子女受教育程度有所提高，高中及以上的文化程度占比 37.79%。种养大户平均拥有家庭劳动力 2.26 个，平均每个劳动力每年劳务时间为 79.25 天。调查显示，58.1% 的户

主认为自己的职业是农业家庭经营者，户主配偶认同比例为57.3%，而劳动年龄子女中自我认同占比仅为17.7%。据此可以推算，专业大户中44.37%的成员实现了和新型职业农民的融合。

截至2016年末，全国经农业部门认定的家庭农场数量为44.49万个。以农业部农村固定观察点数据库中2998个家庭农场为样本，家庭农场主平均年龄为46岁，农场主年龄在40岁及以下的家庭农场占25.54%，农场主年龄40～45岁（含）的家庭农场占45.83%，且呈现出年轻化的趋势，可见家庭农场主的年龄远小于种养大户的年龄。在2016年监测的家庭农场中，农场主的受教育程度以初高中为主，具有初中以上学历的农场主合计占83.17%，其中初中学历农场主占比为43.50%，高中学历农场主占比为30.39%。接受过培训的农场主占84.86%，未接受过培训的农场主仅占15.14%，说明家庭农场主接受培训的比例较高。通过对年龄、受教育程度和培训情况的比较，家庭农场主比种养大户与新型职业农民的融合更加紧密，根据接受培训情况推算，84.86%的家庭农场主已成长为新型职业农民。

4.3.2 农民合作社与新型职业农民融合现状

21世纪以来，我国政策和法律环境得到明显改善，在我国社会环境下农民合作社的发展进入改革开放以来的最活跃时期，创新程度和发展程度都得到了极大的提高。从全国合作社整体情况看，农民合作社数量呈现激增趋势，截至2017年末，全国已登记注册的农民合作社超197万家，较2016年增长17%，全国农民合作社实现经营收入5806.92亿元，较2016年增长0.2%。实有入社农户11759万户，约占全国农户总数的48.1%；成员出资总额46768万亿元，是2012年底的4.2倍。其中，国家级的示范性合作社达8000家、县级以上达13.5万家、示范性联合社7200多家。合作社内涵式发展走向新章程，超过一半的合作社提供产加销一体化服务，实施标准化生产的合作社有8万余家，7万余家合作社注册商标，4万余家合作社得到“三品一标”的农产品质量认证，创办加工厂和开设社区直销店的合作社均达到2万多家。据统计，有83.7%的合作社为社团提供农业技术培训服务，在全国197万家合作社中，约3/4的理事长是新型职业农民，接受过新型职业农民培育，合作社里的农民通过这些理事长的带动，也纷纷成为新型职业农民。农民是农业发展的核心，让农民成为体面的职业，使农业生产后继有人，新型职业农民是关键因素。新型职业农民培育范围不断扩大，队伍人数不断上升。大批新型职业农民源于田间地头的普通农民，并在田间地头学习成长，逐渐成为现代农业的主力军。在这1500万新型职业农民中，有562.09万人加入了农民合作社，新型职业农民入社率为37.47%，平均每个合作社拥有新型职业农民数量仅有2.85人。新型职业农民掌握了最先进的生产力水平，而新型职业农民数量不足严重制约了合作社的融合发展，先进生产力缺失，农业支柱性的合作社先进生产力无法支撑起自身的发展。

4.3.3 龙头企业与新型职业农民融合现状

龙头企业无论是在推动农业产业化发展，还是在带动农民生产积极性等方面均发挥了举足轻重的作用，与新型职业农民之间的融合不断加强。自2008年始，政府部门对龙头企业的发展关注重心偏向重视农业龙头企业与农户与合作社间的利益联结伙伴关系。为此，各种支持政策也在逐步侧重推动龙头企业与当地小农户尤其是新型职业农民之间的利益联结收益联动伙伴关系。其旨在通过龙头企业与农户间的相互协调发展，来进一步推动提升龙头企业带农惠农效果，并推动产生龙头企业集聚发展效应。从2014年起，农村农业部开始尝试利用现代化金融科技手段来支持农业产业化发展，其内容目前包含：一是对一些为农民信贷曾做过担保的重点龙头企业进行一定量的奖励；二是对于那些已经与农民签订收购合同，并能够实际通过银行转账的方式向全国各地农民进行账款结算的龙头企业实施一定量的奖励补贴。2016年发布的中央一号文件提出的“农村一、二、三产业融合”在我国农业的可持续发展中起到关键性作用，所以政府利用一系列的财政扶持及政策扶持来激励龙头企业与新型职业农民之间的融合发展，从而有利于加速其与新型职业农民间利益联结伙伴关系的建立，从而实现龙头企业带领农民生产致富的效果[138]。乡村的振兴离不来产业的支撑。在农业产业化进程中龙头企业要发挥带动优势，以实际市场需求作为带动导向，龙头农企对于市场的把控相比农民有很大优势，在企业的带动下可以真正培养出一批具有农业情怀的懂农业、爱农村、爱农民的“新农人”，并真正实现和新型职业农民的有机融合。龙头企业与新型职业农民的融合主要表现在：一是发挥当地具备一定实力的农业产业化龙头企业的市场带动优势，与政府单位合作采取政企联合形式，在本地区域内创办职业院校。并利用好当地市场需求作为主要导向，以龙头企业为主体，从实际需求的角度出发，将课堂教学培训与田间指导有机结合，对经历过农业职业教育的毕业生、退役军人、返乡农民工和待业青壮年以及目前仍在从事农业生产经营服务的农业从业者，采取“农学结合”“就地就近”等灵活培养方式，开展实用性教学，真正解决“谁来种地”“怎样种地”等深层现实问题。二是将龙头企业的实力作为依托，并进行深度、精准调研，根据当地乡村实际条件和市场需求制订适合该地区的种养规划，组织当地经过该企业培训的农民科学种植、养殖，并进行全程专人跟踪指导，最后实行产品由龙头企业统一销售机制。这样一来，不仅解决了困扰农民的不知种什么、种了无法保证质量、不能与市场接轨、找不到销售渠道等顾虑，并且激发了农民进行农业生产的内生动力，从根本上实现农业龙头企业带动农民发家致富奔向小康目标的作用。

4.4　我国“两新融合”中存在的问题

4.4.1　新型农业经营主体与新型职业农民匹配性较差

截至2016年末，我国各类新型经营主体超过300万家，而新型职业农民只有1500万人，平均1个经营主体只有5个新型职业农民。一方面说明我国新型农业经营主体数量偏大，规模偏小。例如，我国的农民合作社2019年2月依法登记的农民合作社已达到218.6万家，农民合作社虽然在数量上得到大幅增长，但整体质量水平还属于发展初级阶段，并且呈现出“群体大但规模小”的特征，单体合作社规模小展现的实力较弱，还不足以适应我国农业高速发展的趋势，2017年由国家工商总局“创新与规范并举　促进农民专业合作社健康发展”课题组的调查显示，由5人组成的合作社比例达到52.75%，6~10人的占24.21%。单体合作社社均成员数量自2007~2013年由13.3人增加至30人后便在2014年后出现社均人员数负增长情况，2014年下降0.9人/社，到2016年降至25.0人/社。《中国农村经营管理统计年报(2016年)》显示，经营面积10亩以下的农户为22968万户，占全国总农户的比例为85.5%。比较2016年全国家庭农场监测数据（2998家）平均规模为357亩，其中粮食类家庭农场的平均规模421亩，加入合作社的占36.97%。由于家庭农场发展较晚，全国家庭农场的数量远少于农民合作社，农民合作社的经营面积远小于家庭农场，两者呈现数量和经营面积倒置的现状，且虚假注册、投机注册的问题突出，存在很多空壳合作社。部分合作社在组织带动新型职业农民和小农户进入现代农业市场的过程中，在种养技术集成水平、产销有机衔接、农产品加工流通、品牌宣传力度和建立宣传平台、有效融资等方面还存在欠缺。

另一方面新型职业农民的数量偏少，难以满足新型农业经营主体发展的需要，并和新型职业农民形成有效融合。据测算，平均每个合作社中新型职业农民数量仅为 2.85 人。合作社成员中新型职业农民人数较少，其先进生产要素无法覆盖全体社员，带动人数较少。新型职业农民的发展虽然取得了一系列的成绩，但是后备力量不足，很多地区农民不了解新型职业农民这一概念，新型职业农民培育仍局限于试点范围，未在全国得到推广。新型农业经营主体和新型职业农民在数量和结构上匹配性较差，严重影响两者的融合发展。

4.4.2 新型职业农民和新型经营主体培育体系均不完善

我国新型农业经营主体虽然取得了长足发展，但培育体系仍不够完善，面临主体地位不明确、内部运行不规范、经营服务跟不上等问题。另外，现阶段我国还不具备针对专业种养大户和家庭农场等新型农业经营主体的统一登记管理办法。很多省份已出台了家庭农场管理办法，允许家庭农场等新型农业经营主体在工商部门登记注册，但备案、认定和扶持归属农业部门管理。不同省份的注册、登记和扶持也不尽相同，如重庆市虽然支持家庭农场自主申请登记成为个体工商户、公司及个人独资或合伙企业等，但实际登记注册过程中若登记为合伙企业或有限责任公司（股份有限公司）时，要求合伙人与股东之间应具有亲属关系，否则无法登记，造成政策实施的空白。同样受阻的还有近年来各地出现的一些新型农民合作经济组织，如农村集体股份合作社、土地股份合作社、土地股份公司、新型职业农民协会、产业联盟等，这些组织在登记注册方面也面临着法律和政策上的障碍，其组织在运行管理时也存在较大的制约和风险。目前，大约 1/3 的农民合作社存在不同程度的不规范运行，其表现形式在于：外部的组织机构不健全，内在规章制度不合理，整体没有达到民主管理的初衷，部分合作社核心成员或大股东内部控制，实行资本化分配方式，更存在大量空壳和僵尸合作社。合作社自身缺乏运行规范，走形式现象严重，一些农村的合作社创立的目的本身就是利用国家扶持政策，套取国家补助拨款。另有一些农村合作社盲从效应严重，看到其他经营者的高效益经营模式便盲目效仿，其自身并不具备完善的科学种养技术，即便按照规范制定了一系列章程制度和运转机制，但也大多流于形式。另外，合作社的建立大多依靠血缘和地缘，核心成员在合作社中对合作社资源的控制要高于普通成员，由于管理行为的随意和经营行为的混乱，社内并不能完全实现融合。农业生产服务组织提供专业化服务是新型经营主体发展专业化生产重要依靠，在当前不健全的社会化服务体系下，公益性服务机构提供的服务力度小，经营性服务组织的自身实力不够强，整体表现为服务方式单一、服务水平低，而在农村金融服务领域，为新型经营主体提供的金融产品和服务方式相对落后，农业保险亟须扩大范围和品种，金融服务机构责任人“三农”服务意识薄弱。

在新型职业农民培育主体中，公益性主体较多，私益性主体较少。由于对新型职业农民培育的教育学定位，多数政府、组织将培育作为一项纯公益性的人才培养活动进行研究。在各地实践新型职业农民培育中可以看出，政府在培育中的行为较为全面，涉及培育的制度建设、体系创新、公共投资、监督管理等内容，尤其突出了农广校、职教中心等公益性机构在培育中的行为路径与突出作用；企业在培育中的行为研究中则重点体现了组织载体、政企合作、创业扶持等方面的行为路径和功能体现。过多地依赖政府会产生不必要的行政内耗，损耗社会成本，这就需要明确培育对象的参与意愿与动机，强化企业等市场化主体的参与作用，合理划分政府与企业的行为边界，将农民自身职业化培养与整个农业环境发展相结合，按照农业发展要求制定农民职业化培养要求，确保新型职业农民培养方式、培养需求的多样性和农业职业分化的多样性，从而做到新型职业农民培育的供给与需求的互相适应，并突出培育策略中的主体合作，提升新型职业农民培育的持续发展和实施效率。

4.4.3 “两新融合”自身认知和外部环境较差

虽然新型职业农民是有文化、懂技术、会经营、善管理的现代化农业人才，但是新型职业农民处于起步阶段，其发展仍有一定的局限性，对自身的认识还不够。学员的需求与培育不对称，仍然只停留在技术培训这一阶段，缺乏思想意识的转变，农民固有的小农意识仍然存在，其闭塞性和保守性使其对待融合有一定的排斥。在小农意识的作用下，形成了新型职业农民求稳、怕变，从而形成很大的保守性，对于融合经营的接受能力有限。这也导致了融合范围狭窄，认知水平低下，不能接受融合发展过程中自我资源的贡献，只利用了合作社的便利，同时合作社成员的异质性也加剧了这种“搭便车”行为。合作社成员由于个体的小农意识，成员之间的要素融合和利益的再分配得不到充分的实现。

目前我国关于培育新型农业经营主体和新型职业农民的指导性文件和法律法规仍然有相当大一部分处于摸索探索阶段，政策扶持不精确，法律法规不健全导致重视程度不够。例如，奖补政策辐射面广，但收益很小，一些地方鼓励发展农民合作社的热情很高，从财政的奖补、税收的减收、风险的补偿乃至用水用电的优惠几乎涵盖了方方面面，补贴制度没有上限。一些合作社仅仅通过补贴就可生存，出现了一些仅拿政府补贴的合作社和空壳合作社。对比欧盟，它们的合作社补贴中 10 万欧元为一个上限，无论一个主体多大，政府各类补贴补到 10 万欧元全部停止，但我们没有这个上限政策。政策之外，合作社管理也有很大的缺陷没有弥补。目前对于合作社的社会管理工作实施工商局、农委、农业局等多方单位共同参与的管理方式，造成授权单位多，实际无人行使管理职能的状态，这对于合作社的有序发展实为不利。其中，管理机制不明确、管理范畴划分不明确是当前合作社在政府监管方面的最主要问题。另外，政府和法律环境不够完善，尚未形成有效的政府支持和管理体系也是亟待完善的环节。

4.4.4 “两新融合”利益机制联结不够完备

目前，“两新融合”发展的规模较小，还不成气候，新型农业经营主体在利益分配中处于强势，新型职业农民处于劣势。通过“两新融合”构建条件还不够完备，这些条件反映在政策、地域、产业以及组织模式上，各方面缺一不可。在政府层面，由于占据基础性主导地位，缺乏两者融合贯穿的导向性政策，应采用职业院校的教育形式，实行弹性学制，重点针对文化知识、科学理念、思想道德等内容，对培育对象进行内在素质提升，并通过政企合作，进行专业技能的实践操作提升。由于地域不同，各产业生产经营也表现出较大差异，在农业发展视角下，生产经营主体应为农民提供职业化政策与保障。分类来看，在构建利益机制时，其发展定位决定了产业扶持和保障扶持的不同路径：种养大户和家庭农场主更注重创业兴业，需要着重予以产业政策扶持；农业产业工人更注重稳定就业，需要着重予以“企业就业保障 + 政府社会保障”的政策扶持。同时，合作社的利益存在排他性。农民专业合作社的成立是为了自己社员收益的提高，旨在为入社社员服务，提供资源的互通利用，谋求全体入社社员的利益最大化，这就明确排除了非社员生产要素融合的参与。农民专业合作社是利益排他性经济组织，只服务于本社成员，在没有其他外界激励政策的情况下，农民专业合作社带动非社员培训和生产要素融合方面是疲软的。农民专业合作社的自利性制约了合作社生产资料对非社员实现融合。

4.4.5 “两新融合”中的市场行为局限性

现阶段，大力度的新型职业农民培育和新型农业经营主体的大量兴起，必然致使新型职业农民和新型农业经营主体的“良心融合”具有一定的优越性，但不可否认的是任何事物的发展初期都会或多或少地存在理论缺失和发展障碍，在“两新融合”中具体体现为：“市场缺陷下的结构性供给失衡”和“‘市场失灵’下的供给内容单一”两个方面。其中市场缺陷特指在新型职业农民培育中市场发挥培育资源配置作用下仍存在一定的培育对象利益不公、培育结构失衡等现象。另外，新型职业农民培育中的“市场失灵”特指市场主体无法有效率地分配培育资源，致使市场力量不能满足整个公共利益的整体需求。

新型农业经营主体作为市场化行为主体，在新型职业农民培育的参与过程中也不是为了完全的公益服务，其自身也在追求一定的利益回报，或者通过培育新型职业农民将利益更大化。培育新型职业农民也是一项系统投资行为，作为一项投资行为不同阶段与不同层次的培育活动就显现出了投资行为中不同的外部性程度。这也造成在培育前期对于培育者的基础培育方式和内容层面上供给外部性和劳动力流动性呈现正相关性，所以不难理解作为投资者新型农业经营主体因为担心培育新型职业农民的收益外溢在短期发展投资目标上不愿为具有高流动性的农民投资。对于新型农业经营主体培育新型职业农民还有一个关键性假设，即通过培育能够对自身产生经济效益。由于新型职业农民培育是一项针对现代农业劳动力的全面投资活动，目的在于提高新型职业农民的素质和全面发展能力，而新型农业经营主体的利益无法通过市场来保障，必须通过政府介入来规避两者“两新”中市场行为的局限性。

4.4.6 “两新”扶持政策未能融合发展

在政府的上层建筑设计下，针对扶持新型经营主体的政策不断制定出台。政府对新型农业经营主体的有力支持覆盖金融信贷、保险、土地流转、项目扶持、人才培训等多个方面。政府通过示范性典型性经营主体的带动（如示范性农民合作社、示范性家庭农场、农业产业化示范基地及示范性农业服务组织等）和鼓励促进新型农业经营主体互相融合并支持依法建立相关服务组织等方式为新型农业经营主体的长久健康发展提供积极的引导作用。通过调查研究发现，在这些新型农业经营主体群体中有 56.2% 的个体得到政府的现金扶持，有 34% 的经营主体承担过政府示范性项目，有 26.4% 得到过政府的物资扶持，经折算平均每个新型农业经营主体获得政府支持累计价值达到 58.7 万元，是政府对普通农户惠农扶农支持力度的 35 倍以上，可以说政府对新型农业经营主体的扶持体系已经走在逐步完善的道路之上。新型农业经营主体扶持政策 2013 年之前主要集中在农民专业合作社，主要包括税收优惠；补贴政策有土地流转补贴、贷款补贴、购农机补贴、种粮补贴、农资综合补贴、生猪标准化规模养殖场（小区）建设、农业保险补贴、粮食最低收购价政策、退耕还林补贴、草原生态保护补助等；涉农项目扶持政策，如蔬菜标准园创建、水产养殖基地、菜篮子工程、农业综合发展项目等。近年来则将力度转向对家庭农场主的扶持，充分整合利用各种资源加大对于家庭农场主、专业大户等的培训力度，提升生产技能，促进其生产力发展，并对联户经营、家庭农场等在内的经营主体进行各种奖励性质的扶持补贴。各地由于经济发展水平不一样，补贴标准也有所不同。例如，福建省漳州市龙海市、江西省吉安市吉水县、广西壮族自治区贵港市港北区、海南省三亚市 2018 年补贴标准为每家家庭农场补助 8 万元，补助方式有“先建后补”和“以奖代补”方式。安徽省合肥市庐江县原则补助标准为每家 5 万元；根据家庭农场发展水平不一样评出一、二、三等级，按照等级发放补助。吉林省长春市德惠市对典型家庭农场发展的项目按照投资金额的比例给予补贴，但补助金额最高不超过 5 万元。

相对新型农业经营主体的扶持政策，专门针对新型职业农民的扶持政策较少，目前国家专门针对新型职业农民的保障制度还没有，对新型职业农民的认定实质是对其生产经营规模的认定，对认定后的新型职业农民在扶持政策上又没有得到区分和体现，这就致使很多农民认为即使完成新型职业农民认定，获得资格证书对于自身也没有实质性作用，并不能解决农民真正关心的后顾之忧，也就使部分农民打消了参加新型职业农民培育的积极性。政府的扶持政策的针对对象是新型经营主体还是新型职业农民尚区分不明、混淆一谈，所以“两新”还未能实现真正意义的融合发展、协调一致。

第5章 “两新融合”典型案例分析

在我国新型职业农民培育实践中，由于实施主体不同、产业不同、地域不同而产生了“两新融合”的典型案例，对它们的发展历程、主要做法、形成机理、运行机制、有效性及应用条件进行分析，从而达到透过现象看本质，对“两新融合”机制进行更深入研究。

5.1 四川崇州“两新融合”案例分析

5.1.1 崇州“两新融合”的形成

（1）“两新融合”的形成。

工业化、城镇化的发展带动了农村土地的盘活与流转，农民种地积极性迅速提升，劳动力流动加速，为农民增收拓宽途径。但同时由于农业自身的弱质化、劳动力的兼业化、土地的碎片化、生产的非粮化、农业现代化水平低下等因素均制约着崇州市农业的发展。

为崇州农业的顺利发展，崇州市政府曾做出多次的努力和探讨。1998年，崇州市政府开始第一次大胆的尝试，鼓励生产大户流转土地、规模经营，但最终由于资金、信息、服务等生产要素制约，工作进展不畅，再加上收益偏低问题，该模式进展举步维艰。于是，崇州市又开始了第二次探索，即通过引进龙头企业，龙头企业或租赁农民土地或与农户签订订单的模式，但由于企业技术和管理水平低下，使农民收益受损，甚至出现企业违约现象，农业企业发展不畅。部分农业企业的“非粮化”“非农化”转型，进一步影响了崇州市农业的良性发展。2003年，崇州市开始第三次尝试与探索，发展农业合作社，但由于缺乏紧密的利益联动机制，使合作社组织化程度较低，农民各自为政，规模经济难以实现。

2010年5月，崇州市总结三次失败的经验，以农村产权制度改革为契机，结合"谁种地""谁经营""谁服务"三大问题，围绕崇州农业生产经营实际状况"地碎、人少、钱散、缺服务"，引导隆兴镇黎坝村15组30户农民以101.27亩土地承包经营权入股，组建了崇州市第一个土地承包经营权股份合作社——杨柳土地股份合作社。合作社聘请了懂技术、会经营的种田能手作为合作社的职业经理人管理合作社，合作社发展顺利，受到农户的拥护与支持，为崇州市农业发展指明了方向[139]。

（2）"两新融合"的推广。

"土地股份合作社+农业职业经理人"的模式初见成效，自2011年起，该模式在崇州市25个乡镇（街道）得到迅速推广，为农户开辟新的增收途径，同时也带动了崇州市农业职业经理人和农业综合服务部门的迅速发展，入社农户有口皆碑。

随着崇州市土地股份合作社不断的发展和完善，农业职业经理人和农业综合服务逐渐走向规模化，吸引了众多的专家学者和新闻媒体的关注，得到各级相关领导的支持和认可。2014年4月27日，由国务院发展研究中心农村经济研究部、华南农业大学农村经济转型发展协调创新中心、四川省社会科学院于崇州市共同主办的中国农业经营制度创新实践研讨会的讨论，将崇州发展粮食适度规模经营的方式，提炼总结提升为"农业共营制"，即：以农户为主体自愿自主组建土地股份合作社推进农业规模化经营，以培育农业职业经理人队伍推进农业专业化生产，以强化现代农业服务体系推进农业专业化服务，形成"土地股份合作社+农业职业经理人+现代农业服务"三位一体的农业经营方式[140]。

（3）"两新融合"的制度化发展。

崇州市"土地股份合作社+农业职业经理人"模式迅速推开，"土地股份合作社+农业职业经理人+现代农业服务"发展方式被多家土地股份合作社复制，截至2015年末，崇州市有职业经理人1001名，土地股份合作社225家（见表5-1），在崇州市实现了农户、土地股份合作社和职业经理人的共赢模式，该模式也成为全国农业学习的标杆和典范[141]。

崇州市"两新融合"的核心是坚持农村基本经营制度不动摇，秉承和落实集体所有权、稳定和强化农户承包权，进而通过放开和盘活土地经营权实现规模化生产；通过聘请"种田能手"经营管理土地股份合作社[142]。

表5-1　崇州市2010~2015年拥有农业职业经理人和土地股份合作社数量（年末统计量）

年　　份	2010	2011	2012	2013	2014	2015
农业职业经理人（人）			209	446	709	1001
土地股份合作社（个）	2	62	280	325~141	189	225

注：①崇州市2011年开始培训职业经理人，2012年开始颁证，表格统计的是完成培训并获证人数；2013年成都市开始培训职业经理人，数据统计中不包含获双证的重复计算。②土地股份合作社最初是以生产队为单位组建，2013年开始整合土地股份合作社并进行工商登记，因此2013年上半年合作社325个，2013年下半年明显降低至141个。

5.1.2 崇州“两新融合”的主要做法

（1）发展土地股份合作社　推进适度规模经营。

崇州市的土地规模化发展是市场与政府共同推动的结果，崇州市通过探索成立土地承包经营权股份合作社，崇州土地折股建社规范化、制过土地入股，将土地整合、集聚，形成规模化生产的土地股份合作社，解决了农业“谁来经营”问题。土地股份合作社组建方式秉承着自愿平等、进退自由、利润共享、风险共担的模式，引导农民以土地经营权入股，组建土地股份合作社[143]。

一是土地经营权确权颁证。土地的所有权是农民入股的前提，也是农民入股的物权保障，因此土地确权颁证工作成为崇州市解决的首要问题。崇州市颁发各类农村产权证书78.4万本，其中，集体土地所有权证3520本，集体土地使用证（含宅基地、农用地、建设用地）31.6万本，土地承包经营权15.6万本，农村房屋所有权证15.4万本，林权证2.36万本[144]。

二是土地经营权折股入社。崇州市按照“搭建平台、农民自愿，科学种田、保护耕地，粮食高产、持续增收”的工作思路，以村（社区）搭建发展土地股份合作社，实行土地股份合作社工商注册制，以土地经营权折价折资、折股入社，颁发农民专业合作社法人营业执照。引导土地股份合作社制订符合自身特点的“章程”，并严格按照“章程”规定依法建立成员（代表）大会、理事会、监事会等组织机构，产生理事长、监事长。合作社结合自身产业特点、发展需求建立基础台账，如成立登记、年度计划、规章制度、会议记录、农业职业经理人聘用合同以及生产、销售等文书档案，会计凭证、账簿、成员分红等会计档案，逐步完善、建立健全土地股份合作社内部管理制度。

三是土地经营权股权量化。股权量化过程不仅要考虑土地的数量，更要考虑地块的质量。质量的确认往往比较烦琐，既要考虑地块的地理位置，又要考虑地块的年平均产量，按地块的质和量来确定入社农户的股权。如合作社以上等田为基数，每亩土地折合 100 股，中等田折合 90 股/亩，下等田折合 80 股/亩，建立成员登记册，记载成员入社的土地股数，由社员签字确认，作为分配的依据。

四是聘任农业职业经理人。农业职业经理人是指运营掌控农业生产经营所需的资源、资本，运用现代经营管理理念和先进实用技术，专业从事规模化、集约化农业生产经营的组织者和领头人，属于生产经营型新型职业农民[145]。按照成都市人民政府办公厅《关于加强农业职业经理人队伍建设的意见》（成办发〔2014〕39 号）的文件要求，建立农业职业经理人选拔机制。以 300～500 亩土地为一个经营小组分别招聘农业职业经理人，通过网站或张贴公告的方式发布招聘信息，职业经理人采取公开竞聘的方式，竞聘中坚持公开、公平、公正的原则，采取现场竞争性谈判协商方式，由成员（代表）大会民主投票决定聘用农业职业经理人，明确双方的责任权利和利益分配方式，构建以农业职业经理人为生产管理核心的“理事会＋职业经理人＋监事会”运行机制[143]。

五是构建完善的组织框架。农户以土地作价入股，成为土地股份合作社的股东，对于职业经理人的聘用、生产方案和分配方案等方面都有参与权和决策权。土地股份合作社首要任务是成立理事会、监事会，并通过选举方式产生理事长、监事长。理事会负责决策“种什么”，然后交由职业经理人，职业经理人做出详细的种植计划、实施方案，并作出相应的生产预算和产量等指标后交回理事会讨论通过后方能执行。监事会代表所有股东监督理事会和职业经理人的工作执行情况，属于监督机构（见图 5－1）。

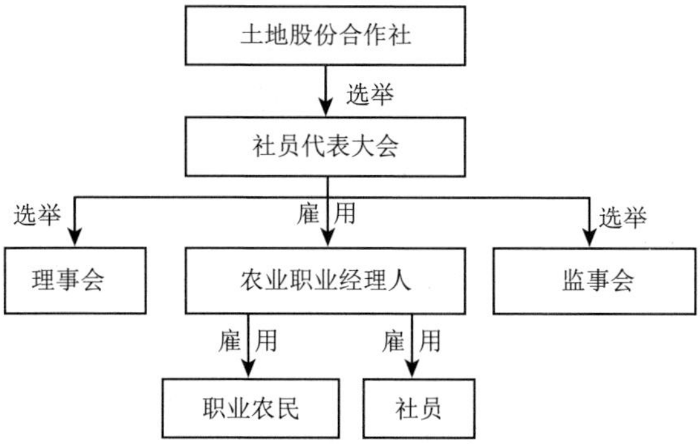

图 5－1 土地股份合作社组织构架

六是制定资金管理制度。土地股份合作社的生产成本有社员出资、农业职业经理人出资、土地经营权抵押、合作社资金互助等多种方式筹集，交由理事会统一管理；农业职业经理人提出生产支出计划与申请，理事长和监事长共同审核发放，并计入相关账目；农资和农机具的放置、申领、使用和处理，实行专人负责制。土地股份合作社建立社务公开制度，合作社的重大活动、重大决策、重大事项、重大会议都应该对入社农户公开，形成制度化管理方式。

七是采用多样化的分配方式。土地股份合作社的利润分配方式由职业经理与成员（代表）大会共同商定，主要有三种分配方式（见表5－2）：

表5－2　　崇州土地股份合作社主要利润分配方式

分配方式	常规分配比例	合作社	社员	农业职业经理人
按比例分红	1：2：7	10%	70%	20%
保底＋二次分红	500＋2：3：5	500＋20%	30%	50%
佣金＋超奖短赔	50元/亩/年＋奖励 水稻550公斤/亩 小麦325公斤/亩			50元/亩/年＋奖励

资料来源：作者调研所得。

第一种除本后按比例分红。例如，某合作社按1：2：7分红，其中，10%的纯收入合作社留存作为风险金和工作经费，20%的纯收入作为职业经理人的年薪，70%的纯收入分配给入社股民。

第二种“保底＋分红”。为了保障入社农户的基本收益，也可以采取“保底＋分红”的模式。例如，某合作社给入社农户的保底费为500元/亩，剩余纯收入用于分红，分红比例如果定位2：3：5，则20%用于合作社留存，30%用于入社农户分红，剩余50%作为职业经理人年薪。

第三种“佣金＋超奖短赔”。例如，某合作社规定农业职业经理人基本工资为50元/亩/年，同时规定水稻田、小麦田等亩产，如水稻550公斤/亩、小麦325公斤/亩，实行超奖短赔。

（2）培育农业职业经理人　推动种田专业化生产。

土地股份合作社是规模化生产的保障，农业职业经理人是获得规模效益的核心。为此崇州市采取“先上岗，后培训；先培训，后上岗；边上岗，边培训”三种方式在第二年培育农业职业经理人。

——建立教育培训体系

建立选拔机制。在培育对象的遴选上以大中专毕业生、有一定文化程度和农业生产管理技能的种田能手、青壮年农民、有意投身农业事业的返乡农民工、城镇居民、复员转业军人和熟悉农业生产经营管理的其他人员为主。在遴选的途径上采取自愿报名与乡镇推荐相结合的方式，由农业行政主管部门进行资格审查，把符合培训条件、有意从事农业生产经营管理的人员纳入培育名单[145]。

完善培训条件。崇州市聘请"一校两院"（四川农业大学、四川省农科院、成都市农林科学院）专家学者，同时选择部分市、县、乡技术人员，组建成30人的培训教师团队，形成专家学者，农技推广人员互为补充的理论水平高、实践能力强的教学师资队伍。组建教师团队，定期进行培训。培训条件非常完善，配备有现代化的多媒体教室，培训中心教学组负责编写培训教材，教材涵盖扶持政策文件、培育体系、经营体系、农业生产管理技术四个方面。除此之外，为方便沟通交流，还组建了微信群，同时还建成了2个职业经理人实训基地，做到理论和实践的有效结合和无缝对接，迅速提升职业经理人的能力[141]。

创新培训方式。为了规避原有培训方式较单一，灵活性、针对性较差的弊端，崇州市采用了多样化的培训方式。首先，把原来单一的农业技术培训拓宽到复合型的职业经理人的培养，即把职业经理人打造成集产品营销、农村金融、品牌打造，培育产、加、销复合型人才。其次，采用"三结合"的培训模式，采取理论知识与操作技能的结合、课堂教学与现场实践的结合、农业专家与农业职业经理人的结合，并结合农时季节，围绕产前、产中、产后关键环节，做好培训。最后，建立导师负责制，崇州市整合市级和基层农技专家作为导师资源，对全市对12个片区内的农业经理人实行一对一培训指导，开展"保姆式"教学[141]。

——开展证书等级认定

评定证书等级。证书分为初、中、高三个等级，建立"三级贯通"证书评定制度。证书评定工作每年进行一次，由农业职业经理人结合的经营规模、生产技能、管理能力和经营水平等上报自己的相关材料，由主管部门逐一审核，符合条件的职业经理人会得到相应等级的"农业职业经理人证书"。

完善管理机制。第一，成立农业职业经理人管理服务中心，负责政策咨询、组织申报和培训等服务。第二，建立农业职业经理人信息管理系统，该系统需要职业经理人实名登记，建立个人档案，对个人特长、绩效、诚信等方面进行动态管理，及时更新。第三，建立职业经理人考核制度。每两年考核一次，该考核会结合职业经理人的个人诚信、生产产品质量、经营规模和效果等方面进行，根据考核结果给予维持、提升或降级处理。第四，建立人才流动机制。鼓励农业经理人在不同合作社之间、不同地域之间流动，通过农业职业经理人与经营主体之间的双向选择，实现人才市场供需结构的优化。第五，建立奖惩制度。根据年度测评，对于对贡献突出、成绩显著、表现优秀的农业职业经理人予以表彰，对于违反相关法律法规和失信等问题的职业经理人，直接取消农业职业经理人资格并将其退出人才资源信息库。第六，定期开展示范、观摩、交流研讨会等活动。活动可以分乡镇或区域进行，组建农业职业经理人之家，方便交流和学习，提升生产经营的管理水平。

——建立“职业经理人＋职业农民”的双培训机制

崇州市整合优化培训资源，将专家学者和农技推广人员补充到教师队伍，培训中心和实训基地由市级教师负责，对农业职业经理人和合作社务工的职业农民进行培训；在生产经营管理中则由农业职业经理人负责对职业农民进行示范和培训，这样在提高生产技能的同时还不耽误农时，形成了“农业职业经理人＋职业农民”的双培训机制。

——制订农业职业经理人扶持政策

崇州市农业扶持政策向农业职业经理人培训倾斜，将农业职业经理人培训纳入财政预算，设立专项经费，为了确保培训资金落到实处，崇州市还制定了详细的扶持政策兑现流程，明确规定政策补贴的申报时间、申报程序、申报单位、申报材料以及责任处室的负责人及负责人电话，确确实实地保障政策的落实效果。

(3) 组建农业服务超市　建立专业化服务。

一是搭建“一站式”服务平台。崇州市坚持多方主体参与、专业化社会服务、市场化经营管理的原则，搭建“一站式”农业社会化服务平台，构建“农业技术人员＋农业服务超市＋服务对象”上下互通的农业科技服务体系[157]。引导成立综合性农业社会化服务公司3家。崇州市根据产业布局和服务半径，优化公益性服务资源，分片区成立农业服务超市，农业基层综合服务站为农业服务超市提供技术帮扶，为服务对象制订服务计划，而服务超市则对农业综合服务站提供服务对象的详细信息，为技术培训、监督和指导指明和方向[146]。目前，农业公司已在恺泉、集贤、隆兴、燎原、王场、锦江、羊马等基层农业综合服务站建立农业服务超市10个，服务全市25个乡镇（街道办）、231个行政村（涉农社区）[141]。

二是集聚专业化服务功能。农业公司按照“覆盖全程、综合配套、便捷高效”的原则择优选取服务型经营主体建立农业服务超市，农业部通过派人在服务超市坐班的形式达到对服务公司的监管与服务，其中包括农业投入品的质量、资源调配能力、订单服务情况，农业部门会结合农业生产实际，对全市范围内的资源实行统一调配，达到资源共享，把经营服务型资源分散到农业生产服务体系。同时，农业服务超市也集聚了一大批专业技术型、服务型人才，其中包括农机、植保、育秧等实用人才，实现农民的就地化、职业化、产业化、组织化的转变。

三是延长农业社会化服务链条。农业服务超市不再是只从事单一的销售业务，而是集技术咨询、农业机械化耕收、农资配送、专业育秧、病虫统防统治、田间运输、粮食烘储、设立粮食银行、金融服务等各环节于一身的社会化经营性服务部门，服务于农业的耕种、播种、管理、买卖等各个生产环节，实现社会化服务链条的延伸[141]。

四是建立服务价格的形成机制。在每年大、小春生产之前，农业公司根据新型农业经营主体的需求，邀请新型农业经营主体代表、经营性服务主体代表、市农发局技术人员等代表根据当年农业生产的具体情况进行服务价格协商，然后进行意见和建议的汇总后形成当年具体的服务价格。

五是实行“菜单式”服务管理模式。服务价格制定后，农业公司会对服务内容、服务项目和服务质量的相应价格服务进行明码标价，需求方则可以根据自己的实际生产需求进行有针对性选择，并签订单项或多项协议，以确保双方的权利。这种“菜单化”管理模式使服务更加高效便捷，使老百姓的需求落到了实处。

六是建立服务质量监督回访机制。经营性服务主体所提供的服务内容、服务质量需要全程接受服务公司的监督，建立通畅的信息反馈渠道，有问题及时纠正。为确保服务质量，只要因服务质量不过关被服务对象投诉三次以上的，将被取消与农业公司的合作的资格。为提升服务水平，农业公司会根据技术人员的建议，并结合服务回访结果，制订下一年度的服务计划[141]。

四川崇州“两新融合”实践示意图如图5-2所示。

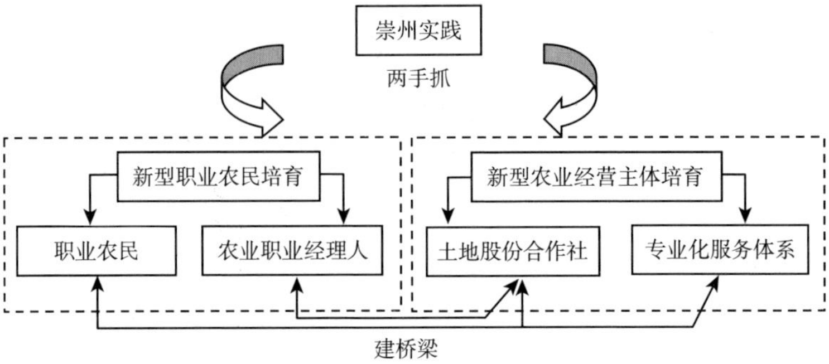

图5-2 四川崇州“两新融合”实践示意图

5.1.3 崇州“两新融合”的演变轨迹——理论剖析

(1)“干中学”教育培训模式:“两新”融合。

崇州新型职业农民教育培训采取“理论+实践”的授课模式与农业职业经理人在合作社中培训职业农民的“干中学”模式。

新型农民培育的关键需要政府主导、多部门联合来实现新型职业农民的培育。新型职业农民培育属于公共产品,也就决定了政府在新型职业农民培育中的主导地位,但政府信息不对称,缺乏必要的竞争与降低成本的有效激励机制,再加上“寻租”行为的可能性,这些因素导致了新型职业农民培育实施的低效率。因此,新型职业农民培育的实施需要政府主导、多部门联动的方式来实现[85]。

——新型职业农民培育中的主体

新型职业农民培育中的主导力量——政府。农业的基础性地位和农民在农业发展中的核心竞争力决定了政府在新型职业农民培育中的重要地位。工业化、城镇化导致劳动力需求矛盾日益尖锐,工业化使大部分高素质劳动力流失,而城镇化的发展又需要大批现代化、高素质的农业人才,因此,高素质的新型职业农民培育已势在必行。农业的弱质性使农业发展先天不足,农业与非农业效益悬殊,如果通过市场调节,只能将更多更好的资源流动到经济效益好、增值效率高的部门,这样会使工农业效益、城乡收入差距越拉越大。由于企业的逐利性和新型职业农民培育的多元性、时滞性的矛盾决定了企业难以担当新型职业农民培育的大任,因此,需要政府这只“看得见的手”参与到新型职业农民培育当中来弥补市场的缺失,行使在自有市场机制中无法实现的职能，担当起新型职业农民的培育的重任[85]。

新型职业农民培育中的实施主体——多部门联合。政府的主导地位在新型职业农民培育中是不可替代的，但新型职业农民培育的具体实施过程是一项庞大、复杂又细致的工程，仅仅依靠政府力量培育新型职业农民难免会存在这样或那样的问题，如信息披露不全面、工作落实不具体、政策与实际脱轨等，由此带来社会资源配置低下甚至出现浪费的现象。政府对于经济活动的主导和干预主要通过政治决策的制定和实施，天然存在信息不对称、意见不一致等效率制约因素，导致在新型农民培育实施过程中的政府“失灵”，政府出现“力不从心”的症状，因此需要“市场”这个“看不见的手”的及时补救。因此，在新型职业农民培育过程中需要多部门联动，其中政府作为推动经济增长的发动机与引导转型升级的指南针，让市场成为经济活动的实施者、实践者，拓展政府投入的乘数效应，提高资源配置效率[85]。

——新型职业农民两种培育模式对比

政府部门的“培训班”培育模式。政府部门通常采用农广校开办短期培训班的模式来进行新型职业农民的培育，该模式的培训方式多以“课堂教学 + 实训教学 + 外出参观”形式开展，一般在15天内完成，教学时间短，且大多数流于形式，根本不从农民的实际需求出发开展培育工作，因此农民的生产技能根本无法提升。培训的低效性使培训工作开展困难，因此部分地区把培育资金作为奖励发放给农民，以完成上级部门交给的额定培训任务。这种做法无疑会使培训目的严重扭曲，使农民参加培训的目的不是提升生产技能，而是为了获得资金奖励。因此，该种教育培训与提升农民的生产效益严重脱节，造成资金、资源和时间的浪费，根本无法满足农民的实际需求。

崇州“职业经理人 + 土地股份合作社”培育模式。崇州政府整合农业的各个相关部门，联合土地股份合作社、农业服务超市等市场经营主体，搭建“一站式”农业服务平台，为职业经理人提供教育培训、资格认定、团队建设、政策扶持等服务。依托合作社，建立导师“一对一”服务制度，对合作社职业农民进行“面对面”“手把手”示范教学，通过“干中学”“学中干”的模式实现职业农民对生产环节的关键技术的掌握，实现新型职业农民的产前、产中和产后的技术指导，让职业农民充分了解市场的需求，实现农业生产的市场化。崇州市为了吸引各地的职业经理人，积极搭建平台，吸引大批职业经理人来崇州施展才华，为崇州新型农业经营主体的发展注入高素质的人才[85]。

两种培育模式共同点是政府的主导作用，两种模式下的农民培育工作均为政府统筹安排（见表5－3）。但两种培育模式的实施部门却存在差别，第一种政府模式由政府挂靠机构完成，对农民进行短期培训，出现严重的政府“失灵”，造成资源乃至时间的浪费。而第二种崇州模式则通过“干中学”“学中干”对农民实行“一对一”的示范教学，既保障了培训效果，又降低了机会成本。从培训收益的角度看，第一种政府模式，只是知识与技能的培训，第二种模式在获取知识与技能的条件下可应聘为土地股份公司的职业经理人，经营和管理合作社，以此提高自己的收益。因此，农民参与第二种培训模式的积极性相应较高[85]。

表5－3　　新型职业农民培育不同模式特征比较

项　目	培训班模式	“职业经理人”模式
主导部门	政府	政府
实施部门	挂靠政府机构	土地股份合作社
性质	短期教育培训	干中学
培育对象收益	知识＋技能	知识＋技能＋工作
培育对象积极性	低	高

——新型职业农民参与培训人力资本累积量的理论分析

假定新型职业农民具有“经济人”特性，他们做出决策的依据是“效用最大化”，也就是说，他们会通过成本收益模型衡量参与农民培育的效用差，如果效用大于零，则愿意参与培训，反正，则不愿意参加。

其参与培训的成本如下：一是参加培训产生的直接费用，如交通费、住宿费、学杂费和书本费等；二是参加培训的机会成本，参加培训就得放弃正常工作，不能正常工作就没有相应的工资报酬，这个工资报酬越高，他的机会成本就越高，农民就越不愿意参加培训；三是心理损失成本。沉闷的学习无形当中会给培训学员带来心理压力，从而产生心理损失。

新型职业农民参加培训的收益表现为由于知识和技能的提高而带来的预期收益，但是收益具有一定的延迟性，不能快速生效，因此由于部分农民的短视行为而不愿意参加培训。

投资成本的现期价值和预期的投资收益的现期价值加以比较，得出模型。其中，Ri代表预期第i年的产生收益，r表示贴现率。

$$F=\frac{R_1}{1+r}+\frac{R_2}{(1+r)^2}+\cdots+\frac{R_T}{(1+r)^T}-C \qquad (5-1)$$

按照效用最大化的假设：当F大于零时，培育对象愿意追加人力资本投资；当F小于零时，则不愿意追加人力资本投资。

贴现率：贴现率r取决于培育对象对当前收益和远期收益的偏好差异。当前收入条件较好的人群会更看重远期收益，而对于经济条件较差，收入水平较低的农民来说则更看重当前利益，只有当前利益增加，才能改善眼前的窘迫现状。而学生由于受教育程度较高，则更看重远期收益。

收益回报期：T的大小由培育对象的年龄决定。年龄越小，接受培育后获取收益的年限会越长，其投入产出会越高；相比而言，年龄越大，接受培训后工作年限越短，其投入产出则越低，所以越不愿意接受培训。因此，学生和农民相比更愿意接受培训。

成本：培训对象的职业类型决定C的大小。培训成本由三部分组成，即培训的直接费用、机会成本和学习的心理损失。第一部分为培训的直接费用。目前我国新型职业农民培育属于公益性项目，因此政府会给培训学员相应的财政补贴，因此直接费用基本为零。第二部分为机会成本，这部分与培训对象所从事的工作直接挂钩。如果培育对象为工作经验丰富，收入水平较高的已经从事农业生产的农民，则他们的教育培训的机会成本就会比较大，由于参加培训所带来的的损失也就比较大。如果培训对象是在新型经营主体中进行，企业员工往往带薪参加培训，对其薪酬影响较小，机会成本很小。第三部分为学习带来的心理压力而造成的损失。这部分损失主要是针对那些文化程度较低的农民而言的，他们多年远离教育，对课堂抵御心理较强，接受培训所产生的心理压力较大，心理损失也就随之增加。（本书假定，两种培育模式的知识培训和实践培训比例相当，不存在知识水平和授课时间上的区别）

不同培训模式中农民的人力资本投资决策可以用图5-3来描述。其中，MC表示人力资本投资的边际成本，即每追加一单位的人力资本投资所产生的成本。MR表示人力资本投资的边际收益，即每追加1个单位的人力资本投资所获得的收益。边际收益的现值下降是因为每多接受1个单位的教育培训，就少1个单位的时间赚取收入。HC表示能够达到效用最大化的人力资本投资数量。对于任何人来说，能够达到效用最大化的人力资本投资数量，同时也是决定是否继续进行人力资本投资的临界点（HC）都是在MC=MR。MC_{21}表示农民在培训班进行新型职业农民培育的边际成本，MC_{22}表示农民在新型农业经营主体中培育的边际成本。根据前面分析得出 $MC_{21} > MC_{22}$。MR_{21}表示农民在培训班中进行新型职业农民培育获得的边际收益，MR_{22}表示农民在新型经营主体中进行新型职业农民培育获得的边际收益。本书假定 $MR_{21} = MR_{22}$。图 5-3 中农民在培训班培养模式、新型农业经营主体培养模式中的边际收益、边际成本曲线相交于不同的两点，交点对应的人力资本投资数量分别为 HC_{21}、HC_{22}。如图 5-3 所示，$HC_{21} < HC_{22}$，表明根据人力资本投资决策函数，农民在新型经营主体中进行新型职业农民培养所获得的人力资本投资更大[85]。

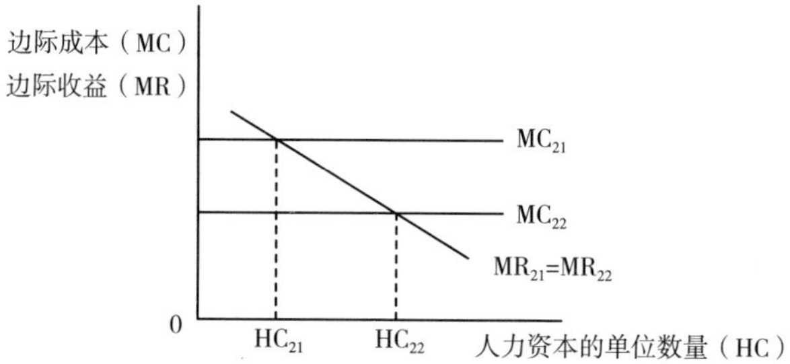

图 5-3　农民在不同培育模式中人力资本累积量

（2）农业职业经理人"跳槽"：要素流动。

——劳动力市场化　政府保障竞争

崇州市鼓励并引导职业经理人，根据土地股份合作社、农民专业合作组织、农业企业等规模经营主体的需求，不受地域限制，在全市区域内自由择业，实现规模经营主体与职业经理人双向选择。农业职业经理人作为一种资源其流动性越来越强，其中有 30% 的职业经理人在土地股份合作社以及其他新型农业经营主体间流动，通过流动获得更高的价值。技术型职业农民工资达到 2 万～3 万元/年，服务型职业农民工资 1.5 万～2 万元/年，其中在本合作社收入约为总收入的 1/2，流动收入约为 1/2。

崇州市采取"先上岗，后培训；先培训，后上岗；边上岗，边培训"三种方式培育农业职业经理人。在职业经理人培育过程中采用超岗培育，即职业经理人的供给大于需求，竞聘中优胜劣汰，择优录取。剩余的职业经理人可以自发组成监督队伍，对在岗职业经理人实行监督，督促其提高工作效率。2016 年崇州市培训职业经理人 1899 名，获得职业经理人证书的仅有 1001 个，其中有 900 多名职业经理人上岗。在 246 个股份合作社（包含 217 个土地股份合作社，29 个林地股份合作社）上岗，有 200 多名农业职业经理人在其他农业经营主体中工作。

定期重聘，监督上岗。农业职业经理人与土地股份合作社签订聘用合同中明确规定聘用期限，初次聘用期大多为1年，续聘期约为1~3年不等（具体时间由职业经理人与土地股份合作社商定）。聘用期满后严格按照“发布公告、重新竞聘、公开竞聘”的方式进行职业经理人的重新聘任。重新竞聘公告可以发布在产权交易所网站，也给予发布到职业经理人的QQ群或微信群，或采取在本村张贴公告的形式，方便不在岗的职业经理人及时获取信息，方便其他职业经理人的参与竞聘与监督。“重新竞聘，公开竞聘”为其他有实力的非在岗职业经理人提供了上岗的机会，也保证了土地股份合作社择优选聘人才[85]。

——农业职业经理人“跳槽”的理论分析：劳动力流动模型

假设条件：完全竞争的劳动力市场，即劳动力可以自由流动。

生产经营主体是以盈利为目的的企业，职业经理人则为以利润最大化为目的的“经济人”。在市场机制作用下，新型职业农民和经营主体都会自发地选择高收入的生产方式，劳动力为了追求利润最大化会选择自由流动。依据当前农业生产中存在的新型职业农民在不同新型农业经营主体间的“跳槽”行为，建立不同经营主体中劳动力流动模型（见图5-4）。图中将两个经营主体中的劳动力（仅指新型职业农民）及其工资率绘制在同一个图中。横轴表示农业市场中劳动力总量，经营主体A中的劳动力从左（0s）向右衡量，经营主体B中的劳动力从右（0r）向左衡量，横轴上的每一个点向左为经营主体A的劳动力人数，向右为经营主体B的劳动力人数。纵坐标（W）表示劳动力工资率。在竞争市场中，企业会一直雇佣劳动直到边际劳动产出乘以该产品价格等于工资（Robert C. Feenstra），即 $W = MPL \times P$，曲线 S_1、S_2 分别代表两种情况下劳动力所对应的边际产出与产品价格的乘积。假定两种生产方式的产品产出具有同质性，即 $PS = PR = 1$，曲线仅由劳动力边际产出决定。模式1中存在生产要素匹配问题，其他生产要素匹配不足以及组织制度缺失限制了劳动力要素的边际产出水平。模式2中劳动力能够达到潜在边际产出水平。因此，模式1中劳动力边际产出小于模式2中劳动力边际产出，即 $\frac{\partial f(x)}{\partial x_{\mathcal{L}s}} < \frac{\partial \Phi(x)}{\partial x_{\mathcal{L}r}}$，随着劳动力的增加劳动力边际产出差扩大，曲线 S_2 与 S_1 斜率差增大。组织制度的差异导致同等要素组合下，模式2中劳动力边际产出更大，即曲线 S_2 高于 S_1。

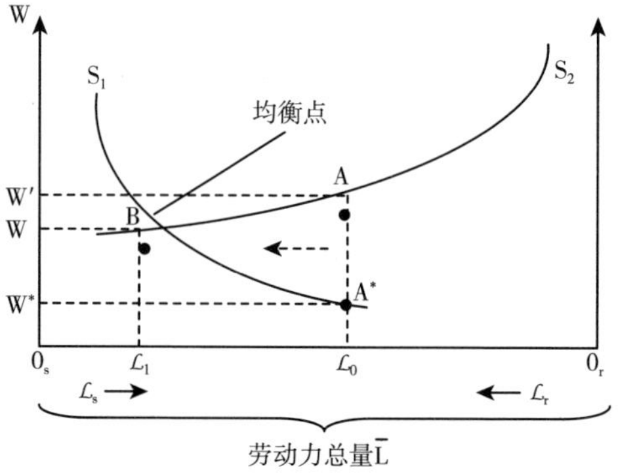

图 5－4 劳动力在不同生产经营主体间的流动

劳动力流动优化资源配置：当前，模式 1 中有劳动力 $O_s \sim L_0$ 人，劳动力工资率为 A^* 点对应的 W^*。模式 2 中有劳动力 $O_r \sim L_0$ 人，劳动力工资率为 A'点对应的 W'，且 $W' > W^*$。劳动力由于自利动机的驱动而追求高工资，模式 1 中的劳动力会自发向融合模式转变，直至达到均衡点 B。此时，$L_1 \sim L_0$ 的劳动力自发优化资源配置。

劳动力流动对农业产出影响：劳动力流动前，模式 1 中的 $O_s - L_0$ 劳动力对农业生产的贡献价值为曲线 S_1 与横轴 $O_s - L_0$ 围成的面积，模式 2 中的 $O_r - L_0$ 劳动力对农业生产的贡献价值为曲线 S_1 与 $O_r - L_0$ 围成的面积。此时，农业产业中所有劳动力对农业的贡献值为两者之和（图 5－5 中已用阴影标出）。

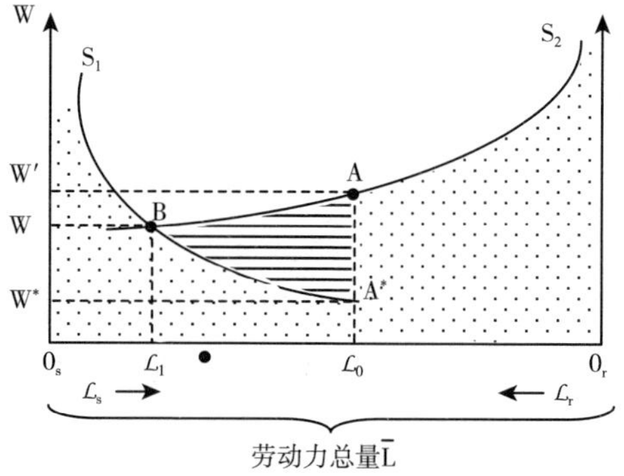

图 5－5 劳动力流动对农业产出的影响

劳动力流动后，模式 1 中的 $O_s - L_1$ 劳动力对农业生产的贡献价值为曲线 S_1 与横轴 $O_s - L_1$ 围成的面积，模式 2 中的 $O_r - L_1$ 劳动力对农业生产的贡献价值为曲线 S_1 与 $O_r - L_1$ 围成的面积。点 $BA'A^*$ 所围成的面积即为劳动力向经营主体 B 流动后，劳动力对农业产出贡献价值的增量。

前提假设的放开：以上是农业市场发展到一定阶段以及劳动力要素可以自由流动的基础上所进行的论述，但值得注意的是，现实农业市场化并不充分，因此市场在资源配置时由于信息不对称会存在一定的市场“失灵”。加之由于“两新融合”正处于发展阶段，融合效益扩散不显著，劳动力无法实现潜在边际产出。因此，除市场自发调节外，政府这只“看得见的手”需要给予更明确的制度安排与政策支持。提高新型职业农民的社保力度，促进新型职业农民毫无顾虑地在市场上流动，才能使 L_0 点向 L_1 点移动。

（3）土地股份合作社到家庭农场：农业职业经理人的管理层收购。

以往我国对于管理成收购的研究以国企改革为载体，解决了在我国经济体制改革中暴露的委托代理成本过高、激励约束机制不健全等问题。崇州模式随着制度环境的变化和主体潜在利润的变化也在逐渐演变，最主要的变化就是拥有自有资金较多的职业经理人从管理者变成家庭农场的所有者，角色发生了转变。原有的职业经理人为了实现自身的利益去主动推动制度的变迁，而农户则只能被动地接受。

——“土地股份合作社 + 农业职业经理人”模式中各主体地位

农业职业经理人是一个决策单位，是典型的初级行为主体，是制度变迁的推动者。农业职业经理人敢于创新，敢于冒险，有眼光，懂技术，除了受利益最大化的驱动外，还会受到荣誉感和事业心的驱使。在职业经理人与农户合作过程中，职业经理人充当着企业家角色，他们认为只要改变现有的制度，就有可能增加他们的收入，如果发现制度的变迁能提升预期收益，他们会不遗余力地去推动制度的改革和变迁。

在与农户的合作当中，职业经理人是生产要素的主要提供方，他们提供的是稀缺的生产要素，其中包括企业家才能、技术与生产资金，因此职业经理人在合作中处于绝对的优势地位。

农户是制度变迁的另一主体，在制度变迁过程中所起的作用很小，主要是起到诱导制度变迁的作用，其对于制度变迁的态度决定了制度变迁的成本，因为职业经理人为了达到制度变迁的目的，需要和农户进行谈判，农户对于制度变迁的态度决定了职业经理人的谈判成本，如果变迁态度很勉强，则谈判成本会比较高，如果变迁态度很积极，则谈判成本会很小，因此农户成本收益的分析是分析制度变迁成本的重要因素[132]。

——农业职业经理人潜在利润来源

“潜在利润”是指在当下制度体系下无法获得的利润，也称为“外部利润”。外部利润的存在证明资源配置没有达到帕累托最优，要想进行帕累托改进，就必须进行制度创新。其利润主要来自以下四个方面[144]。

第一，交易费用降低带来利润。理事会作为全体农户的代表，拥有绝对的决策权，负责合作社的生产、经营和管理等方面的决策，而掌握先进农业技术、拥有丰富的农业知识的高级农业人才只能负责执行理事会生产计划的执行，只有建议权，没有决策权，当理事会所做决策与职业经理人想法不一致时，农业职业经理人会浪费大量的时间成本和理事会沟通，产生不必要的交易费用。

第二，管理费用降低带来利润。在合约规定中，理事会拥有绝对的决策权，监事会负责监督经营和管理财务收支状况，但在实际生产中，理事会和监事会不作为问题严重，他们的收入与对合作社的贡献度相比严重不符。从生产经营需要看，农业职业经理人可以独揽（或适当外包）生产计划、购买、种植、销售等环节，同时，理事长与监事长农业技术、管理的知识储备均低于农业职业经理人。理事会和监事会的另一职能是协调土地入股，但在土地股份合作社已初具规模时，协调工作已经很少，理事会和监事会的作用也就越来越小，因此降低合作社的组织与管理成本是提升生产经营利润的重要手段。

第三，降低他人分红比例带来利润。合作社刚刚成立之初，由于农业职业经理人经验不足，合作社经营风险相对较高，这时需要农户以地入股，风险共担，利润共享。但是随着农业职业经理人的后期人力资本投入的增加，他们的知识技能、管理能力和营销水平都得到了不同程度的提升，成为集生产经营于一体的全能人才，合作社的经营风险也随之降低。为了追求利润的最大化，这时他们不再需要农户以地入股来承担风险，而是更愿意用支付农户包干费的方式达到自己独享全部利润的目的。

第四，增加农业发展投入带来利润。能力得到提升后的农业职业经理人，他们的经营理念逐渐发生改变，只有高投入，才会有高收益，但农民的追求是少投入和稳定的收入，因为高收益肯定伴随高风险，职业经理人的想法与农民想法和承受能力相背离。但随着制度的变迁，农业职业经理人具有自主经营权，随着农业的产业化、机械化发展，经营模式也逐渐向企业化发展，于是农业职业经理人会通过投入更先进的机械设备来获得更高的利益。

——农业职业经理人制度变迁成本

制度的变迁的动力取决于制度变迁后的潜在利润和制度变迁所需的成本。农业职业经理人作为“土地股份合作社 + 农业职业经理人”模式制度变迁的推动者，在渴望制度变迁后带来的利润的同时也在关乎着制度变迁的成本，其制度变迁的成本主要取决于以下几个方面。

第一，土地流转的谈判成本。农业职业经理人对规模化土地都有强烈的需求，只有进行规模化经营，才能获取规模经济，才能获取更高的利润，规模化的土地是获取农业规模经济的重要的生产要素。农业职业经理人获取规模化土地的主要方式就是土地流转，但土地流转的难度非常大，既要和政府达成协议，又要和农户进行挨家挨户的谈判，不但有很高的时间成本，而且有很大的不确定性，中间有一户达不成协议就会使前期的努力全部白费。因此农业职业经理人直接进行土地流转的方式成本太高。

如果农业职业经理人采用先通过“土地股份合作社 + 农业职业经理人”模式进驻，经过和农户的合作经营，彼此慢慢熟悉，达到相互信任，在彼此信任的基础上去进行土地托管，农户就很容易接受，因为农户认为农业职业经理人流转土地与经营土地股份合作社并无明显区别。这样就大大地降低了流转土地的谈判成本，成为农业职业经理人获取规模化土地的成本最低、风险最小的方式。

第二，承担全部生产经营资金。在“土地股份合作社 + 农业职业经理人”模式中，农户和农业职业经理人共同出资，共担风险。农户与农业职业经理人共同垫付生产经营资金，部分合作社农户和农业职业经理人按 3∶7 的比例出资，部分合作社通过计息的方式筹集资金，如 6 个月按 6.5‰来进行计息。但是产权制度变迁后，原来的土地股份合作社变成由农业职业经理人流转土地后成立的家庭农场，农户不再担负生产经营资金，农业职业经理人需要独自出资、独担风险，垫付全部生产经营资金成为制度变迁的成本之一。

政府对农业职业经理人的扶持力度很大，初级、中级的农业职业经理人可以获取 10 万 ~20 万元的县级农业政策性平台公司给予的信用担保贷款支持，高级、优秀、十佳的农业职业经理人可以获得市准公益性农业项目资金分别为 30 万元、50 万元、100 万元三种类型的信用贷款支持，加上农业职业经理人经过若干年努力积累的自有资金，应该具备应对垫付全部生产经营资金的能力。

第三，委托—代理成本的增加。在原有的“土地股份合作社 + 农业职业经理人”的模式中，合作社的50%的劳动力是被返聘的农户，农户参与合作社剩余价值的分配，分配方式约束着农户的行为，作为“理性经济人”，农户为了实现收益最大化，监督成本和激励成本比较低，就不会出现道德风险，委托—代理成本相对较低。但是农业职业经理人流转土地按照家庭农场模式进行生产经营时，职业农民不能再分享剩余利益，收入水平与不再与企业的剩余利润挂钩，在收入水平不变的情况下，职业农民就会降低生产效率，工作的质量和数量都很难保障，如果想提高工作效率，保障数量和质量，就得增加管理成本。因此，在制度变迁过程中，委托—代理成本会增加。

——农户的潜在利润来源与制度变迁成本

农业职业经理人和农户是制度变迁的两大主体，制度变迁的实质是权利和利益在两大主体间的转移与再分配的过程。从土地股份合作社向家庭农场变迁的过程中，农业职业经理人与农户之间的权利义务也会随之发生转移。在土地股份合作社生产经营模式下，农户拥有土地经营权，土地作为农户的资本作价入股投入合作社的生产中，并参与土地股份合作社的剩余价值分配；但在制度变迁后的家庭农场生产模式下，农户被动地将土地的经营权一次性流转给了农业职业经理人，这时的土地不再是资本，而是作为商品，被农户把其经营权卖给了职业经理人，获取一次性费用，农户也就不能参与家庭农场的剩余价值的分配。在整个制度变迁的过程中，农户属于被动者，只要保障相比土地股份合作社的模式的收益不降低，农业职业经理人是用能力推动制度的变迁的。

第一，农户收益稳定，风险降低。土地股份合作社经营模式，农民的收益表现形式是“保底+分红”的形式，例如，农民一亩地所获得的收益是500元的保底+20%的分红，每年约600元/亩，其中保底的500元以预支的形式发放，分红部分在作物售完时才给支付。虽然保底是确定的，但是分红部分要随每年的经营状况的变动而变动，因此农户的收益相对不是很确定。农业职业经理人流转土地建立家庭农场后，农户的土地承包费（包干费）是一次性支付，每亩收入比土地股份合作社模式略低些，但每年的收入是相对固定的，农民的收入风险降低。农户作为风险抵御型群体，更愿意接受固定的、当前的、稳定收益。

第二，农户无须垫付资金。相比“农业职业经理人+土地股份合作社”经营模式，农业职业经理人流转土地建立的家庭农场不再需要农户垫付资金。在土地股份合作社模式下，农户需垫付30%的生产资金，对于收入不高、承担风险能力较差的农户来说积极性不是很高。但在农业职业经理人经土地流转建立的“家庭农场”这种新模式下，农户与农业职业经理人之间不再是共同投资、共担风险的合作关系，而是土地经营权的买卖关系，因此农户不需要再垫付生产资金，农户接受此模式的积极性相对较高。

5.1.4 崇州“两新融合”的效益分析

调研得知，崇州市共有225家土地股份合作社，其中有75家规模比较大，致力于打造“10万亩高标准农田”，其土地面积大、连片性强、机械化程度高等特点，这些规模较大的土地股份合作社多聘任技术水平高、管理能力强的农业职业经理人，合作社的经营权和决策权均由农业职业经理人掌控，其利益联结更加紧密。其出售的产品多采用烘干后销售，产品的附加值相比较高。而剩余其他150家小规模的土地股份合作社，他们的农地多是普通农地，面积小，相对也比较分散，机械化程度低，无法实现规模经济，合作社多采用直接出售湿小麦、湿水稻，附加值相比较低。

（1）样本选取与描述。

本次调研中与A土地股份合作社和B土地股份合作社的职业经理人、合作社理事长、监事长分别进行访谈，并查阅了2014年10月至2015年11月小春、大春两季的现金日记账，数据真实可靠。

A土地股份合作社，2013年成立，最初入股土地面积为50亩，随着规模的逐渐扩大，2016年发展到入股土地约363亩，入股农户138户。合作社作物品种主要是小麦和水稻，小春种植小麦，大春种植水稻。土地股份合作社选举理事长、监事长，其中理事长工资2000元/年，监事长工资为1000元/年。合作社将入社土地分成了三个小组：第一组213亩，第二组70亩，第三组80亩，聘任3名农业职业经理人分别管理，除此之外，合作社还聘用职业农民7名，其中服务型职业农民4名，技术型职业农民3名，职业农民工资采用日结方式，技术型职业农民日工资150~200元，年收入约2.5万元，服务型日工资约70~80元，年收入约1.5万元。

B土地股份合作社，2013年成立，成立时土地入股面积为405亩，2016年发展到910亩，入股农户达295户。合作社作物品种主要是小麦和水稻，小春种植小麦，大春种植水稻。土地股份合作社成立后，通过社员大会发布公告招聘农业职业经理人，并组织竞聘者了解合作社的具体情况、土地位置和规模、设施状况等，竞聘者根据了解到的具体情况制定合作社生产计划和利润分配方案，以此参与竞聘。竞聘成功后的农业职业经理人与土地股份合作社签订职业经理人聘任合同，合同明确规定合同双方的权利与义务，如农业职业经理人的聘用期限、服务面积、利润分配方式等内容都有详细的规定。合作社聘用农业职业经理人 1 名，雇用职业农民 25 名，其中服务型职业农民 15 名，技术型的 10 名。职业农民工资日结，技术型职业农民每天 150 ~ 200 元，年收入约 2.5 万元，服务型职业农民 70 ~ 90 元/天，年收入约 1.5 万元。除此之外，合作社还聘用理事长、监事长、会计和出纳各一名，他们工资年结，分别为 1.2 万/年、1 万/年、0.2 万/年、0.75 万/年。

A、B 两个土地股份合作社职业经理人聘用合同节选部分重要内容列于表 5 – 4。

表 5 – 4　　A、B 土地股份合作社职业经理人聘用合同

项　目	A 合作社	B 合作社
服务面积	213.44 亩（共 363.44 亩）	700 亩（共 910 亩）
聘用期限	2015 年 6 月小春种植至 2016 年 10 月大春收割	2015 年 6 月小春种植至 2017 年 10 月大春收割
利润分配	9 月 30 日前向股东支付 350 元保底费用 + 利润分红：合作社、合作社股东、职业经理人 1：2：7 分红。	9 月 30 日前向股东支付每亩 750 元
甲方权利	1. 甲方有权监督、纠正乙方生产经营活动。 2. 甲方有权对生产成本费用预算提出质疑。	同 A 合作社
甲方义务	1. 甲方必须如实提供服务的实际面积、土地位置、地力状况、基础设施等。 2. 甲方帮助乙方做好水源、劳动力、道路等协调工作。	同 A 合作社
乙方权利	1. 正常生产经营活动，有权拒绝甲方违规指挥。 2. 根据实际生产需要，有权要求甲方及时提供生产物资，支付务工费用、机械费用等。	同 A 合作社
乙方义务	1. 乙方根据实际生产，向甲方提供种植计划、生产成本预算 2. 乙方负责甲方生产基地的农业技术指导，包括务工人员的组织管理、作物病虫害防治、田间管理、农业机械的组织管理等。 3. 乙方因技术问题造成的损失，按照协议给予赔付。	同 A 合作社

注：甲方为土地股份合作社股东，乙方为职业经理人。

A 土地股份合作社 2014 年 10 月至 2015 年 11 月，小春种植小麦平均成本约 344 元/亩；大春种植水稻平均成本约合 741 元/亩（A 土地股份合作社采用直接出售湿小麦、稻谷，生产成本中不包含烘干费用）。管理费用包含理事长、监事长工资以及合作社办公用品的采购，约 10 元/亩。

2014 年 10 月至 2015 年 11 月小春产小麦约 330 公斤/亩（含水分约 30%），平均售价 0.83 元/斤，小春的总销售收入 548 元每亩。大春产水稻约 675 公斤/亩（含水分约 30%），平均售价 2 元/公斤，大春的总销售收入 1350 元/亩。综上所述，A 合作社小春、大春生产收入共 1898 元/亩。土地股份合作社作为崇州粮食规模化生产经营主体享受粮食规模化补贴、规范化土地股份合作社补贴共 450 元/亩，其中粮食规模化补贴 440 元/亩，包含四川省粮食规模化补贴（水稻）80 元/亩，成都市粮食规模化补贴（水稻）180 元/亩，成都市粮食规模化补贴（小麦）180 元/亩；崇州市规范化土地股份合作社补贴 10 元/亩；崇州市农发局农药发放约 0.5 元/亩。2014 年 10 月至 2015 年 11 月种植期间的具体收益与成本见表 5－5。

表 5－5 2014 年 10 月至 2015 年 11 月 A 土地股份合作社成本收益 单位：元/亩

项 目	小春（小麦）		大春（水稻）		合计
	收入	支出	收入	支出	
直接材料费		149		211	360
人工费		115		440	555
机械收割费		60		70	130
运输费		20		20	40
合作社采购费				1	1
合作社管理费					8
销售收入	548		1350		1898
资金补贴					450
实物补贴（量化）					0.5

资料来源：A 土地股份合作社现金日记账。

注：①直接材料费包括购买种子、农药、肥料、育秧膜等费用。②人工费包含职业农民工资和短期雇工工资，不含农业职业经理人工资。③机械费仅指机械收割费：包括机械收割费用和机械打稻谷费用。④资金补贴包括四川省粮食规模补贴水稻 300～500 亩补贴 80 元/亩；成都市粮食规模补贴小麦 300～500 亩补贴 180 元/亩，水稻 300～500 亩补贴 180 元/亩，其中中级以上职业经理人开展粮食规模生产补贴提高 10%；崇州市推广“1＋4”现代农业发展方式工作领导小组办公文件（崇农推领办〔1〕号）对于规范化土地股份合作社每亩补贴 10 元。⑤实物补贴包含崇州市农村发展局送防虫防病农药两批，约 200 元。

综上所述，小春、大春两季，合作社种植净收益 813 元/亩；资金补贴约 450 元/亩。扣除管理费用与合作社采购费用，净利润为 1253 元。支付股东包干费300元/亩，其余每亩903元剩余收益按照1：2：7分红。最终，农户每亩获得收益491元，合作社每亩留存收益约95.3元，农业职业经理人约667元/亩。1组职业经理人收入约14.2万元，2组职业经理人收入约4.7万元，3组职业经理人收入约5.3万元。

B土地股份合作社处于崇州市“10万亩高标准建设农田”中，面积大、机械化程度高。2014年10月至2015年11月，910亩土地小春生产成本399元/亩，大春生产成本826元/亩（B土地股份合作社采取烘干后销售的方式，生产成本中包含烘干费用）。管理费用共约合35元/亩。

2014年10月至2015年11月，B土地股合作社小春产出小麦湿重312.5公斤/亩，烘干亩产约277.5公斤，售价2.4元/公斤，小春的总销售收入为666元/亩。大春产出水稻湿重1250斤/亩，烘干后亩产约525公斤，售价2.76元/公斤，大春总收入为1449元/亩。总体来看，B土地股份合作社大春、小春两季销售收入共2115元。B土地股份合作社享受粮食规模补贴、规范化土地股份合作社补贴共510元，获得崇州市“优秀土地股份合作社”称号，奖励资金7万元。

综上可知，B土地股份合作社两季生产净收益约890元/亩。补贴与奖励资金587元/亩。扣除管理费用每亩35元，合作社净利润1442元，其中支付股东750元/亩，农业职业经理人每亩获得692元，年收入约合63万元（见表5-6）。

表5-6 2014年10月至2015年11月B土地股份合作社成本收益 单位：元/亩

项目	小春（小麦）		大春（水稻）		合计
	收入	支出	收入	支出	
直接材料费		143		205	348
人工费		44		263	307
机械费		110		200	310
机械播种		40		60	100
机械插秧				60	60
机械植保（无人机喷洒农药）		20		20	40
机械收割		50		50	100
搬运运输费		30		30	60
烘干费		72		128	200

续表

项　目	小春（小麦）		大春（水稻）		合计
	收入	支出	收入	支出	
合作社管理费				35	
销售收入	666		1449		2115
资金补贴					510
实物补贴（量化）					0.7
奖励					77

资料来源：B土地股份合作社调查数据。

注：①B土地股份合作社全部土地械耕种、机械植保、机械收割费，机械插秧。②田间小麦水分30%左右，烘干后小麦水分15%左右；田间水稻水分30%左右，烘干后小麦水分13.5%。③资金补贴包括四川省粮食规模补贴水稻500亩以上补贴100元/亩；成都市粮食规模补贴小麦500亩以上补贴200元/亩，水稻500亩以上补贴200元/亩，其中中级以上职业经理人开展粮食规模生产补贴提高10%；崇州市推广“1+4”现代农业发展方式工作领导小组办公文件（崇农推领办〔1〕号）对于规范化土地股份合作社每亩补贴10元；崇州市优秀示范社奖励7万元，成都市市级示范社奖励10万元。④实物补贴包含崇州市农村发展局送防虫防病农药两批，约600元。

（2）“两新融合”效益对比分析。

——生产经营效益对比分析

A土地合作社与散户相比，大春、小春两季节约生产成本36元/亩，产品销售收入增加366元/亩，获得政府资金补贴450元/亩，管理费用为10元/亩，综合计算A合作社与散户相比增长了842元/亩。B土地合作社与散户相比，大春、小春两季对支付成本100元/亩，产品销售收入增加425元/亩，获得政府资金补贴577元/亩，多支付管理费用35元/亩，综合计算B合作社与散户相比增加收入957元/亩。A、B合作社与散户单位面积成本—收益详见表5-7和表5-8。

A、B两个合作社对比发现，B合作社较A合作社大春、小春两季节约成本为7元/亩，产品销售收入增加量为217元/亩，获得的政府资金补贴增加127元/亩，管理费用降低了10元/亩，综合计算，B合作社比A合作社收入增加量为170元/亩。A、B两个合作社单位面积的成本—收益比较详见表5-8。通过以上数据综合分析，结论如下：

第一，节约生产成本。一方面表现在购买直接材料方面的成本的差异。散户购买量比较小，属于卖方市场，没有议价权，直接材料购进成本就会较高，相比而言，合作社购买直接材料属于批量购买，量比较大，有议价权，这样仅在购买直接材料方面合作社较农户就节约了10%～15%的成本。例如，从访谈中得知，除草剂散户购买的市场价格为48元/瓶，合作社如果统

表 5－7 **A 土地股份合作社效益增值（参照量：散户）** 单位：元/亩

	小春（小麦）					大春（水稻）					全年		
	生产成本				生产收益	生产成本				生产收益	管理成本	政策收益	
	直接材料费	人工费	机械费	运输费	产量×价格（湿重）	直接材料费	人工费	机械费	运输费	产量×价格（湿重）		资金	无形
合作社	149	115	60	20	660×0.83	211	440	70	20	1350×1.00	10.0	450	有
散　户	164	115	70	10	520×0.83	232	440	80	10	1100×1.00	0	0	无
增长量	15	0	10	－10	116	21	0	10	－10	250	－10.0	450	

注：1. 散户指当地未入社农户。散户生产过程由于规模限制，一般无法实现机械作业，散户的人工费为家庭用工折价所得，量化为合作社每亩人工成本计量。2. 土地费按照机会成本的概念，量化为入股土地股份合作社的包干费，因此该项省略。3. 直接材料费按照节省 10% 核算。4. A 土地股份合作社的机械费仅为机械收割费用。5. 2015 年由于天气影响，小麦产量较其他年份较低，价格较高。

表 5－8 **B 土地股份合作社效益增值（参照量：散户）** 单位：元/亩

	小春（小麦）						大春（水稻）						全年		
	生产成本					生产收益	生产成本					生产收益	管理成本	政策收益	
	直接材料费	人工费	机械化费	运输费	烘干费	产量×价格（干重）	直接材料费	人工费	机械费	运输费	烘干费	产量×价格（干重）		资金	无形
合作社	143	44	110	30	72	555×1.2	205	263	200	30	128	1050×1.38	35.0	577	有
散　户	164	115	70	10	0	440×1.2	232	440	80	10	0	918×1.28	0	0	无
增长量	21	75	－40	－20	－72	138	27	177	－120	－20	－128	287	－35.0	577	

一购买则 42 元一瓶，一瓶就可以节约 6 元；化肥散户的市场价格为 2800～2900 元/吨，而合作社统一购买则为 2300 元/吨，合作社一吨节约 500～600 元。综合各种直接材料费用，通过数据分析显示，在小春种植过程中，A 土地股份合作社相比散户节约直接材料费用为 15 元/亩，B 土地股份合作社相比散户节约 21 元/亩，B 土地股份合作社相比 A 土地股份合作社节约了 6 元/亩；在大春种植过程中，A 土地股份合作社较散户直接材料费节约 21 元/亩，B 土地股份合作社较散户直接材料节约 27 元/亩，B 合作社较 A 合作社节约直接材料费用为 6 元/亩。

另一方面，机械化为合作社节约大量的人工成本。尤其是 B 土地合作社成本节约尤为显著，B 合作社土地面积大，机械化程度高，在耕种、插秧、打药、收割各个生产环节均能实现机械化，每亩节约人工成本约 31 元。相比散户的土地面积小，机械化程度低，即使采用机械化耕作，耗时长，机械收割一项就比合作社高出 20 元/亩。

第二，实现了粮食显著增产。数据表明，土地股份合作社小麦亩产比散户高约 55 公斤（干产），水稻亩产比散户高 60 公斤（干产）。粮食增产归根到底还是与农业职业经理人的管理有着密切的关系。农业职业经理人属于高级人力资本，他们能准确掌握作物种植技术，把握作物种植过程中所需的湿度、温度以及肥料的准确用时与用量，为秧苗创造最好的生产发育条件。在作物生长的整个周期内，农业职业经理人能根据自然环境特点、气候特点和土壤肥力等精确调整用肥、用水的量和次数，做到准确、及时、高效管理。同时，农业职业经理人同时肩负着培育职业农民的重任，在田间地头或农闲时对职业农民进行手把手教，提高了职业农民的自身素质和工作效率。通过访谈了解到，2015 年小麦扬花期间成都地区连续阴雨，麦穗籽粒受到严重影响，B 土地股份合作社职业经理人采取两次用药的方式，夺取了小麦丰收，而部分散户损失严重。

第三，规避市场风险。相比散户而言，土地股份合作社无论是从销售渠道还是销售价格上均具有明显的优势。国家粮食储备库对于烘干后的水稻给予保护价格，2015 年市场上烘干后的水稻价格是 0.64 元/公斤，国家粮食保护价格为 0.69 元/公斤，每公斤高于市场价格 0.05 元。此外，国家粮库也收购成熟的、湿度达到一定标准的湿水稻，土地合作社的湿水稻可以全部销售给国家粮库，但是没有保护价格。由于 A 土地股份合作社距离烘干中心较远，因此只能选择向国家粮食储备库出售湿水稻、湿小麦，而 B 土地股份合作社具备便利的烘干条件，选择出售烘干后的水稻享受国家粮库的支持价格。

在这点上，A 土地股份合作社都处于劣势，散户就更没有可比性了。

第四，政策补贴相当可观。为了鼓励土地股份合作社和农业职业经理人的发展，国家对其制定了相应的扶持政策。一方面，国家对土地股份合作社有粮食规模种植补贴，除此之外，还有规范合作社补贴，基本上可达 478 元/亩。B 土地股份合作社不仅享有粮食规模补贴，还有规范合作社补贴，并且崇州市政府还对优秀示范社进行奖励，因此 B 土地股份合作社每亩地可以获取补贴 577 元。另一方面，还存在一些不易量化的扶持政策，具体详见表 5 -9、表 5 -10。这些不易量化的扶持政策起到推动、引导、扶持合作社发展，为农业职业经理人的成长指明了方向。

表 5 -9　　A 土地股份合作社政策扶持

项　目	具体内容
评优奖励	开展优秀示范社评选，奖励 3 万元；开展优秀土地股份合作社理事长、监事长、农业职业经理人评选，给予 5000 元、3000 元、1000 元奖励。
设施建设	土地股份合作社休闲机井提灌设施，按核定总投资额的 30% 给予补贴。
农机购置	购置水稻插秧机，每台追加补贴 2 万元。
农产品销售	指定销售单位，享受市场保护价格资金回收快、有保障。
职业经理人、职业农民	1. 在岗农业职业经理人以个体身份参加城镇职工养老保险，以上一年度全省在岗职工月平工资的 60% 为缴费基数，缴费费率为 20%，其中个人缴费 8%，财政补贴 12%。 2. 对农业职业经理人开展信用贷款，在岗初级、中级、高级农业职业经理人贷款额度分别不超过 10 万元、20 万元、30 万元。对按时结清贷款本息的借款人，按银行同其贷款基准利率的 50% 予以补贴。 3. 培训合格的职业农民每人补贴人，身意外伤害保险 80 元。

资料来源：除农产品销售，土地股份合作社无形收益内容源于崇州市农业共营制工作领导小组办公室文件：《崇州市农业供营制工作领导小组办公室关于 2015 年农业共营制新型农业经营体系扶持政策的通知》（崇农共领办〔2015〕2 号）。

表 5 -10　　农业职业经理人政策扶持

项　目	具体内容
评优奖励	将农民合作社主要由职业经理人负责作为申报评定市级优秀示范社条件。
粮食烘干	优先享受烘干设备立项和补贴。
设施农业	中级以上职业经理人领班、新办的合作社、家庭农场和农业企业，按当年设施农业补贴政策，提高 10%。
农机购置	中级以上职业经理人领办、新办合作社、家庭农场，在享受国家农机购置补贴政策的基础上优先享受市级累加。
专项资金	职业经理人领办、新办合作社、家庭农场，优先享受市级相关专项资金。

续表

项　目	具体内容
科技成果	领办、新办、经营合作社的农业职业经理人，在其经营主体内进行农业科技成果研发、推广、应用和转化的，优先给予立项支持。
金融扶持	1. 开展信用贷款（合作社员工相关第二条相同）。 2. 对高级、优秀、“十佳”农业职业经理人给予30万元、50万元、100万元信用贷款 3. 职业经理从事规模种植养殖生产，且已入本市政策性农业生产保险的，对农户自交保费部分，给予20%减免补助。
个人扶持	1. 农业职业经理人经市校企联合培养战略性新兴产业领域在职博（硕）士，满足相关要求，按50%给予学费资助。 2. 社保补贴。 3. 毕业5年以内的高校毕业生获得农业职业经理人证书，首次受聘或领办、新办社、家庭农场、农业企业且6个月以上，奖励1万元。

资料来源：农业职业经理人无形收益内容源于成都市农业委员会、成都市人力资源和社会保障局、成都市财政局、成都市科学技术局、成都市粮食局文件：《成都市农业职业经理人扶持政策的兑现流程》（成农办〔2014〕174号）。

崇州市扶持政策不断优化、强化，政策涉及农业生产的方方面面，如土地等生产要素的流转、农业基础设施建设、科研成果推广、金融信贷与保险支持、市场供需、价格稳定等机制建设，同时还涵盖农民社保和农民教育等，系统性地确立了多项保障措施与制度政策，确保崇州市农业职业经理人和职业农民的顺利成长。

第五，制度成本降低。B土地股份合作社将生产的经营权、决策权由农业职业经理人自行决定，无形中降低了制度成本。B公司的收益分配采用的是直接定量支付包干费的方式，与土地流转的性质类似，这种模式大大降低了委托代理成本，农业职业经理人能够自我监督，激励性更强，再加上农业职业经理人的企业家精神促使他们增加投资，实现耕种机械化，购买中型烘干设备，对丰收的粮食进行烘干，提高售价，增加产品附加值。B合作社比A合作社大春小春效益增值170元/亩（见表5-11）。

表5-11　B土地股份合作社效益增值（参照量：A合作社）　单位：元/亩

	小春（小麦）						大春（水稻）						全年		
	生产成本					生产收益	生产成本					生产收益	管理成本	政策收益	
	直接材料费	人工费	机械化费	运输费	烘干费	产量×价格（干重）	直接材料费	人工费	机械费	运输费	烘干费	产量×价格（干重）		资金	无形
合作社B	143	44	110	30	72	555×1.2	205	263	200	30	128	1050×1.38	35.0	577	有
合作社A	149	115	60	20	0	660×0.83	211	440	70	20	0	1350×1.00	10.0	450	有
增长量	7	71	-50	-10	-72	118	6	177	-130	-20	-128	99	-25.0	127	

——效益增值分析

成本降低，销售收入与补贴收入提高是合作社每亩净收益远高于散户的原因。为探究“两新融合”效益中各因素的作用程度，分别将A合作社、B合作社与散户进行对比，挖掘生产效益增加的主要原因，即计算成本的减少量及产出、补贴的增加量对生产效益增长的贡献率（见表5－12），由此得出以下结论。

表5－12　“合作社—散户”效益增值结构　单位：元

	生产成本	管理成本	销售收入	补贴收入		生产成本	管理成本	销售收入	补贴收入
A合作社	1085	10	1898	450	B合作社	1225	35	2115	577
贡献值	36	－10	116	450	贡献值	－104	－35	287	577
要素贡献率	6%	－2%	20%	76%	要素贡献率	－14%	－5%	40%	80%

注：①贡献值：成本的减少量与收入的增加量。②贡献率＝贡献值/效益增值总量。

生产成本的贡献率为6%和－14%，合作社规模效益突出。研究结果表明，采用直接出售湿作物的A合作社生产成本的贡献率为6%，B合作社因采用机器烘干费用较高，因此生产成本贡献率为－14%，经核算，若剔除烘干费用，贡献率大约6%。因此，规模经营为土地股份合作社带来了很强的盈利能力：第一，合作社购置农资规模较大，拥有讨价还价的权利，可以享受较低的优惠价格；第二，在土地股份合作社经营模式下，生产要素通过自由的流动可以实现更优的结合与配置，达到“帕累托更优”；第三，实现农业机械化，农机的推广和应用的必备条件就是土地规模化生产，与之相比，散户重复购置小型农机造成浪费和低效率，换句话说，通过土地股份合作社模式经营可以降低农户的生产经营成本，克服农户家庭经营的内部规模不经济，实现农业生产的规模经济。

销售收入贡献率为20%和40%，由此可见，土地股份合作社在水稻的销售上拥有明显的优势，为生产解决了后顾之忧，这是高素质人才参与经营管理的直接体现。当前，我国劳动力的整体素质相对偏低，年龄偏大，虽已构建部分新型农业经营主体，但由于缺少高素质农业人才，经营主体的组织结构优势难以凸显。该劳动力群体对现代科学技术的接受能力和运用能力，对现代农业发展环境的适应能力明显不足，无法满足新型农业发展的需求。近几年，由于政策扶持，职业经理人人力资本得以充分发挥，这种人力资本的异质性在“两新融合”中发挥着巨大的作用，是新型职业农民参与融合和融合效益产生的根本。合作社在水稻销售上拥有明显的竞争优势，解决了生产的后顾之忧。

政策扶持对合作社效益增值的贡献率分别为 76% 和 80%，政策扶持效益是“两新融合”效益的主要来源。崇州市为了农业生产更好发展，对土地股份合作社和农业职业经理人分别制定了配套的扶持政策，如果合作社和职业经理人想享受政策，就必须接受政府的捆绑经营才能获得更多的政策优惠和资金补贴。通过资金补贴加固利益捆绑，带来农业生产模式的创新，保障了新型职业农民和农业经营主体融合模式的顺利进行。

综上所述，合作社效益的增值主要来源于政策的扶持，说明该合作社的生产经营效率并没有实现健康可持续的发展趋势，因此该模式还需要从自身的角度出发找到提升合作社效益增值的途径。如从提升土地股份合作社生产经营的角度、从提升农业职业经理人的技能、眼界，通过产业链的横向与纵向的延伸等角度来进行拓展，实现效益的增值。

(3) 收入分配与个体福利改善。

——生产要素供给与收入分配

合理的收入分配是一种激励约束，也是资源配置的前提，更是模式运行的重要条件。崇州“农业职业经理人 + 土地股份合作社”模式的典型收入分配方式是“保底 + 分红”模式。起初，支付农户一部分保底费用约每亩 500 元，之后生产收益按照 2 : 8 进行分红，农户获得收益的 20%，农业职业经理人获得收益的 80%。

农户投入土地，农业职业经理人提供劳动力；其他投入由当事人双方按照一定比例提供。因此，农户与农业职业经理人签订分成合同，根据投入分享产出。“土地股份合作 + 农业职业经理人”模式最初是农户出土地，农业职业经理人提供企业家才能，生产经营所需其余资金农户出资 30%，农业职业经理人提供 70%。在实际生产经营过程中，两者的投入情况及剩余收益分配情况见图 5 - 6。

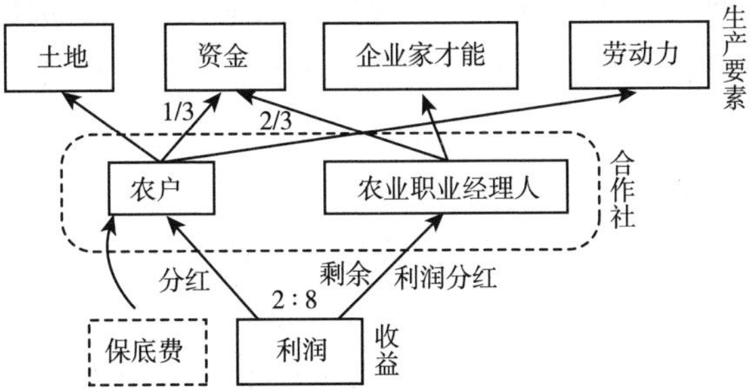

图 5 - 6 成本收益关系

——农户与农业职业经理人的福利改善

融合后双方都能达到福利的提升是“两新融合”运行的根本。对比“融合”前后农户和职业经理人的福利变化，探寻“农业职业经理人 + 土地股份合作社”模式对两大主体吸引力。庇古（1932）对于福利经济学实属开创性，推动福利经济学发展成为一门单独的学科，并将福利区分为经济福利和非经济福利。通过数据分析得出，崇州市“农业职业经理人 + 土地股份合作社”模式为农户与农业职业经理人带来了经济福利和非经济福利的改善（见表 5 - 13）。

表 5 - 13　农户、农业职业经理人福利改善情况

	未融合	融合后
农户	散户种田收入	合作社保底 + 分红；合作社种田收入
	打工收入	合作社保底 + 分红；打工收入
	打工收入 + 土地流转收入（风险高）	合作社保底 + 分红；打工收入
农业职业经理人	无规模经营	规模经营；政策扶持；申请中高级农业职业经理人
	流转土地	规模经营；政策扶持；申请中高级农业职业经理人

第一，农户收入来源增多，收入风险降低。农业的弱质性使经营土地的散户毫无优势可言，靠土地收益，只能解决温饱，因此大部分农民为了改善生活进城务工，大部分农田弃耕。推行“农业职业经理人 + 土地股份合作社”模式后，进城务工的老百姓可以通过将土地“入社”，可以获得“保底 + 分红”，外出农民可以放心在外打工，不外出的农民可以在合作社打工，这样就减少了土地撂荒、土地流转的风险。

第二，农业职业经理人实现规模经营，获得政策扶持。“两新融合”为农业职业经理人规模经营提供平台，也为将其人力资源转化为人力资本而获得增加值提供空间。崇州市出台一系列扶持政策，对于实现规模经营的农业职业经理人给予更多的政策扶持（见表 5 - 14）。政策扶持主要通过三种渠道：一是将职业经理人领办、新办合作社及其他新型农业经营主体作为两者享受优惠政策的前提要求。例如，设施农业、专项资金补贴等政策均以“中级以上农业职业经理人领办、新办的农民合作社、家庭农场和农业企业”为前提，只有两者融合发展才能享受到优惠政策。二是完善职业经理人扶持政策增加对其农业经营主体的吸引力（由于此类政策较多，未全部在表中显示），如粮食规模种植补贴、蔬菜生产补贴补贴政策等。享受扶持政策，降

低生产经营成本的前提是新型农业经营主体与职业经理人的融合。三是农民合作社、家庭农场评定先进前提条件是是否聘用了农业职业经理人。

表5－14　　农业职业经理人政策扶持内容及其受益条件

职业经理人扶持政策			融合后受益（是/否）	合作社直接收益（是/否）
产业扶持	粮食	中级以上农业职业经理人开展的粮食规模化生产，优先享受烘干设施项目立项和补贴。符合粮食规模种植补贴政策的，享受提高10%补贴	否	是
	蔬菜	在常年蔬菜基地内从事蔬菜生产的，同等条件下优先享受相关扶持政策	否	是
	设施农业	中级以上农业职业经理人领办、新办的农民合作社、家庭农场和农业企业，符合设施农业建设标准和有关条件的，按当年设施农业补贴政策，享受提高10%的补贴政策	是	否
	农机购置	农业职业经理人领办、新办的农民合作社、家庭农场，符合农机购置补贴政策的，在享受国家农机购置补贴政策的基础上，优先享受市级累加补贴	是	否
	专项资金	农业职业经理人领办、新办的农民合作社和家庭农场，符合相关扶持政策的，优先享受市级农民合作社和家庭农场专项资金扶持	是	否
	先进评定	将农民合作社和家庭农场主要由农业职业经理人负责生产经营，作为推荐申报评定市级以上农民合作社范和家庭农场的必备条件	是	是
	实验资助	农业职业经理人自办或经营的龙头企业与大专院校、科研院所建立的联合实验室，优先予以资助	是	否
科技扶持	科研立项	农业职业经理人领办、新办、经营的农民合作社或企业进行农业科技成果的研发、推广、应用和转化的，优先给予立项支持	是	是
	深造学费	农业职业经理人经市校企联合培养战略性新兴产业领域在职博（硕）士计划的高校考试录取，攻读农业推广博（硕）士，与所在企业签订有培养服务协议、并承诺取得农业推广博（硕）士学位后在企业的服务年限不低于3年、所读专业符合资助的专业领域及研究方向的，按50%给予学费资助	是	是

续表

职业经理人扶持政策			融合后受益（是/否）	合作社直接收益（是/否）
社保补贴	养老保险	鼓励符合城镇职工养老保险条件的农业职业经理人以个体身份参加城镇职工养老保险，以上一年度全省在岗职工月平均工资的60%为缴费基数，缴费费率为20%，其中个人缴费8%，财政补贴12%	否	否
创业补贴	创业就业奖励	毕业5年内的高校毕业生取得农业职业经理人证书，首次受聘或领办和新办农民合作社、农业企业、家庭农场6个月以上，给予1万元的一次性奖励	是	否
金融支持		市、县两级农业政策性平台公司根据农业职业经理人经营规模，给予一定委托贷款支持。对评定为初级、中级的农业职业经理人，由县级农业政策性平台公司分别给予10万元和20万元信用担保贷款支持；对评定为高级、优秀、"十佳"农业职业经理人，由市准公益性农业项目资金分别给予30万元、50万元、100万元信用贷款支持。农业职业经理人从事规模种养生产，且参加我市政策性农业生产保险的，对其应由农户自交保费部分给予20%的减免补助，减免补助资金在市级政策性农业保险补助专项资金中安排	否	否

资料来源：崇州市：关于印发《成都市农业职业经理人扶持政策的兑现流程的通知》（成农办〔2014〕174号）；《关于加强职业经理人队伍建设的意见》（成发办〔2014〕39号）。

5.1.5 崇州"两新融合"的有效性分析

（1）解决了土地分散的问题，实现"规模经营"。

随着城镇化的推进，一大批农民"怠种""懒种"而选择进城务工谋生，土地撂荒严重。目前农村剩余的农业劳动力大多数是"老、弱、病、残、妇、幼"，这些劳动力各自为政，在自己的一亩三分地上进行农业生产，这严重阻碍了发展农业现代化的发展进程。崇州市为了改变现状，坚持原有的家庭承包责任制不变，通过多方努力，盘活土地经营权，农民通过土地入股来参与合作社土地经营的剩余收益的分配。同时，崇州市政府还非常重视农业职业经理人的培养，为了实现人力资源与规模经营的匹配。

（2）解决了劳动力素质低的问题，实现"科学种田"。

农业职业经理人是懂得管理、经营的现代农民，具有充分的企业家才能。

一方面，农业职业经理人系人力资本，素质高，对于农业新技术、新品种的接受和学习能力较强，对农业生产效率的提升起到很大的促进作用。另一方面，农业职业经理人易于接受新观念、新思想，是结构改革的先锋，易于改变生产方式，对新知识、新技术可以进行创新性运用，积极努力地探索增收节支的新途径。

（3）解决了农业服务水平低的问题，实现“专业化服务”。

农业职业经理人管理几百至上千亩土地，必然需要大量的社会化服务作为支撑。农业超市为农业经理人开展规模化生产提供耕地、播种、育秧到机械化收割等“一站式”、专业化服务，实现了服务专业化、运行市场化，是农业生产体系化、多元化的重要标志。崇州市按照“政府引导、公司主体，整合资源、市场运作，技物配套、一站服务”的发展思路，引导社会资金参与组建综合性社会化服务公司，实现了公益性和社会化服务资源的有机整合，实现了规模经营对生产环节的多样化服务供给与需求的有效对接。

（4）解决了利益分配问题，实现“共营共享”。

农业职业经理人与土地股份合作社签订合同，合同明确规定双方权利义务以及利益分配问题。农业职业经理人管理合作社需投入约70%的初始资金，再加上农业职业经理人大部分是本地人，这两项加一起足以保障农业职业经理人履约。对于不想种地的农民，可以把土地直接入股，放心出去打工，同时可以分享土地入社的共营成果；不愿意外出打工的，可以参与专业化服务或劳务服务等机会，实现多渠道增收。有的经过培训就直接就成为农业职业经理人。

（5）优化要素配置，实现“两新融合”。

四川省崇州市制定了科学的扶持政策，政策对新型职业农民个体与对农业生产经营的分别扶持。除此之外，惠农强农政策直接与农业职业经理人作为新型农业经营主体的负责人直接挂钩，只有成为新型农业经营主体的负责人，才能享受惠农强农政策，这无疑推动了“农业职业经理人＋土地股份合作社”模式的演进与发展。

5.1.6 崇州“两新融合”的应用条件

（1）地域广阔，种植结构较为单一。

“两新融合”效益的产生以规模化为前提，崇州市位于成都平原，平坝区占总面积的一半以上，其本身具备发展农业的先天优势[130]。平坝区的农户拥有相当多的土地，面积较大，入股土地股份合作社为后续土地合作社的发展是非常有利的。也就是说，崇州市的地理区位特点为新型农业的发展提供了便利的条件。与此同时，崇州市种植结构较为单一，种植面积70%为水稻（大春）和小麦（小春），其余地区种植油菜。这对农业职业经理人的管理来说是非常有利的。由于种植品种少，农业职业经理人对作物的种植和管理的方法就很容易获取和掌握，便于农业职业经理人的区域内流动以扩大管理面积，增加其收益。

（2）外出务工人数多，留存劳动力少。

“两新融合”模式是由“散户经营”到“土地股份合作社雇佣农业职业经理人”再到“农业职业经理人建立家庭农场”的过渡。在这一过程中，低素质的劳动力逐渐被淘汰，取而代之的是高素质的人才，从崇州市的生产经营来看，队伍也是呈现逐步精简的过程。崇州市外出人员众多，留守人员大部分是老、弱、病、残，根本不能满足现代化生产经营的需求，因此，农业职业经理人来接管农业生产是受到农户接受和喜爱的。

（3）政府重视，扶持力度大。

“两新融合”模式的推广离不开政府的大力支持。崇州市政府和市农发局为了“两新融合”制定了一系列的政策，如新型农业经营主体和农业职业经理人可以从政府获取资金补贴的同时，种植的农作物还可以享受国家粮食保护价格，为其生产经营大大降低了风险。同时，崇州市政府积极构建“十万亩高标准农田”，土地大量集中，提供完善的配套设备，实现农业生产的机械化，为农业职业经理人的生产经营铺平了道路。

5.2 陕西阳晨“两新融合”案例分析

5.2.1 阳晨“两新融合”产生背景

（1）阳晨集团基本概况。

陕西阳晨牧业股份有限公司（以下简称“阳晨集团”）坐落于陕西省安康市汉滨区，2007年由小型家庭养殖场发展而来，现在是一家综合种猪繁育、家猪养殖、猪饲料生产与研发等项目的农业一体化科技型龙头企业，总资产达到10亿元[147]。集团覆盖从饲料、种猪供应到养殖、屠宰、销售等全产业链的10余家全资子公司和两家控股子公司，下辖一个大型产业联盟和四家直属养殖基地。阳晨集团以科技研发和自主创新为驱动力，与西北农林科技大学、甘肃农业大学等高校共建陕西省农业科技专家大院，合作共建了猪饲料分析、病猪检测和富硒饲料研发专业实验基地[148]。集团先后获得十余项国家、省级资质认证，如表5-15所示。阳晨集团以种猪养殖培育为核心竞争力，新能源创新开发、饲料生产研发和产品深加工为技术突破口，依靠雄厚的资金、高新的技术、完善的战略，创新性的组织创造产业联盟这一新型组织形式，培育带动新型职业农民，聚合生猪全产业链发展，致力于成为综合实力强、经济效益好、顾客口碑优的生猪产业领导者和带动者[149]。

表5-15 阳晨集团荣誉

国家级荣誉	省级荣誉
国家级扶贫龙头企业	省级农业产业化龙头企业
国家生猪核心育种场	陕西省农业产业化明星企业
全国养猪行业百强优秀企业	省级原种猪场
全国51家猪育种协作组成员单位	西北地区最大的养殖中心
第一批科技特派员创业链示范企业	陕西省农业科技专家大院

资料来源：阳晨集团网站资料整理。

（2）阳晨生猪产业联盟形成背景。

从产业发展角度来看，生猪产业是陕西省安康市的支柱产业和优势产业。全市生猪产业中小养殖户不超过20%，规模养殖户占主要地位，其中69个万头养殖户，628个千头养殖户和1000个左右百头养殖户。整个产业从竞争角度看，资金投入和技术壁垒较低，在市场行情好的情况下许多规模较小、技术落后的养殖户纷纷进入。组织化发展方面，各个养殖户和加工企业各自为政、粗放经营、无序竞争，造成整个产业组织化、系统化规范化、标准化程度较低，经济效益下降，产业化聚合薄弱[150]。市场方面，生猪价格受市场影响较大，产业稳定发展能力薄弱，许多养殖场在一次次的价格下跌中破产闲置。无序竞争、组织化程度弱、市场化程度低等多种因素严重制约着安康生猪产业健康稳定发展。

从市场需求角度来看，随着对环保的日益重视、城市建设的日益加快，传统生猪产业发展模式遭到严重制约，许多养殖场由于污染重、脏乱差被迫拆迁搬离甚至退出市场，小规模散户的产品质量得不到保证、市场价格受限。但同时，随着经济社会的发展和人民生活水平的提升，居民对猪肉的需求越来越旺盛，养殖规模和产品质量亟须扩大提升，生猪产业标准化、规模化、产业化发展迫在眉睫（见图5－7）。

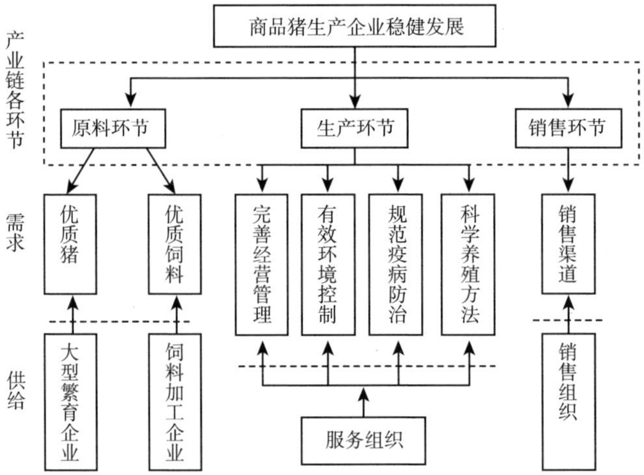

图5－7　商品猪生产企业健康发展组织供需

从产业发展角度来看，全产业链聚合协同发展是生猪产业稳定发展的必由之路。在原材料阶段，需要供应优质种猪和高质量饲料；在生产环节，需要企业有科学的温湿度控制、严密的疫病防控体系、科学的养殖手段和现代化的管理理念；在销售阶段，需要市场化、前瞻性的市场运作和完整性、成熟化的安全可靠售卖渠道。所以需要依靠大型企业进行全产业链整合，打通材料供应、种猪培育、科学养殖、市场销售等各个环节，增强市场竞争力，促进产业稳定发展。

（3）阳晨生猪产业联盟形成。

阳晨集团为了克服规模经营资金量大、乡村土地流转困难等突出矛盾，创新性地以自身企业为龙头，构建阳晨生猪产业联盟，带动中小型养殖户致富，推动生猪产业发展。2011年，联合六家大型规模养殖户组建生猪产业联盟，年底就增长迅猛扩充到24家。由阳晨集团领导，产业联盟内的企业共同注资成立新的股份制有限公司——安康明珠农业科技有限公司，按照现代化的公司管理制度对产业联盟进行市场化管理和运作，分设市场销售部门、运行管理部门、技术服务部门、生产管理部门和会计核算部门。产业联盟内各个加盟企业作为子公司，财务独立，自负盈亏。目的是整合陕西省安康市及周边区域在生猪养殖领域的品牌、技术、资金、市场等优势资源，聚合整个生猪产业链的各个环节，以低风险、高效率、高效益实现资源的合理分配利用，使产业联盟组织成员可以降低风险、提高收益、改进技术、扩大市场，实现生猪产业的持续稳定健康发展[151]。同时，妥善解决中小企业融资难、竞争力弱、品牌效应低等突出问题，推进技术创新和市场化改造，打造更高品质、更高标准、可溯源的生猪产品（见图5－8）。

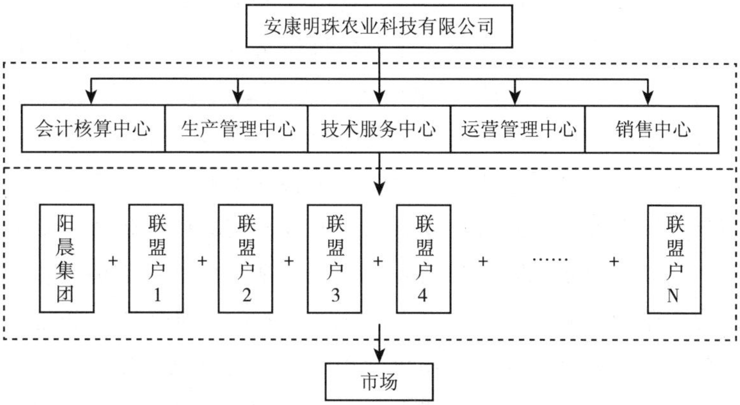

图5－8 阳晨生猪产业联盟组织构成

截至2016年5月，阳晨生猪产业联盟发展规模如表5－16所示，已有至少119家独立法人企业签订合同、加入产业联盟，形成了具有地方特色的“公司＋规模化养殖场”新型产业组织模式。如表5－17所示，养殖规模在百万头以上的养殖场69个，覆盖陕西省全境，年存栏量近4万头，年出栏量达70余万头，带动农户1500余户[152]。预计发展到2020年，产业联盟的全产业链经营成熟，联盟企业扩大到200多家，年出栏量达到200万头以上，打造成特色知名品牌——阳晨生态富硒猪肉。

表5－16 阳晨生猪产业联盟发展规模

年 份	2011	2012	2013	2014	2015	2016*
产业联盟户规模（个）	24	40	60	83	109	119

资料来源：阳晨生猪产业联盟内部资料。
*2016年数据截至2016年5月。

表5－17 阳晨生猪产业联盟企业规模情况

养殖规模（头）	3000～10000	10000以上
企业数量（个）	50	69

资料来源：阳晨生猪产业联盟内部资料整理。

5.2.2 阳晨“两新融合”发展历程

陕西阳晨“两新融合”是指以阳晨集团为行业“领头羊”，在政府推动、市场引领、企业主导的作用下，以生猪产业联盟为载体，以互利共赢、风险共担为原则，与农业主管部门的新型职业农民培育工程紧密结合，共同促进，实现农民致富、企业增强、产业完善，促进生猪全产业链聚合发展的新型模式。在生猪产业的基础上，政府加强支持和引导，各级农广校制定符合本省、本区域的教育培训计划，对养殖户、联盟户等有志成为新型职业农民的青年进行教育培训，经过政府考核合格后统一进行新型职业农民资格认定。通过培训，部分农民进入企业成为企业骨干，部分规模养殖户进入产业联盟成为联盟户，产业联盟与新型职业农民共同促进、携手发展，实现新型职业农民与新型经营主体培育的“两新融合”。案例的核心是通过产业联盟与新型职业农民培育对个人和企业进行市场化管理、标准化流程、技术化生产的教育培训，使培育的农民成为产业的技术工人或经营管理者，最终推动产业发展进步，实现新型职业农民培育与产业发展的良性促进、和谐共处。

传统生猪产业是典型的劳动密集型产业，生产过程中对劳动力依赖性强、技术门槛要求低。随着我国市场经济的逐步发展进步，市场对劳动力的综合素质提升和产业技术的创新创造提出更高的要求。在西方发达国家，农业已经成为资本和技术密集型产业，农业科技成果转化率已达到60% ~80%，遥遥领先我国的15% ~20%[153]。我国农民的科学文化水平较低、综合素质较弱、市场性缺失，对于市场化、科技化、信息化的今天来说新型职业农民培育迫在眉睫。阳晨集团就是以此为契机，充分认识到人才是产业发展的核心竞争力，培育有文化、善经营、懂技术的新型职业农民是当前企业发展的重要任务。同时，生猪产业必然要进行产业升级、技术改造、市场化运作，突破传统壁垒，向更高端、新技术、广市场方向发展。“陕西阳晨”以阳晨公司为“领头羊”形成的产业联盟为基础，带动联盟企业进行标准化、市场化、信息化改造升级，依托教育培训工作提升个体的综合素质，使教育培训对象服务于企业、稳定于产业、带动整个产业联盟创新发展。这个历经萌芽、成长、发展三个阶段的整个过程就是阳晨“两新融合”发展过程。

（1）企业自主化培训阶段。

企业自主化培训是“陕西阳晨”的萌芽阶段，以阳晨集团对内进行企业人才培养和教育，提升企业骨干的综合素质为突出特点。

市场合作行为伊始是阳晨集团与购买其种猪、饲料、产品的养殖户间产生买卖和服务关系，如图 5－9 所示。一方面，集团需要对新员工进行入职培训，由培训讲师对各类养殖户提供优质的产前咨询服务、产中技术辅导和产后销售引导等多种服务。另一方面，生猪产业发展必然要求技术创新、转型升级，需要对产业工人、养殖户进行技术培训。所以阳晨集团制定了新型培训计划，建立了长效培训机制。首先，定期进行内部培训，涉及生产技术、企业管理、产业发展、文化素养等内容，提升个人综合素质。其次，实施“走出去、请进来”培训办法，让饲料厂的中坚力量去青岛学习新型饲料技术，让养殖场的中层干部去甘肃农业大学系统学习最新的疫病监测、养猪技术和科学管理。在企业内部，建立以老带新、“传帮带，赶帮超”等培训模式。

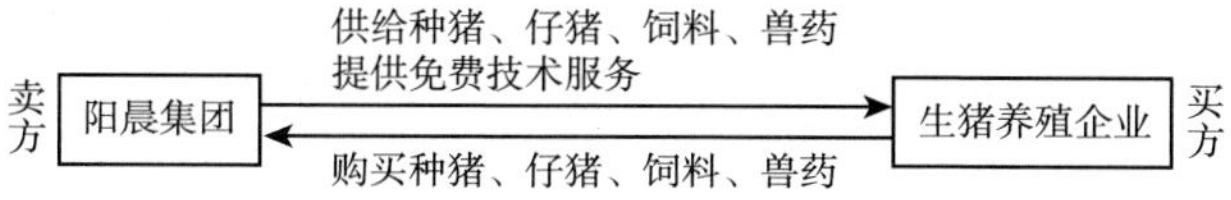

图 5－9　买卖、服务与被服务关系

此外，阳晨集团将人才培养作为企业发展进步的核心，积极广引贤士、集聚良才，培养年轻“顶梁柱”。2011 年 4 月，采用订单培养的模式在安康学院合作开办“阳晨班”，每年从大一学生中选拔 30 多名学生定向培养，毕业后进入公司工作。2011 年 7 月，与柞水县种猪场签订生猪产业联盟协议，同步发展、共同进步。以产业联盟为载体，对联盟户、技术人员的培训初步开始，尚未提升到培育的高度。

（2）“双线并轨”培养阶段。

“双线并轨”培养作为成长阶段，以新型职业农民培育与企业人才培养相结合为特点，突出校企合作、协同发展。

2012 年，阳晨集团利用公司场地广、资源多、技术强的特点，与汉滨区农广校共同成立生猪养殖培训中心，对各类联盟户、技术能手、管理人才进行科学化、系统化、标准化的“双线并轨”教育培训工作。2013 年，培训中心联合更名为“安康市阳晨生猪职业农民培育基地”。2016 年，培育基地进行企业改制，成为拥有独立法人、注册资金 200 多万元的“安康阳晨职业技术培训学校”。全校共有教职员工 18 人，其中管理人员 5 人，兼职教师 13 人，均富有生猪养殖、系统管理、科学饲养等丰富经验。按照“1 个月理论+2个月的实训+全年不间断连续培训”的培育方式，依托农广校制定的培训计划和规范教材，企业提供培训场地和实训基地，进行教学考核，最后成绩合格由农业部门进行统一的新型职业农民资格认定，并根据考核成绩安置就业，定岗、定薪、定级、定责。同时，把职业培训作为各类养殖户加入产业联盟的必要条件，各联盟企业以深入合作方式资源共享、技术共通、相互促进、共同发展。新型职业农民作为谋求利益最大化的独立市场“经济人”，依托阳晨生猪产业联盟可以获得更多利润、更高效益，提升技术能力。这个阶段新型职业农民培育初显成效，加速了企业和职业农民的成长发展。

(3)“三位一体”培育阶段。

“三位一体”培育阶段作为发展阶段，重点是要求企业、学校、政府专业分工、各司其职、联合协作。企业为主体进行教育培训，由政府制定培育制度文件，加强资金和后勤保障，进行认定管理、政策扶持，农广校负责组织协调，制定科学的培训内容和培育计划，以企业为主体进行上课辅导、实训实操，“三位一体、多管齐下”地保障培育的可操作性、可持续性。

历经萌芽、成长，新型职业农民培育不断在探索中前行、在发展中进步。培育与培训一字之差，更多地要求有配套的社会保障措施和相应的扶持政策。对已认定的新型职业农民，由农业管理部门按照相应政策，采取资金、技术和设施等多种方式，扶持其在产业中稳定发展壮大。农业、财政、科技等部门陆续出台统一的培育考核管理、认定管理和政策扶持办法，从项目审批、投资融资、技术创新、土地流转等方面给予全面支持。目前已经形成了三位一体、三类协同、三级贯通①的制度体系。企业培训主要负责初级、中级的职业农民培育工作，以养殖业务、经营管理等方面为主要培训内容，政府负责高级职业农民培育工作，加强新理念、新技术、新方式等信息化、产业化、系统化培训。2012年至今共培训了650人，2014年进行认定管理，认定新型职业农民92个（其中初级86个，中级5个，高级1个），其中22个留在阳晨企业内部，70个留在了产业联盟中，发展成为产业联盟的中枢力量和科技能人。通过认定的生猪养殖负责人可以根据政策享受“五优先”政策［优先享受市、县（区）财政扶持，优先安排生猪产业项目，优先申报生猪标准化示范场创建，优先享受科技服务，符合资格后可优先认定为农业产业化龙头

---

① “三位一体”：教育培训、认定管理、政策扶持一体化；“三类协同”：生产经营型、专业技能型、社会服务型新型职业农民培育协同发展；“三级贯通”：新型职业农民分初级、中级、高级进行认定。

企业①]，对新型职业农民个人则采取资金奖励政策，认定成中级职业农民奖励5000元/人，高级职业农民奖励10000元/人。通过不断完善政策扶持、技术支撑、产业引导政策，才能使新型职业农民尝到好处、得到优待、受人尊敬，真正成长为市场经济主体。

5.2.3 阳晨“两新融合”形成机理

产业联盟与新型职业农民协同发展、共同成长。新型职业农民培育的目的是让农户服务于新型经营主体、成长于生猪产业联盟，生猪产业联盟的发展进步则迫切需要新型职业农民培育提升农民素质，加强科学技能培训，两者共同发展、相互促进、协同进步。

（1）融入产业是前提。

职业化的根本需求就是专业化，专业分工、专业合作、专业管理，用专业的人，干专业的事[154]。对于新型职业农民来说，只有从产业中来，培育时融入产业发展，培育后回归产业才是真正有效的系统化培育。同时，在产业的发展壮大中培育新型职业农民，在教育培训中发展壮大产业，两者相互促进、双向并行。产业联盟是产业市场化发展的组织产物，产业组织发展离不开劳动力要素的投入，即离不开新型职业农民的积极作用；而新型职业农民的培育离不开新型经营主体的依托，即对农民的教育培训内容需要依托具体产业、具体新型经营主体才能够实现教育培训内容的有效迁移，达到新型职业农民培育的预期效果。通过在新型经营主体中的具体实践，对教育培训内容进行相应改进，进一步指导实践，服务新型经营主体，最终实现“理论—实践—理论”的循环往复不断改进。

（2）政府主导是基础。

从供给侧角度来看，新型职业农民培育具有强正外部性特点，可以看作农村准公共产品的一部分，因此政府供给必须在培育中发挥基础性的作用。需要在培育前制订培育方案、认定管理办法、奖励扶持政策，培育中督促检查、监督指导，再到培育后考核认定、落实扶持政策、进行项目引导和技术跟踪服务，当好引导者、监督管理者、保障者，切实保障农民的根本利益。

① 资料来源于安康市阳晨生猪职业农民培育基地。

(3) 市场化是重要补充。

市场化培育，即企业参与新型职业农民培育。市场化培育能够融入产业、融合市场，充分盘活资源、增强资源使用效率、激发产业创造性。在企业培育过程中充分引入市场资源也可以促进培育的科学性、系统性，有利于把握市场行情、摸准政策脉络、搭建产学研桥梁。同时，及时了解农民对技术、市场、品种等方面的需求，可以更好地精准指导、精准对接、精准扶助。最终形成生产经营主体和农民个体风险与利益共担共享，促进新型职业农民培育效果提升、农民收益增加、产业效益提升，实现新型经营主体与新型职业农民协同发展。

(4) 农业产业化组织是“两新融合”的载体。

农业产业化组织的根本在于产业组织化经营管理，具体来说就是传统农业产业经营主体采取纵向或横向一体化方式，联合形成的农业产业化组织，农户与企业或企业间通过“风险共担、利益共享”等形式结合成利益共同体，以共同体形式进行农业生产经营活动。产业化组织可以按照内部关系分为三种模式：一是以契约合同为关系的契约模式；二是以资本资金为关联的股权模式；三是以联合协作为纽带的一体化模式[155]。产业联盟可以看作一种以契约合同为纽带，融入资本运作和联合协作的新型一体化经济合作组织，是新型职业农民与新型经营主体培育“两新融合”的催化剂，加速相互融入、促进互利共赢。

5.2.4 阳晨“两新融合”主体行为分析

政府在新型职业农民培育中占有主导地位，起着基础性作用。非政府中的市场供给充分保证新型职业农民培育及时、高效供给。政府供给与非政府供给相互配合，“看得见的手”和“看不见的手”共同协调，形成了陕西阳晨“两新融合”。

在陕西阳晨“两新融合”案例中，农民是教育培训的对象，政府、农广校和企业都是其中的供给行为主体，依托产业联盟载体，使政府、企业、农民、学校通过利益关系联结在一起，共同发展壮大。在新型职业农民培育过程中，各相关主体扮演的角色不同，农广校主要承担组织协调责任，阳晨集团主要承担培训服务职能，政府主要承担保障监督职能，如图5-10所示。

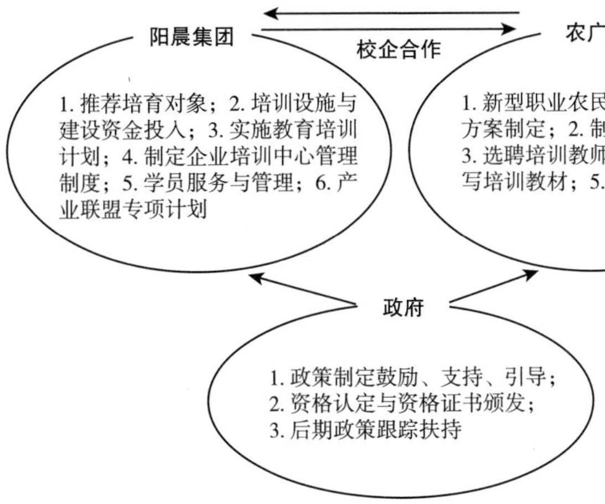

图5-10 新型职业农民培育供给主体行为

（1）政府行为分析。

一方面，农广校作为政府的下属机构，深入参与到职业农民培育全过程中。从培育方案制定、课程内容选择到培训工作的组织宣传、操作实施、技术指导和考核管理等方面，农广校都积极参与、组织协调。探索将各种涉农项目聚合整理，把"绿色证书"培训、"百万中专生计划""阳光工程"等项目整合融入培育过程中。主要行为包括：

一是实施方案制定。汉滨区农广校依据安康市和阳晨集团实际情况制定了"1+2+N"的新型职业农民培育方案。"1"是指培育对象在阳晨职业农民培育中心理论教育培训一个月；"2"是指培育对象在理论培训后到阳晨养猪场实践学习2个月；"N"是指培育对象经过理论和实践培训后，培训教师对其进行每年多次（不少于3次）回访和现场指导，并随时解决培育对象电话咨询的问题。

二是制订教学计划。结合职业再教育与区域产业实际情况，农广校制定了科学性强、操作性高、技术性新的理论学习计划和实践操作计划。

三是选聘培训教师。农广校从教师库中选拔创新性强、经验丰富的技术性教师，统一进行综合性培训，使教师严格按照培训大纲和课程内容备课、讲课、实践指导，课后及时对学员跟踪辅导。

四是组织购进和编写培训教材。根据教育培训大纲，农广校结合产业特色、区域特点与实际情况，组织购进生猪产业培训相关教材，并将有关的新知识、新理论、新政策整合编入教育培训教材。

五是培训管理工作。农广校为阳晨职业农民培育中心制定教育培训管理制度，负责培训工作资料的收集、整理，培训信息的上传、上报以及培训各方面协调工作，并负责培育对象结业考试、考核、发放结业证以及新型职业农民认定考核推荐等。

另一方面，安康市政府作为新型职业农民培育的属地管理机关，承担着统筹——保障职能。主要行为有：

一是建立培育制度体系。安康市政府陆续出台《安康市新型职业农民培育实施方案》《安康市职业农民资格认定管理办法》《安康市职业农民扶持奖励办法》等政策办法，形成了培育制度体系，如图 5－11 所示。培育制度体系是新型职业农民培育的制度保障。实施方案对新型职业农民培育具有统筹指导作用；认定管理是制度体系的关键环节，是考量职业农民教育培训效果的手段，也是促进农民参与积极性的重要方式；政策扶持则是促进培育制度完善的重要保障，既保障新型职业农民培育的实施过程，也助推新型职业农民培育的可持续发展。

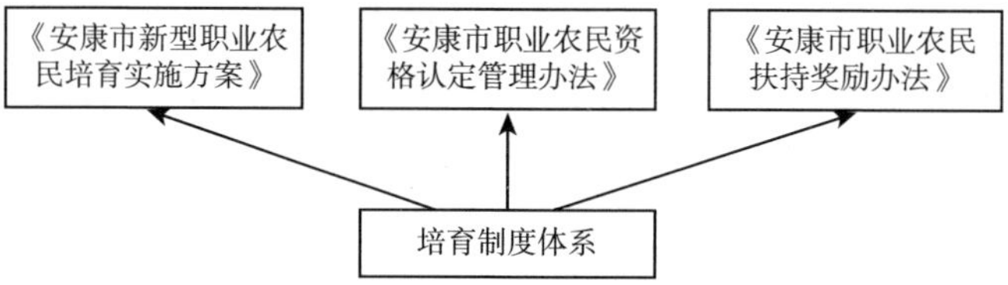

图 5－11　培育制度体系

二是认定管理新型职业农民。在资格认定过程中，主管部门将新型职业农民分为初级、中级、高级三个层次，由县、市、省三级依次分级申请、审核、认定，涉及“申请—初审—复审—考核认定—资格确认—网上公示—颁发证书”7 个主要环节。最终给培训合格者发放“安康市职业农民资格证书”，作为享受扶持政策的依据和技术能力证明。在认定后期管理方面，实施年审式动态化管理，每年对符合要求的、进步明显的职业农民进行升级认定，对于不符合资格的及时降级或除名（见图 5－12）。

三是后续政策扶持跟踪。对认定的新型职业农民进行政策扶持、奖励是激发农民积极性、保障培育效果的支持性措施。在省级层面加强顶层设计，成立了陕西省新型职业农民培育专项资金，并分设创业扶持基金专门用于对农民的资金贷款、创业补贴。同时，把新型职业农民培育县级标准化建设资金列入财政预算，以农业专项资金形式下发到各级政府，实施专项监管、落

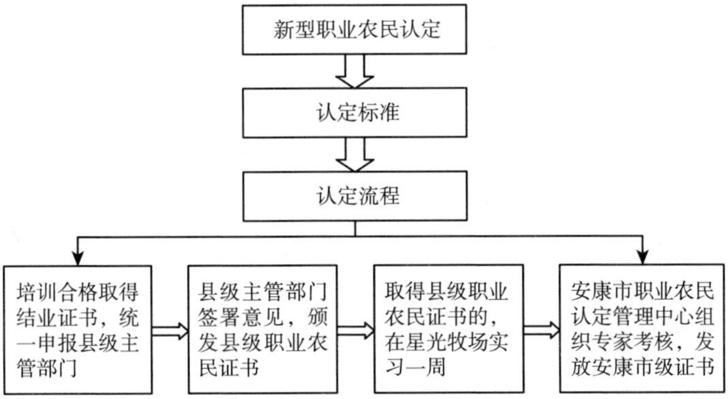

图5-12 新型职业农民认定程序

实。在市县层面强化实施落实，安康市政府对认定的新型职业农民采取优先享受市、县（区）财政扶持、优先安排生猪产业项目、优先申报生猪标准化示范场、优先享受科技服务和优先认定农业产业化龙头企业的“五优先”政策，在生产经营、融资贷款、提质升级等方面进行政策倾斜和奖励照顾。例如，可以享受20万元的办厂优惠贷款和每头猪保额1000元的政策优惠保险。

（2）企业行为分析。

阳晨集团是一家集种猪繁育、商品猪饲养、饲料研发生产、生物能源开发和现代生态农业示范园区等为一体的“猪—沼—果—菜”生态循环发展模式的科技型现代农业产业化龙头企业。在整个新型职业农民培育过程中起领导作用和主导效果，为培训提供了教师课堂、实训基地、操作车间等硬件设施和涉及生产技术、管理制度、科技文化等软件能力，保障了生产生活设施和制度技术能力。同时，阳晨集团也发挥着服务——促进职能，通过服务培训集聚资源要素、整合创新需求、拓展技术，加强农户间沟通交流，促进彼此深入合作，从而产生系统叠加的非线性整合效用。主要行为包括：

一是推荐培育对象。一方面，从自愿报名、热心服务产业的农户中筛选有一定文化程度和科学素养，从事养猪产业3年以上，年龄在20～50岁之间的中青年；另一方面，阳晨集团内部挖掘、推荐、选拔产业联盟成员户和企业内员工，促进集团内部人才能力提升、素质增强。

二是增加资金和设施投入。阳晨集团专门建设新型职业农民培育中心，拥有多栋培训大楼与宿舍楼，总建筑面积4500平方米，充分满足近百人的学习、生活需求。同时，投入200万元资金完善培育环境，新建了猪肉质分析和养猪工艺实验室，改造猪病检测、饲料分析和富硒食品开发实验室，加强了培育器械模具室和实训基地建设。

三是实施教学培训计划。按照农广校统一制定的培训计划，每班安排专职班主任组织学员上课学习、实训实践。整个培训过程以实操实践为主，基础理论学习与实操实训相互衔接，让学员具备良好的科学素养和熟练的操作技能，熟悉全流程环节的技术，掌握养猪、饲料、生产等过程基础内容。每期培训为期 3 个月，每周休假不少于 1 天，保证每期教学时间不少于 90 日。培训结束后进行统一的笔试考试和实操检验，分别占总分值的 40% 和 60% 。

四是制定培训管理制度。结合产业情况、区域特色和培训实际，制定了“安康市阳晨职业农民（养猪）培育方案”“安康市阳晨职业农民（养猪）教师选聘和工作制度”“安康市阳晨职业农民（养猪）课程安排”“安康市阳晨职业农民（养猪）学员管理制度”等多种培训管理制度，用体制机制规范培训全过程。

五是强化服务管理能力。阳晨集团安排班级班主任和服务经理，专门做好培训期间实操、教学、食宿、安保等方面的服务管理工作。

六是制订产业联盟计划。阳晨集团是新型职业农民培育的重要参与者和产业联盟的组织带头人，针对产业联盟内的管理能力提升、技术创新力增强等内容制订专项计划。建立健全企业管理制度、资金制度和采购制度，统一制订涉及生产计划、饲养管理、操作规程的标准化规范，同一标准对联盟内养殖户进行考核评价。

（3）产业联盟行为分析。

产业联盟作为整合政府、企业、农民间的桥梁和纽带，使供给行为主体——政府、企业与培育对象——农民有机结合起来，携手发展、共同进步。产业联盟的主要做法包括：

一是促进新型经营主体强弱联合。不同于传统的“农户 + 企业”或是“农户 + 基地 + 企业”的产业组织发展模式，阳晨生猪产业联盟采取的是“强弱联合”模式，阳晨集团作为领军带头企业，通过合同与规模养殖场强弱联合，由规模养殖场作为终端与农户建立利益联结机制，更便于组织对组织、企业对企业的规范化管理和一体化协作（见图 5 - 13）。集团统一整合市场、生产、技术、销售、资金等多种资源，进行统一生产管理、统一财务管理、统一技术标准、统一物资供应、统一产品销售的“五统一”管理的运作模式①，降低合作风险、实现互利共赢[156]。

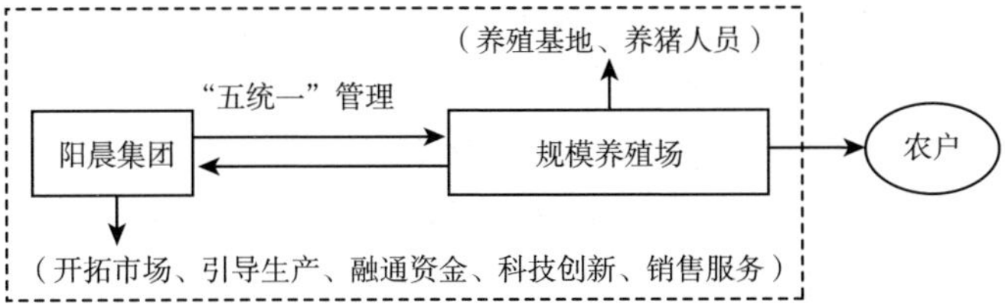

图5-13 “强弱联合”共赢模式

二是促进新型职业农民成长。阳晨“两新融合”模式中促进新型职业农民成长主要体现在以下三个方面。如表5-18所示，第一种路径：由企业从产业中遴选教育培训对象（包括生猪产业联盟成员、企业内部技术工人、其他养殖青年农民等），对他们进行统一生产基础知识教育培训、生猪全产业环节的生产实践，通过企业的相关考核合格后留在企业中或产业联盟中成为产业工人或是联盟户技术厂长。第二种路径：对产业联盟成员进行产业联盟技术标准、生产标准以及生产理念、信息化经营管理等内容等进行定期教育培训，使他们更好地服务于各自的经营主体，从而促进产业联盟规范化、标准化。第三种路径：对于阳晨集团的客户进行生产资料使用、生猪养殖环节技术服务指导培训，提升客户的综合素质能力，吸引、促使他们扩大规模，加入产业联盟，成为联盟成员，从而稳定于产业中，促进两新融合。

表5-18 阳晨“两新融合”主要路径

培育路径编号	“阳晨模式”主要路径
①	遴选的对象——入职培训——产业工人/联盟户技术场长
②	联盟户——标准化、信息化培训——联盟户
③	客户——技术培训——联盟户

① 统一技术管理：制订适合不同气候、不同类型、不同规模的规模化养猪场建设标准，制定了产业联盟标准化养猪场建设技术标准；统一生产管理：主要通过技术场长来实现，场长由产业联盟、加盟企业和场长本人三方自由选择确定。统一物资供应：由阳晨集团负责为联盟企业提供种猪、仔猪、饲料、药品及养殖设备等，实行统一物资质量标准，统一价格结算；统一财务及融资管理：成立会计核算中心，统一制订财务管理制度、成本核算办法、资金支付流程，对联盟企业的资金收支、银行账户等进行监管，资金实行封闭运行，有效控制信贷风险。联盟企业贷款资金只能用于购买种猪、仔猪、饲料、修建场房、添置设备等畜牧生产上；统一产品销售：建立统一的销售信息平台进行信息资源共享。制订统一的产品销售价格和质量标准，实行统一定价销售。在安康、西安建立销售门店，在西安华润超市也有销售点，与大型屠宰加工企业建立长期稳定的合作关系，解决联盟户的销售困难。

三是促进新型农业经营主体与新型职业农民“两新融合”。阳晨案例的“两新融合”主要表现在三种主要途径和a、b、c、d、e五种主要方式：如图5-14所示，一是选拔适龄中青年农民，通过新型职业农民培育留在企业中成为产业工人，或者发展壮大成为新型经营主体；二是养殖户通过培育改进技术、增加规模、发展壮大，成为新型农业经营主体加入产业联盟；三是企业中的产业工人直接服务于产业联盟，或是通过培育，内部孵化、内部创新、自主创业，投身投资新型农业经营主体，发展壮大后加入产业联盟。

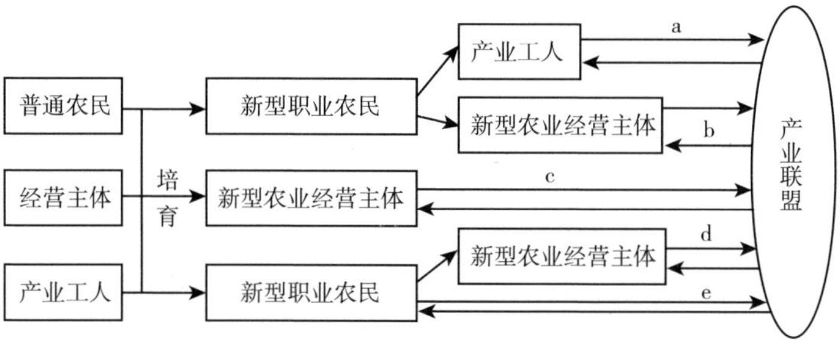

图5-14 产业联盟促进“两新融合”

5.2.5 阳晨“两新融合”运行机制分析

阳晨生猪产业联盟是以利益联结机制形成的一种产业组织形式，该产业组织形式的特点是“龙头企业+规模化养殖场”。产业联盟统一整合市场、生产、技术、销售、资金等多种资源，形成具有强大规模、一定市场、实力雄厚、技术过硬的生猪产业联合体。突破产业与地域、行业与制度壁垒，创新性地进行产业联盟与新型职业农民联合，促进了人才、资金、技术高效投入、有机融合到产业发展的每个环节，打破了市场信息不均衡，在提高农民个体素质的同时增强产业生产经营效率，从而推动农业现代化、科技化、产业化发展，如图5-15所示。产业联盟与新型职业农民培育都以增加农民收入、解决农民发展问题、满足农户需求为根本出发点，但是工作途径又略有不同：产业联盟通过产业发展、技术进步、转型升级的产业战略，而职业农民培育则着眼于个人进步、素质提升的人才战略。

在陕西阳晨案例中，阳晨集团作为龙头企业成为培育过程中的具体实施主体，产业联盟作为培育的载体，政府保障、监督、辅助完成教育培训—认

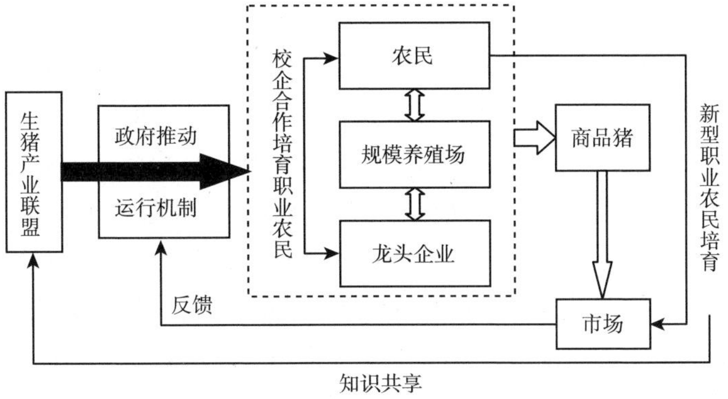

图5－15 “陕西阳晨”运行机制

定管理—政策扶持的“三位一体”培训。阳晨模式打破传统政府主导的形式，创新性地引入市场机制、增强产业活力，以生猪产业联盟作为纽带，联结企业内部资源与社会外部资本，形成共享、共处、共促的发展协同平台。

（1）“校企合作”供给机制。

任何一个系统都是内部主体同外部环境相互联系的一个整体。在阳晨模式中，阳晨集团与农广校的“校企合作”创新行为主要是利用双方的比较优势，即农广校的教育培训资源整合、统筹组织优势，以及企业的市场主体供给优势，对农民进行职业教育、技术培训、生产服务。如图5－16所示，“校企合作”培训机制作为母系统，由农广校和阳晨集团两个子系统紧密结合而成的，相互作用、密切配合，还包含政府、市场、社会等外部环境因素为系统注入资金、技术、人才等资源。通过调节和控制的反馈行为对“校企合作”机制进行持续动态调整。所以“校企合作”供给机制具有基础性地位。

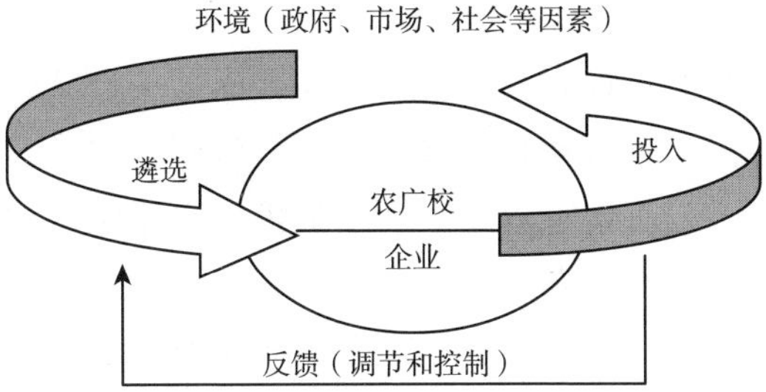

图5－16 “校企合作”供给机制

（2）“自上而下”资金与政策保障机制。

新型职业农民培育的公益属性决定了政府资金与项目保障的必要性，主要体现于中央、省、市、县各级财政专项资金和涉农奖补项目政策与资金流动上。阳晨模式中新型职业农民培育资金补助来源于中央财政到陕西安康市汉滨区的财政自上而下的农民教育培训补助资金投入，如图 5－17 所示。汉滨区农业部门、农广校与阳晨集团合作培育新型职业农民，因此将农民教育培训补助资金按照阳晨集团培育能力与培育职业农民数量通过验收补贴保障。此外，将一些其他针对新型经营主体和农业产业组织的农业项目申请、补贴计划自上而下供给阳晨集团。这些农业项目与农业资金的供给效果则通过自下而上渠道反馈给上一级部门，便于上级部门对政策进行修订，并做出进一步的项目供给保障决策。

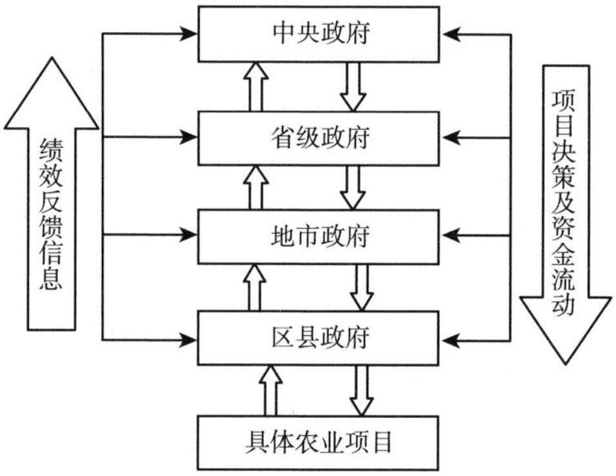

图 5－17 “自上而下”保障机制

（3）“多方利益”联结机制。

产业联盟是阳晨模式中的主要发展动力，是联结政府、企业和农民利益的关键载体。

①政府方面。

新型职业农民培育可以看作准公共产品，而这一产品的属性要求政府在其中不可或缺。政府引领带动企业参与培育新型职业农民，类似于政府购买服务形式，降低了政府直接管理成本和培训投入。同时通过给予企业资金奖补项目、产业政策倾斜和市场宣传引导，促进企业发展壮大，提升了企业带动农户发展就业能力。此外，政府通过新型职业农民培育有效提升了农民综合素质，增加了农民收入，确保了社会和谐稳定发展。

②企业方面。

对于产业供应价值链上的利益相关者，利益是最基本诉求，因此，分析阳晨模式中的价值链具有重要意义。明确不同主体间的价值链类型是分析阳晨模式相关利益主体利益联结机制的重要方式。对每一条价值链的参与主体、价值流向等情况进行分析，阳晨生猪产业价值链类型及销售比例如表5－19所示①。

表5－19　　阳晨生猪供应价值链类型及销售比例

价值链编号	价值链类型	销售比例（%）
a	阳晨＋联盟户＋直营专卖店	60
b	阳晨＋联盟户＋超市	35
c	阳晨＋联盟户＋批发市场	5

资料来源：2016年5月阳晨公司会议室座谈相关人员估计值。

价值链类型a、b、c价值链前端一致，都是由企业为产业联盟户提供基本生产资料，统一提供疫病防御措施以及生产中技术服务；联盟户按照产业联盟计划要求进行标准化生产；企业对达到标准的生猪进行统一收购、屠宰。不同之处是价值链a是在直营店进行销售，这部分的销售比例为60%；价值链类型b销售到西安华润超市，由超市再进行零售，这部分的销售比例为35%；价值链c由各批发市场进行采购销售，这部分的销售比例较小，只有5%。

企业方面，积极参与新型职业农民培育工作，使农民来源于产业、在实践中培育、培育后又反哺促进产业发展。企业通过新型职业农民培育产生多方面促进作用。一是可以节省企业培训成本、壮大发展产业、扩大品牌知名度。二是筛选合作伙伴，避免"逆向选择"②。企业参与农民培育，在培训和跟踪服务中可以壮大产品、占领市场、增强服务，从寻找合作者转变为培育联盟户，节约了市场成本和学习费用，促进了产业联盟的稳定发展。三是转变市场营销思路。由开拓市场转变为定期不定期的培训，在为农户提供高质量的训前、训中、训后服务的同时，维系客户关系、节省了拓展客户成本。如表5－20所示，在产业联盟形成前，各种饲料售卖、种猪出售和猪肉制品售卖都需要产生市场营销费用。在联盟成立后，除去给联盟内部养殖户的一些原料优惠，总体营销费用大大降低，企业与联盟户互利共赢、协同发展。四是更好地关怀客户，增进客户关系，增强社会影响力和品牌知名度。参与

① 此处只分析育肥猪养殖价值链。

② 逆向选择是指由交易双方信息不对称和市场价格下降产生的劣质品驱逐优质品，进而出现市场交易产品平均质量下降的现象。

准公共产品培育行为为企业营造了良好的社会声誉和品牌影响，既有利于增强与政府的合作、支持，又有利于借助良好的声誉和品牌开拓市场、获取客户、提升附加值，还可以有利于企业资本与社会资本、产业资本与金融资本的注入联结，共同助推产业升级改造、技术创新。

表 5－20　　阳晨在原料供给环节的直接收益

	营销费用	联盟户购买优惠	阳晨收益
饲料	300 元/吨	100～200 元/吨	100～200 元/吨
种猪	400 元/头	300 元/头	100 元/头
仔猪	200 元/头	100 元/头	100 元/头

资料来源：2016 年 5 月阳晨公司会议室座谈相关人员估计值。

③联盟户方面。

从联盟户角度分析，加入产业联盟对其自身发展有利。一方面，可以降低购置饲料、种猪、兽药等生产资料的成本，节约技术服务费用；另一方面，可以学习先进的科学技术、丰富的管理经验、多样的养殖方法，提升自身养殖能力，严格控制生产成本。此外，由阳晨集团统一标准、统一服务、统一收购，减少了市场风险，避免了价格波动影响，保证基本收益。如表 5－21 所示。对于联盟户来说，买进一头仔猪成本 900 元（阳晨优惠了 100 元），每头猪从“小猪—中猪—大猪—出栏”平均需要饲料 290 公斤，饲料成本价平均约 1004.7 元。一头猪在出栏前做防疫平均成本 50 元/头。每头猪出栏均重 120 公斤，收购价 20.2 元/公斤（2016 年 4 月 20 日价格），那么一头猪收购价 2424 元。联盟户的利润为 2424－900－1004.7－50＝469.3（元/头）。这个利润即使在市场行情产生变化、有所波动时也有所保障。

表 5－21　　育肥猪各阶段食用饲料情况

饲料类别	仔猪料 851	仔猪配合饲料 852	育成猪配合饲料 853	育肥猪配合饲料 855
适用阶段（猪重量公斤）	12.5～15	15～30	30～60	60～出栏
饲料价格（元/公斤）	5.4	3.6	3.6	3.3
食用量（公斤/头）	6	31	86	167
各阶段成本（元/头）	32.4	111.6	309.6	551.1

资料来源：2016 年 5 月阳晨公司会议室座谈相关人员估计值。

企业、联盟户、政府这三方利益因素由新型职业农民培育工作聚合在一起，其联结机制可用图 5－18 表示。

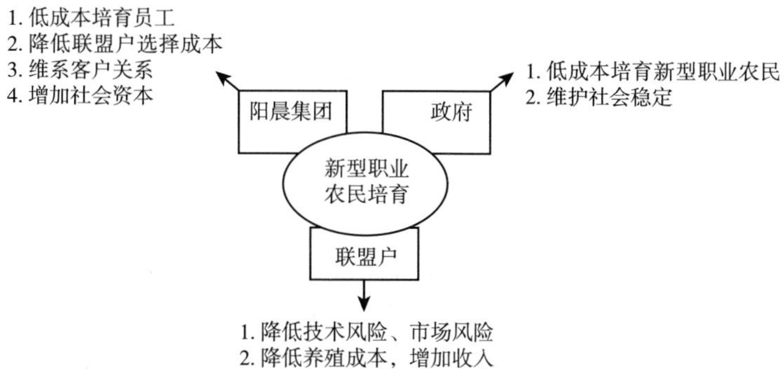

图5－18 “陕西阳晨”多方利益联结机制

（4）产业联盟知识共享机制。

新增长理论表明，知识是影响经济增长的内生因素，知识能够提高投资效益。随着市场经济发展，知识对于各种经济组织和产业形态越来越重要，成为一种新的经济要素。学习型组织理论表明，在企业发展壮大过程中，必须不断学习、改进、提升生产能力和技术水平，才能更好地占领市场、更快地创新产品，避免在市场竞争中被淘汰。在外部竞争不断增大的环境下，企业迫切需要寻找合作以提高技术能力、创新能力和竞争能力，而学习可以作为各种合作的纽带和桥梁。产业联盟可以成为企业与农户共同进步的组织形式，新型职业农民培育则是组织发展的有效途径。在“陕西阳晨”中，阳晨集团依靠技术资源和人才优势作为领军龙头企业，依托新型职业农民培育过程把新理念、新技术、新产品推介给农户，从而提升农户综合素质，增加农民收入。而企业也通过这个行为扩大品牌影响，传播企业文化，吸引潜在顾客，可以借助培育培训的平台充分沟通交流，更准的把握市场脉搏、传递产业信息、挖掘利润潜力、调整发展方向（见图5－19）。

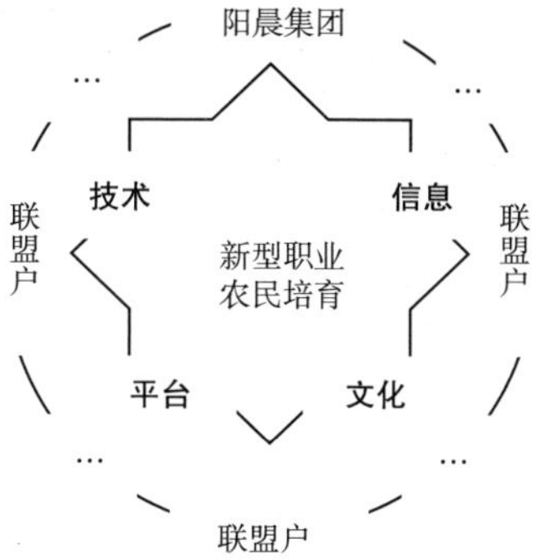

图5－19 产业联盟知识共享机制

5.2.6 阳晨“两新融合”有效性分析

（1）促进了农民就业。

制约新型职业农民发展的关键因素是社会舆论对农民的评价和看法。企业在产业联盟平台中教育培训，建立了和谐稳定的利益分配格局，新型职业农民作为联盟内部的职业人员，在享受部分企业福利、精神奖励和社会尊重的同时，获得了职业发展和个人进步的动力，实现了个人增收与生产增效的同步促进，营造出良好的从业环境，吸引更多年轻人回乡创业、择业。根据测算，在经过新型职业农民培育的农民中，岗位就业人员超过 5000 名，其中超过 60% 加入了产业联盟，20% 在阳晨集团从事生猪养殖①，20% 左右选择自主择业创业。

通过参加新型职业农民培育，参训学员提高了综合素质、专业技术和管理水平，接受了新思想、新方式、新理念，涌现了一大批扎根产业、创新创业的职业农民。

（2）降低了经营风险。

生猪产业作为安康市经济社会发展的主导产业，阳晨集团作为产业的龙头，具有显著的示范带动作用。以产业联盟为组织形式，聚合各方、抱团发展，一方面通过创新担保方式，以“担保—反担保”模式②为联盟户解决了融资难问题[157]；另一方面，通过产业联盟的资源整合、合理配置，减少生产成本，增加个人收入。产业联盟内部养殖户购买阳晨集团的种猪优惠 300 多元，每吨饲料优惠 100 多元。

2013 年，生猪市场低迷，阳晨集团内部节源，改变经营策略、简化生产流程、引进先进技术、统一采购饲料和仔猪，降低了养殖户的原材料成本和经营花费，使整体效益提升了至少 30%。2014 年，生猪价格连续多个月持续下跌，阳晨集团在 2 月底进行补贴解决方案。3 月给联盟户每公斤生猪补贴 0.6 元，4 月又提高到 1 元。经过两个月的补贴，阳晨集团累计支出 70 余万元，通过实施生猪保护价收购政策，降低了养殖户的市场风险，得到了加入

---

① 数据来源于安康市阳晨生猪职业农民培育基地。

② 融资时，联盟内企业向金融机构提出贷款申请，贷款由安康市财信担保公司提供担保，而阳晨集团以自有资产代表所有联盟户向财信担保公司提供反担保，用款企业用该企业内设施设备向阳晨集团提供反担保。

联盟的切实好处。同时，通过产业联盟统一管理、统一流程、统一标准，提高了养殖户的产品质量，减少了疫病疫情，提高了经济效益，年均增收约15万元。

（3）解决了融资问题。

生猪产业属于资源密集型、资金集聚型和劳动密集型产业，生产资金是产业的重要支撑。在阳晨模式中，以产业联盟作为平台，利用“担保—反担保”模式帮助养殖户集资融资。养殖企业的土地由于多数来源于流转租赁，加上生猪行业的高风险性。统计加入产业联盟的119家企业发展情况，超过70%有过融资困难、资金链薄弱、规模小、产量低。在加入产业联盟后，通过新型担保模式帮助70余个联盟成员企业完成融资1.85亿元，为产业发展注入新的发展动力。新建养殖场4.3万平方米，新购产床2800余套，有效加强了基础设施建设，提升了资产利用率，解决了融资难、实力弱的困难。

5.2.7 阳晨“两新融合”应用条件与策略

（1）“陕西阳晨”的应用条件。

一是产业、市场风险系数高。生猪产业对养殖技术水平要求较高、资金需求大，对市场价格敏感、单个经营主体的抵御风险能力较弱。加入产业联盟，一方面抱团发展能够增强市场谈判能力，可以有效降低市场风险；另一方面产业联盟内部具有系统化的疫病防控管理能力，通过联盟内部跟踪服务可以减少疫情疫病，降低产业风险。如果其他产业与生猪产业具有类似的高市场、高产业风险，阳晨模式也可以推广试用。

二是政策支持力度大。新型职业农民培育能否成功，关键在于由上至下、各级部门、方方面面的重视。从政府制订方案、出台政策、奖励扶持政策的落地实施，到领导企业的配合与协助，农广校的专业课程与实训操作，再到社会资金的投入、要素的充足供给以及资源的整合配置，都需要政策的引导、支持与鼓励，共同营造了一种良好社会氛围。

三是龙头企业带动能力强。龙头企业依托技术经验、资金优势和管理能力对中小养殖户具有示范带动效应，通过产业联盟的组织能力将外部共性问题进入系统内部解决，降低交易成本、减少市场风险。联盟内各个企业彼此独立、各司其职，靠利益联结机制紧密衔接、密切配合，实现共同发展、协同进步，易于形成产业航母化发展集群。

四是产业组织化程度高。产业发展规模越庞大、组织越严密，其内部制约和联系越复杂，社会化程度要求也就越高。这就迫切要求不断提高组织内部成员的综合素质能力，迫切需要对其进行教育培训。因此，阳晨模式中产业组织化程度高也是必不可少的内容。

（2）“陕西阳晨”的应用策略。

一是公益性教育培训供给。新型职业农民培育具有正外部性特点，政府管理部门应落实国家政策、制订奖补方式、积极参与供给。一方面，在政府主导下，以企业为主体进行的教育培训过程属于公益性、社会性的企业行为，政府应当制订一些政策奖励补助企业，助推企业参与的积极性。另一方面，如果教育培训收取费用势必影响农民参与的积极性、主动性，因此对农民进行公益性教育培训，能够提升其技术水平和能力素质，也能够增强农民的自觉性和积极性。

二是行为主体分工明确。农广校、企业、政府三个利益主体，各主体分工明晰、紧密联系、密切配合。农广校制订教学方案，编制课程内容，购买培训书籍，组织协调农民。企业提供场地和设施，做好新技术培训、实践指导、业务考核等具体工作。政府供给公共服务资源、整合教育培训内容、检查监督培训质量，做好政策引导宣传，切实保障新型职业农民培育工作实施。

三是契约约束主体行为。突出契约关系，加强诚信体系建设，签订合同约束各个主体，按照契约履行义务、落实职责，建立互信、互利、互助、互促的信任机制，加强沟通协调，紧密联结配合，相互促进发展。

四是企业承担部分社会保障功能。要发挥企业主体带动作用，让农民实现职业化、科技化、信息化，成为高素质、有尊严的新农民。企业应建立规范的制度和优良的激励机制，对培育认定的职业农民根据资格、等级情况分别定岗、定薪、定责、定级，使其享受企业职工待遇和福利。同时，落实职业农民医疗保险和社会保障措施，解决农民后顾之忧，增强农民的职业吸引力。

5.3 湖南隆平高科“两新融合”案例分析

5.3.1 隆平高科“两新融合”内涵

隆平高科集团是一家高科技综合农业龙头上市公司。依托相关科研单位，该公司自身具备一定的新型职业农民培育资源和培育能力。近年来，隆平高科在政府引导下，逐步自主承接新型职业农民培育任务。到目前，该公司已建立起市场化、规模化、高品质、可持续的新型职业农民培育体系，并在以“政府主导，企业承办，基地示范，平台延伸”为核心机制的市场化培育模式方面展开探索。在该公司市场化培育模式中，各参与主体行为有不同表现，其中，农业部科教司起到主导和统筹作用，成立“湖南省隆平高科新型职业农民培育试点工作领导小组”，在湖南省农委、农业龙头企业间建立联动机制，并牵头省内各县、市、区的农业农林局、财政局、科技局等涉及农业、科技、财政的相关部门参与，联合推动，“领导小组”对联动系统中的新型职业农民培育工作进行监督和指导；隆平高科结合重点产业，负责安排师资团队，其师资团队由精通农事、熟悉农民，并具有理论和实践经验的各级人才组成，同时，严格挑选培育基地，统一标牌展示，优化教学资源配置，建立培训网络，保证农民就近学习；在隆平高科和相关部门的鼓励和支持下，涉农企业、农业专业协会、规模化种植和养殖场、农村专业生产大户和科技示范户等组织共同参与，全面做好新型职业农民培育的组织、授课、跟踪和反馈工作。

5.3.2 隆平高科“两新融合”主要措施

（1）市场引领。根据市场需求，在政府的协助下，以隆平高科为主体，在各特色农业产业区遴选以种植大户为主的培育对象，并通过问卷调查、农民座谈会等形式展开调研，了解学员学什么、以何种形式学、政府如何协调、企业如何对接等培育需求，形成调查报告，并对调查报告汇编成册。在调研的基础上设计培训方案，确定培训内容，选择培训方式；组织权威研究人员和经营成功的种植养殖大户、区域经销商、家庭农场主、农业合作组织负责人进行研讨，提出解决学员在生产经营中各种关键问题的解决方案；筹划和组织重点农产品供销对接会，引导农民以市场需求为导向优化种植结构、种植品种和种植周期，提高产品附加值，规避市场风险，防止出现盲目种植、跟风种植和同质竞争；引导农民改变思想观念，养成政策研读习惯，培养机遇意识，树立创新理念，确立正确的自身发展方向，在产品、技术、人才、管理、品牌、市场方面正确定位并时刻反思，查找核心竞争力差距，实现生产的改进和经营管理的改善。

（2）企业聚教。针对各类生产经营型职业农民在不同的培育层次、培育方向和培育内容上的不同需求，组织产业链条中的优势关联企业，吸纳相关的社会机构和有识之士参与到职业农民培育中来，整合集团公司系统、科研院所、大专院校、品牌农业企业的软件和硬件资源，实现师资团队组建中的优势互补、平台搭建中的集思广益，以满足培育中各主体的多方面需求。

（3）方式创新。首先，采取参与、互动式培训方法组织培训活动，在培训中鼓励参与培训的学员登台分享自身的先进经验，介绍生产经营中的小窍门、巧方法，实现学员间的互动交流，并组织学员到经营成功的农场观摩学习；其次，汇编整理国内先进家庭农场的成功经验，搜集成功案例，将上述经验和案例的汇编电子版文件刻录光盘，作为学习辅助资料分发给学员，在供其学习参考的同时，也使其对自己的经营管理产生指导、对照作用，找到自己未来的努力方向；最后，聘请在对农场经营管理有理论和实践经验、知识全面深入、经营成功的农场主担任顾问，并聘请各农业推广部门、农业技术服务部门、科研院所和大专院校的农业技术人员对学院提供跟踪服务，全面解决职业农民在生产经营中遇到的各类问题。

通过上述做法，拓宽学院的发展思路，相互带动，相互学习，在带动个人发展的同时也推动产业升级。

（4）基地示范。首先，选择产业带头人：分产业、分品种挑选 5 ~ 10 个产业带头人，结对与学员建立联系，互相交流，在产业带头人带动其他学员的同时，学员也对带头人在某些方面起到支持作用；其次，选择示范农场：在每个试点县遴选 3 ~ 5 家在发展思路、发展目标、经营模式、管理体制方面相对成功的家庭农场或者合作社作为基地，供培训中的学院进行观摩和学习；最后，优势品种示范：带领学员前往隆平高科的关山、韶山、隆回、益阳、浏阳等示范基地考察，使隆平高科在上述基地的优势品种栽培工作起到示范作用。

（5）平台延伸。为有效推动培育的实施，由隆平高科牵头，创建了“万户千乡”湖南省新型职业农民服务平台作为公益性农业服务平台①，建设了 7 大功能模块：

①培育信息模块：实时发布培育相关信息；

---

① 资料来源：www.wcqx168.com。现正逐步更新为“湘农云”平台。

②示范基地模块：展示合作示范基地的特色和技术服务水平；

③实用技术模块：上传授课课件、提供其他实用技术资料下载源、与答疑专家互动；

④扶持政策模块：发布国家、省、市、县4级农业扶持政策最新最全信息；

⑤供求信息模块：发布产品分区域供求信息；

⑥展会信息模块：免费发放展会信息宣传单等；

⑦农资销售模块：展示销售最具性价比的农资。

（6）政府帮扶。作为新型职业农民培育的主导方，政府承担着培育工程的顶层设计、方案制定、优区选定、对象遴选，以及职业农民的认定管理、扶持政策的制定出台、后续跟踪服务的提供等任务，为企业做好公益性服务、做好方向指导，并提供协助，在与企业各司其职、各尽所能，在推进新型职业农民培育工作中通力合作（见图5－20）。

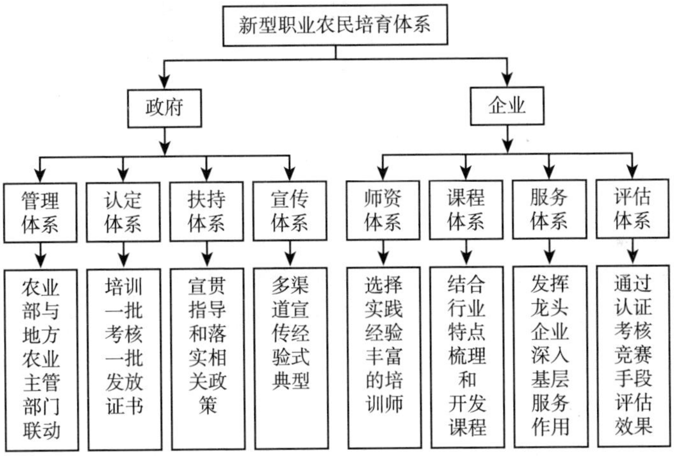

图5－20 隆平高科新型职业农民培育体系

5.3.3 隆平高科“两新融合”主要成效

（1）促进了农民成长。锁定“观念创新、经营创新、管理创新、科技创新、服务创新”的目标，通过“研究策划、重视效益、总结提高”的方法，学员的创新意识、主角意识得到充分调动，农民的创新思维和创业热情受到有效激发，促使其养成了举一反三、“多走一步”的学习习惯，农民的综合素质得到明显提高。

（2）推动了新型经营主体建设。通过汇编材料的分发、基地观摩等活动，激发学员创业热情，推动实现适度规模经营。目前，已有不少大户有了转型为家庭农场的意向，并产生了联合成立协会、共同开拓市场，组织产业化经营，合力抗击风险的意愿。

（3）企业与农民实现了双赢。通过学习企业管理模式，借鉴成功经验，生产经营型职业农民掌握了经营管理的新方法，获得了新思路。企业在有效宣传了文化、推广了产品的同时，又通过发挥专家和规模优势，整合了培育资源，与职业农民间建立起紧密的利益合作关系，确保培育效果，推动了农业产业化发展。

（4）实现了职业农民培训的新思路、新做法的探索。与培训机构进行培训不同，隆平高科“两新融合”模式由政府与企业的联合进行，多方参与，企业、农业分管部门、接受培训农民之间形成了相对牢固的纽带，受训学员对农业产业化与市场化的认知得到深化，增加了成功农业模式推广的广度和深度，切实满足了学员的自我提高需要和产业发展需求。

5.3.4 隆平高科“两新融合”的经验

（1）实力企业参与是关键。企业具有专家优势、信息优势和资源优势，更适应农民对市场化、产业化发展的客观需要，实力企业的参与，对于搭建开放平台广泛宣传、正确引导，吸纳农产品生产、加工、销售全产业链上优势关联企业及社会机构、政府部门共同参与新型职业农民培育，组建联合主体，承接培育供给产生了积极作用。

（2）培育方法创新是手段。在新型职业农民培育中，要做到观念引导为先，示范与服务并重，通过对示范性农户的开发与培养，增强其发展能力与带动效果，一方面增强企业的社会信任度，另一方面带动更多的农民参与到新型职业农民培育中来。

（3）企业的公益性服务是补充。在资源开发、搭建公益性农业服务平台、全面服务产业链各环节工作中，企业的参与与合作，对于有效解决新型职业农民就业、创业、兴业等方面的关键问题，促使其成才发展，起到了重要作用。

5.4 上海松江“两新融合”案例分析

5.4.1 上海松江“两新融合”产生背景

上海市松江区农民专业合作联社于 2013 年成立，成员包括 20 个合作社，包含 50 个家庭农场。联社主要开展有机肥、化肥、生物肥料、农药、农用薄膜、生物菌制剂销售；农业机械及配件销售，农业机械租赁，农机作业服务；销售食用农产品，销售苗木；农业技术领域内的技术开发、技术咨询、技术转让、技术服务等。联社在促进农业供给侧结构性改革、保障农产品质量安全、推广农业先进技术、提高农民素质以及培育新型职业农民等方面发挥了重要作用，实现了农民合作社和新型职业农民的深度融合。

（1）从家庭农场主角度来看，2007 年以前上海松江区全区种植户共 4900 户，自 2007 年开始进行家庭农场建设的探索，家庭农场数量经历了先增加后减少的阶段，但家庭农场经营规模逐年增加，占全区农田总面积比重也逐年增加（见表 5－22）。家庭农场主要依赖于家庭成员经营的特点决定了家庭农场经营过程中受经营规模、经营者自身能力、素质以及家庭自有农机限制，经营效率往往达不到最优。单个的家庭农场发展力量薄弱、发展难，缺乏规范化、制度化、标准化制约，产品质量难以统一标准，不同家庭农场产品标准参差不齐。此外，松江区家庭农场由于政府严控规模，单个家庭农场虽然对于家庭经营达到适度规模经济效益，但是在市场大背景下，家庭经营规模远没有竞争力，包括生产资料采购压价、产品定价能力。因而众多家庭农场联合起来成为一个实力较强的市场主体，将会在生产资料采购、农机服务、生产技术共享、产品销售、物流资源整合、品牌建立、品牌推广、市场竞争等方面表现较强的谈判力，赢得市场地位，从而实现单个家庭农场无法达到的规模经济。此外，家庭农场间，通过联合与合作，单个家庭农场的外部成本内部化，家庭农场间在组织内部通过资源共享、信息共享、供应链整合、社会化服务互助等多种形式，形成利益共同体，从而可降低单个家庭农场的交易成本。

表 5－22　　2008～2016 年上海市松江区家庭农场情况

年　份	2008	2011	2012	2013	2014	2015	2016
家庭农场数量（个）	708	1069	1206	1267	1240	1119	966
家庭农场规模（万亩）	11.5	12.6	13.66	15.2	15.28	15.54	15.96
占农田面积比例	70%	74.6%	80%	90%	90.9%	92.5%	95%

（2）从政府的角度来看，一方面，家庭农场如何有序发展，政府需要对其进行指导、引导。目前松江区政府部门针对家庭农场提供的服务主要有种子供应、种养结合家庭农场的生产技术、信贷服务、粮食家庭农场的生产技术、气象服务、农资供应、粮食收购、农机服务等。但如果是政府直接对接家庭农场，显然人力、物力、财力远不够，实施成本过高。另一方面，农业供给侧结构性改革的需求以及消费者对绿色、无公害、安全的食品要求越来越高，如何保障农产品质量安全是政府的重要责任。而从源头上控制是较为合理的办法，谁去实施，谁来把关，如何控制，仅依靠政府力量的奖惩手段，无利益相关很难持续。此外，家庭农场的可持续发展关键还是人的素质能力提升，需要通过间断培训或是长期培训不断掌握新技术，了解市场新行情、政策新形势，如何既能针对农民需求又能把握政策要求对农民进行培训？如何对精准对农民进行考核，保障种粮安全？因此，需要在政府和市场中间找到一个主体，它能够代表家庭农场的利益，又与市场紧密对接，又有资格代表家庭农场同政府进行谈判对接，保障双方利益不受侵害。

（3）从政策要求来看，党的十八届三中全会明确提出，要加快构建新型农业经营体系，鼓励发展合作经济；2013 年中央一号文件明确提出要引导农民合作社以产品和产业为纽带开展合作与联合，积极探索合作社联社登记管理办法。这在国家层面给予联合社应有的市场主体地位。2015 年中央一号文件提出积极发展多种形式适度规模经营，提高农民组织化程度。引导农民专业合作社拓宽服务领域，促进规范发展，深入推进示范社创建行动。2017 年 12 月 27 日新版《农民合作社法》修订通过，专门增加了一章“农民专业合作社联合社”，在该法律出台之前，上海松江区农民专业合作社联社为该法律的出台提供了经验借鉴[158]。

5.4.2　上海松江农民专业合作社联社内涵与特征

（1）上海市松江区农民专业合作社联社的内涵。

“政府＋联社＋家庭农场”是上海市松江区农民专业合作社联社这一新

型职业农民组织发展的模式，即在政府主管部门——上海市农业委员会主导下，联社与农业广播电视学校“校社合作”，围绕优势产业（水稻），在家庭农场这一新型经营主体相互合作的基础上，进行更高层次的再联合、再合作。其本质是产业链型联合社，联社具有固定的农资供应商、组织内部有农资供应超市、物流配送、加工厂等，服务涵盖了生产、加工和销售等上下游各环节，也可以称为一体化联合社。由于组织内总经理属于政府部门工作人员，虽然联社进行了工商注册，但整个组织属于半公益半营利性组织，组织盈利除维持组织正常运营外，剩余由20个股东分红[159]。

上海市松江区农民专业合作社联社以行业协调、信息提供、技术推广、专业培训以及协调、管理、指导、服务家庭农场规范运作和健康发展为己任，旨在构建面向家庭农场的服务平台，帮助家庭农场解决科技支撑、品牌营销、农资供应、市场开拓、资金供应等问题，促进家庭农场增强市场竞争力，实现农业增效、农民增收和松江区农业生产的可持续健康发展，为推进家庭农场发展做出贡献。

（2）上海市松江区农民专业合作社联社特征。

一是政府强势主导。松江区家庭农场的快速发展与政府积极作为紧密相关，松江区农民专业合作社联社也是靠政府支撑起来的。这是松江区新型职业农民组织模式的主要特点。政府积极承担引导和监管的职责。联社发展的各环节，无论是启动阶段的资金准备、土地流转还是运行中的管理、技术支持，以及职业农民退休后社会保障方面都有政府引导的关键作用[160]。

二是家庭农场是基本服务单位。该新型职业农民组织名称是上海市松江区农民专业合作社联社，顾名思义是农民专业合作社的再联合，但实际上联社直接对接服务方仍是家庭农场，农民专业合作社只是将家庭农场按小组进行了分类。家庭经营在适度规模范围内发挥了各自的最大效率，但是个体能力、素质的差异使家庭农场并未达到效益最大化，因此，需要优势互补，通过联合降低成本，优化技术、建立品牌，提升产品品质和价格来最终提高各自的效益。

三是聚焦粮食生产和区域品牌建设。联社的成立一方面是为了保障上海粮食安全以及农产品质量安全，并为种粮家庭农场的发展提供社会化服务；另一方面是为了建立区域公共品牌（地理标志产品）——松江大米。由联社对水稻种植质量标准、技术标准及加工标准进行统一（这就要求联社对各家庭农场进行统一农资采购和配送、生产过程中统一技术指导服务），各合作社/家庭农场可以有自己的品牌，但是对大米产品外包装必须使用联社的统一标志、标识，且联社对大米产品销售提供最低指导价。

5.4.3 上海松江“两新融合”运行机制

上海市松江区农民专业合作社联社是在政府主导下，“校社合作”型的新型职业农民组织，该组织是政府与新型职业农民间政策传导、信息传递的中间平台。避免了政府同职业农民直接谈判的成本以及信息不对称产生不必要的矛盾，它的存在是为了解决政府及农民双方各自想做但做不了的事情。

（1）联社内部组织结构。

上海市松江区农民专业合作社联社目前由一个股东大会组成，下面有一个监事会、一个理事会、总经理。总经理下面分 5 个部门：农资部、培训部、加工部、办公室、财务部，未来将增加一个宣传推进部。5 个部门之间协调合作为 50 个家庭农场进行产前、产中、产后等全产业链条的社会化服务（见图 5－21）。

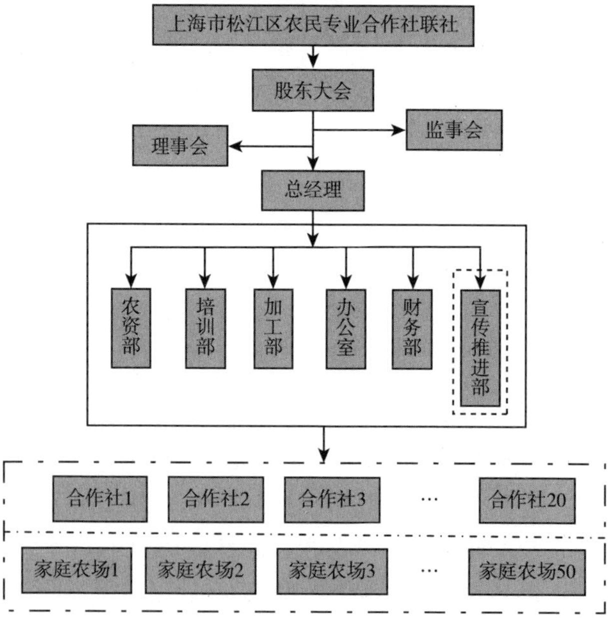

图 5－21　上海松江区农民专业合作社联社内部组织结构

（2）以区域公共品牌为核心全产业链条统一管理。

家庭农场是农民成长为新型职业农民的基础载体，其本身也是市场中的经济主体，发展目的是获得利润实现自身利益最大化。在产品同质化情况下，品牌效益日益突出，品牌是一个家庭农场产品品质的标志，但单个家庭农场受资金、规模等限制品牌推广能力较差，品牌效益也较低。联社以区域公共品牌为核心为成员提供产前、产中、产后等全产业链条的社会化服务，控制成本以及产品质量标准，通过统一包装增强消费者对区域品牌认知，从而保障产品收益，最终保障各家庭农场借助区域公共品牌效应实现自我价值。联社一方面降低了单个家庭农场在生产各环节、加工、库存、物流、资金、技术等方面的市场不确定性，增强成员间资源共享、优势互补、信息共享等全方位的合作与协助，提升抗风险能力、增强计划性和驾驭能力，从而风险可控；另一方面，集生产、加工、销售于一体，抗风险能力较强，成员之间的交易成本和机会主义风险较低，增值效益最大限度地留在联社内部[159]（见图5－22）。

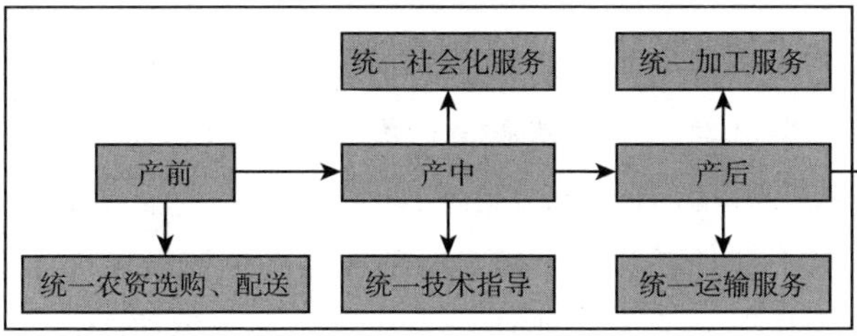

图5－22 上海松江区农民专业合作社联社全产业链条

（3）“校社合作”培育新型职业农民。

政府通过购买服务进行招标，联社承担松江区新型职业农民培育工程，在每年的10月评估前一年培训，同家庭农场主们开展座谈会，听取他们的意见，然后编制下一年的新型职业农民发展规划。实际上联社是培育新型职业农民的载体，它将政府、农民、市场三者有机结合在一起。政府通过购买服务将新型职业农民教育培训阶段进行放权，只负责监管、认定及后续政策扶持，为新型职业农民、新型经营主体、新型职业农民组织发展提供保障；农民通过参与新型职业农民教育培训素质得以提升，且通过联社的不定期技术培训及服务指导及全产业链条的社会化服务，家庭农场发展壮大，经营效率提高，真正地成长为职业农民；联社作为市场中重要的组织，它既是公益组织又是经济组织，它的存在让农民对接市场更加有效率。一是帮助农广校对新型职业农民教育培训对象进行筛选、组织、培训以及最终培训效果考核；二是农资补贴政策以及土地补贴政策、培训补贴政策通过联社这个平台得以高效实施下去；三是联社对接市场更具市场竞争力，保障了区域品牌、区域粮食安全以及区域农民的利益。

5.4.4 上海松江“两新融合”发展经验

第一，政府主导是关键。松江区家庭农场的快速发展与政府积极作为紧密相关，联社发展的各环节，无论是启动阶段的资金准备、土地流转还是运行中的管理、技术支持，以及职业农民退休后社会保障方面都体现出政府引导的关键作用。

第二，以家庭农场为基本服务单位。该新型职业农民组织名称是上海市松江区农民专业合作社联社，但实际上联社直接对接服务方仍是家庭农场，农民专业合作社只是将家庭农场按小组进行了分类[160]。

第三，聚焦主要产业，搞好品牌建设。联社的成立一方面是为了保障粮食安全以及农产品质量安全，另一方面是为了建立区域公共品牌（地理标志产品）——松江大米。由联社对水稻种植质量标准、技术标准及加工标准进行统一，各合作社/家庭农场可以有自己的品牌，但是对大米产品外包装必须使用联社的统一标志、标识，且联社对大米产品销售提供最低指导价。

第四，通过“校社合作”培育新型职业农民。政府通过购买服务进行招标，由联社承担松江区新型职业农民培训。政府只负责监管、认定及后续的政策扶持，为新型职业农民、新型农业经营主体、新型职业农民组织发展提供保障。

第6章　新型农业经营主体实现融合的行为分析

在新型职业农民培育中，要想利用好各类培育条件，合理配置好培育资源，就需要发挥市场力量来优化培育的供给结构，通过满足新型职业农民的产业化发展需求，实现“两新融合”。新型农业经营主体作为市场化主体的代表，关注其在培育中的参与行为驱动机理与选择，是提高培育整体效率的重要途径。本章通过分析新型农业经营主体在新型职业农民培育中实现融合的行为方式与特征，结合“利润最大化”的合作原则，明确其行为逻辑，指出其在实现“两新融合”中的优势作用和局限性。

6.1　新型农业经营主体行为方式

新型农业经营主体作为参与新型职业农民培育的经济主体，参与培育的行为特征呈现一定的综合性与层次性，主要表现为教育培训行为、就业保障行为与发展扶持行为的集合，实质是一种积极参与融合的行为。其中，新型农业经营主体的前期投资行为表现为新型农业经营主体的教育培训行为，即新型农业经营主体积累大量的人力资本；新型农业经营主体的组织行为与分配行为则多体现在就业保障与发展扶持行为中，即新型农业经营主体扩张组织边界、协调利益关系、提高竞争水平。

6.1.1　新型农业经营主体的教育培训行为

教育培训的目的是增加人力资本。为了促进生产力，新型农业经营主体会通过岗前培训、在岗培训等形式对组织内的新型职业农民开展教育培训，以提高新型职业农民的收益创造价值，节约新型农业经营主体培育人才、管理人才的投资成本[161]。

在传统的经营管理中，一定时期内的营利组织可利用的人的资源是有限的。教育培训作为“两新融合”的窗口，是新型农业经营主体最重要的一项行为决策。无论新型农业经营主体与新型职业农民间发生何种关联，两者都遵从“理性经济人”的行为逻辑，追求融合利益的最大化。随着农业产业链的延伸，产品附加增强了新型农业经营主体的利益增长空间。而为了保障高附加产品的有效供给，新型农业经营主体不得不愈发重视能够匹配现代生产技术的劳动力资源。

通过典型案例中新型农业经营主体教育培训行为的比较可知，新型农业经营主体与政府在新型职业农民培育中的不同分工决定了新型农业经营主体在教育培训中的不同行为表现。总的来看，新型农业经营主体的教育培训行为主要体现在组建师资队伍，设计培训内容，提供实训基地，进行跟踪指导等环节。对比来看，对于基础性产业，新型农业经营主体的教育培训行为相对弱化，仅对政府给予的基础培训做补充；而对于技术型产业而言，新型农业经营主体的教育培训则相对自主，政府会作为协调主体，为新型职业农民的教育培训提供组织服务（见表6-1）。

表6-1　　新型农业经营主体参与下的教育培训

	陕西阳晨	四川崇州	隆平高科
行为主体	企业	企业+政府	企业+政府
产业层次	技术型产业	基础产业	基础产业
培训内容	系统养殖技术	合作社管理+种植技术	经营管理+种植技术
培训形式	1月理论+2月实践	120课时理论+实践	15天理论+实践
师资队伍	企业组建	政府组建	企业组建
实训基地	企业	政府	企业
跟踪指导	企业	企业+政府	企业

6.1.2　新型农业经营主体的就业保障行为

提高新型农业经营主体与新型职业农民的融合效率，需要稳定的个体联结。新型农业经营主体是人力资源的结合体，提高人员的就业水平和就业稳定性，是“两新融合”的长期保障。新型农业经营主体本质上属于经营性产业组织，在新型职业农民的就业保障方面发挥着直接作用，重点体现在引导就业和稳定就业两个层面。

从引导就业的角度来看，新型农业经营主体本质上是职业与岗位的载体，是新型职业农民择业就业的实体依托。因此，“两新融合”的关键举措可表现为新型农业经营主体通过岗位设定、人员雇用等方式解决新型职业农民的实际就业问题。如前面提到的阳晨集团通过培育将新型职业农民雇用为产业工人，崇州土地股份合作社将新型职业农民雇用为农业职业经理人等行为，既提高了员工的职业化水平，又增强了新型农业经营主体的专业化水平[162]。

从稳定就业的角度来看，新型职业农民作为最具能动性的生产要素，只有保障了其适用性和稳定性，新型农业经营主体才能获得发展的持续动力。以特定的新型农业经营主体作为培训的供给者，更利于提高新型职业农民的专用性技术水平，更便于实现新型农业经营主体生产经营与新型职业农民个人发展的双向融合，融合的稳定性不仅影响新型职业农民的职业化水平，而且促进了经营主体的成本节约。因此，新型农业经营主体会自发通过工资激励、社会保障等方式保障新型职业农民的职业化需求，且针对不同的职业岗位，新型农业经营主体的激励办法也并不相同。例如，对于产业工人，阳晨集团使用定岗工资制予以劳动报酬支付；而对于职业经理人，崇州的土地股份合作社则重点通过分红激励经理人改进经营效率[85]，最终提升合作社的整体盈利水平（见表6-2）。

表6-2　　新型农业经营主体的就业保障行为比较

	陕西阳晨	四川崇州
行为主体	企业	企业
就业渠道	产业工人	职业经理人
激励办法	工资	工资+分红

6.1.3 新型农业经营主体的发展扶持行为

从关系论来看，无论是何种类型的新型职业农民，都会通过与新型农业经营主体产生关联形成利益组合，因此，新型职业农民的个人能力与新型农业经营主体的实际利益便更加息息相关。新型农业经营主体是否愿意与新型职业农民“两新融合”发展，核心要考查关联利益的实际回报水平。新型职业农民作为新型农业经营主体的雇员，增强自身发展能力会提高单位劳动力产出，以此促进新型农业经营主体获得更高的产出收益。而作为新型农业经营主体的合作伙伴，增强新型职业农民的发展能力会促进新型农业经营主体规模边界的扩张，提升整体利益集团的规模报酬。

综上所述，新型农业经营主体在新型职业农民培育中会尽可能地发挥扶持性作用。对比来看，对于雇员或职业经理人，新型农业经营主体主要通过跟踪性的技术指导和后续服务做好新型职业农民发展的技术保障，而对于新型农业经营主体的客户或合作伙伴，新型农业经营主体则重点通过统一的产前物资供应、技术集合应用、市场信息传递以及后续跟踪服务来降低新型职业农民在参与市场经营中的风险，提高其自身的产业发展能力（见表6－3）。

表6－3　　　　新型农业经营主体的发展扶持行为比较

	陕西阳晨		四川崇州	隆平高科
行为主体	龙头企业		土地股份合作社	农业服务公司
主体关系	雇员	合作伙伴	职业经理人	客户
扶持方向	提高技能水平	降低成本＋规避风险（生产风险＋市场风险）	提高经营水平	提高生产水平＋规避风险
扶持内容	跟踪指导	“六统一”＋跟踪指导	跟踪指导	统一采购＋统一技术＋跟踪指导

6.2　新型农业经营主体行为动机

6.2.1　增强利益相关关系

随着市场经济的蓬勃发展，传统农业逐步被商品化、现代化的农业发展新模式所替代[163]。近20年来，我国的农业经营体系不断创新发展，农民与土地分离后，与各类农业经营主体形成了多样化的关联，逐步形成了“公司＋农户”、农户组建农民专业合作社等生产关系形态。从这些关系的形成要素来看，它们都是按照“利益共享、风险共担”的原则，以双方认可的方式，通过订立合同在农业产业链各环节上约定专业化分工的组织关系，并在制度上表现出以下特征：

第一，纵向一体化。无论是合同契约还是合作经营，都使经营主体与农户在生产上实现了利益关联。对企业而言，经营主体通过与农户缔约，将其转变为其内部的生产单元，不仅可以降低购买要素的成本，也可以规避道德风险与逆向选择。对合作社社员而言，组建合作社的目标是实现组织化，以增强生产经营效率和市场议价水平，形式上是横向一体化的过程，但从合作社与个体农户的关系来看，复杂的市场交易被合作社内部明细的科层式管理所替代，有效降低了交易成本，因而从组织关系上也属于纵向一体化。

第二，产权明晰。以上生产关系虽由缔约而成，但经营主体与农户之间均保持着各自的独立性。对企业而言，企业与农户之间的交易由远期合同所确定，企业通过订单来与农户间实现产品的交易互通。农户虽然从生产形态上成为企业的单元，但其对劳动力、土地、资本等生产要素仍保有独立产权，企业不能对其予以控制。对合作社而言，农户因持有明确的股份可依照合同规定获得相应分红，各成员只能以股东的身份对其目标实现予以干预，并无法行使直接产权。

第三，不完全契约。这一特征主要体现于“公司 + 农户”的组织关系中。由于企业与农户之间订立的多为短期契约，不但时效短，价格、数量、质量标准等内容也需要频繁调整，协调成本与实施成本随之递增。由于企业也很难监督农户的行为，合作双方信息不对称，短期条约更是促使双方违约成本减小，违约风险加大。因此，为实现既定目标，企业要么需要加强对生产过程的监管，要么需要蒙受信息不对称所带来的部分损失。

第四，博弈地位悬殊。经营主体与农户虽是独立的主体形态，但实力上存在较大差距，经营主体因占据资金、资源和信息优势，在利益分配关系中一般占据强势地位。因此，农户常因无法把握市场行情变化，使其不得不对经营主体产生依附。这种悬殊的博弈地位最终导致农户在风险控制与利益分配中较易损失自身利益。

综上所述，无论是何种形式的新型农业经营主体，在与传统农民的关系中，虽已实现了利益互联，但双方仍是相互独立的个体关系。由于农业生产经营过程的可控性较弱，加剧了合作契约的不确定性和风险，新型农业经营主体与农民为了各自的利益实现，多会产生重复博弈，而因两者博弈地位的不平衡，最终很难实现帕累托效率均衡（见表 6 - 4）。

表 6－4　　不同新型农业经营主体与农户间的关系比较

	产业化龙头企业与农户	合作社与农户
联结目标	专业化分工	组织化生产
产权关系	完全明晰	相对明晰
目标函数	不一致	相对一致
契约风险	高	—
博弈地位	悬殊	—

新型职业农民与传统农户的概念与性质均不相同，其与新型农业经营主体间的“两新融合”路径也不相同。属性上来看，新型职业农民是劳动力形态的微观主体，流动性强，具有专用型人力资本的根本属性。新型农业经营主体是组织形态的中观主体，稳定性强，具有产业组织的根本属性。两者在发展目标和发展形态上都与传统农业有本质差别：一是区别于传统农业的短期性，两者将农业生产经营作为长期目标和奋斗事业；二是区别于传统农业的分散性，两者都选用专业化、规模化、现代化的方式来发展农业。

从本质上来看，新型职业农民与新型农业经营主体表现为劳动力与组织的关系，只是新型职业农民的概念比人力资源的概念在内涵上更为广泛（见图 6－1）。但无论新型职业农民是何形态，其与新型农业经营主体之间均不再是脱离开的两个独立个体。通过典型案例可以看出，新型农业经营主体与新型职业农民的“两新融合”都是以培养人才和应用人才为途径，以促进共同发展为目标的。其中，陕西阳晨中的新型职业农民表现为受雇于企业内部的准产业工人或产业联盟的合作伙伴，隆平高科中的新型职业农民表现为企业的服务客户，四川崇州中的新型职业农民表现为服务于土地股份合作社的职业经理人或产业工人。可见，新型农业经营主体与新型职业农民间衍生出了较为稳定的内在关联。

随着市场经济的发展，新型农业经营主体日益注重利益相关者的价值创造能力。所谓利益相关者，是指对新型农业经营主体进行专用性投资，并承担其风险的个体和群体[164]。利益相关者与新型农业经营主体的关系紧密度取决于其投资品专用性的大小[165]。通过表 6－5 可以看出，无论作为企业家才能、劳动力要素、合作伙伴还是客户对象，新型职业农民都属于新型农业经营主体的利益相关者，且它们两者均满足以下条件：一是两者的权利相对独立且平等；二是融合中体现了新型职业农民的专用性投资过程；三是新型职业农民承担了一定的经营风险；四是两者的经济行为有明确的相关性。

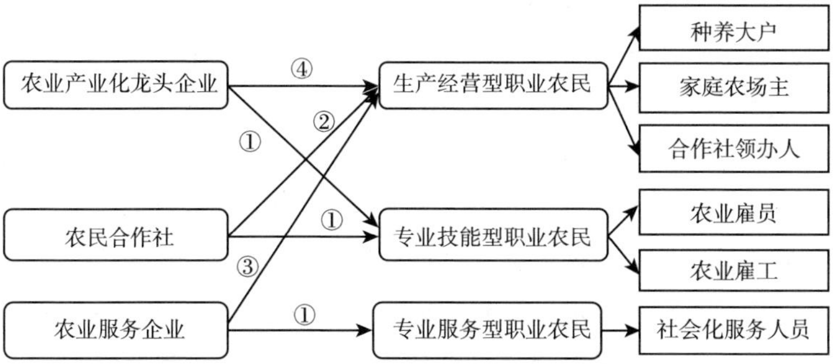

图 6－1　不同新型农业经营主体与新型职业农民间的关系比较

注：关系①为普通产业工人雇员型关系，新型职业农民的实质是新型农业经营主体的生产力要素；

关系②为职业经理人雇员型关系，新型职业农民的实质是新型农业经营主体的企业家才能；

关系③为客户型关系，新型职业农民是新型农业经营主体的服务对象；

关系④为合作伙伴型关系，新型职业农民是新型农业经营主体的联盟对象或合作伙伴。

表 6－5　　新型农业经营主体利益相关者的对比关系说明

	陕西阳晨		四川崇州	隆平高科
经营组织形态	产业化龙头企业		土地股份合作社	农业服务企业
职业农民形态	企业雇员	产业联盟户	种植大户	农业职业经理人
新型职业农民类型	专业技能型	生产经营型	生产经营型	生产经营型
与新型农业经营主体的关系	员工	合作伙伴	职业经理人	客户
投资方式	人力资本	人力和物质资本	人力资本	物质资本
专用性程度	高	低	较低	一般
退出风险	高	低	较低	一般
政府角色	指导、认定、扶持	指导、认定、扶持	培养、认定、扶持	指导、认定、扶持

6.2.2　追求利益最大化

新型农业经营主体的利益广义上体现为以实现其经营宗旨为目的的所有相关当事人的利益集合[166]。新古典企业理论运用供需均衡来分析市场经济活动中的相关现象，奠定了“实现利益最大化”的经济行为人准则，为研究新型农业经营主体行为的基本逻辑明确了假设和方向。新型农业经营主体作为新型职业农民的直接支持主体，其支持行为均会以市场为导向，以攫取最大化利益为原则，表现得较为具体化、系统化和长期化。在参与新型职业农民培育时，新型农业经营主体会自发地将其作为一项投资行为[167]，并瞄准投资收益，评估投资成本，得出投资的可能性。

对新型农业经营主体来说，培育新型职业农民需要在三个环节付出成本，即人才培养环节、资源配置环节以及扶持发展环节。相对应的，成本可分为开展培训所投入的资金和资本品，新型职业农民上岗后的人力资源监管成本，以及获得新客户的开发成本等。新型农业经营主体获得收益只有一项：人的资源。在这里，人的资源也有其广泛的内涵和外延，它既包括新型农业经营主体所得人力资源，又包括合伙人、客户等合作资源。这些资源所带来的收益包含技术、创新、市场占有率以及规模收益等。此外，新型农业经营主体因其具有核心地位，代表的是一个利益集团，既需要实现主体内部各成员的利益最大化，又要协调主体外部面临的“政府失灵”①。这样的社会属性决定了其在经济活动中承接了社会责任与义务，能够收获相应的社会资本。因此，在“两新融合”的过程中，新型农业经营主体的利益组成是以直接经济利益为核心，以人力资本、技术资本、社会资本为支撑的利益集合[168]。由此，新型农业经营主体的利益最大化体现为以下几点。

(1) 追求直接经济利益。

经济利益又称物质利益，是经济行为人进行经济决策的核心动因。新型农业经营主体的直接经济利益特指其通过某种活动所获得的利润增加额，直接表现为经济收入。直接经济利益是利益组合的核心，体现了新型农业经营主体作为市场经济主体的经济人属性与原则[169]。除此之外，对其他的利益形式的追求本质上都是围绕直接经济利益的实现而展开的。新型农业经营主体一般通过优化生产要素的配置方式来获得直接经济利益，以达到“少投入，多产出”的经济目标[170]。

在“两新融合”的初期，主要依托新型职业农民培育创建“两新”的关联通道。在这一过程中，新型农业经营主体的直接经济利益可定义为培育收入减去培育成本的差额，体现为开展培育的会计利润。其中，培育收入为政府购买服务的业务收入与新型职业农民参与培育项目所缴纳的费用之和；培育成本为开展培育的过程中投入的货币支出（包括人员工资、资本品购置

---

① “政府失灵”是指政府对经济、社会生活进行干预的过程中，由于政府行为自身的局限性和其他客观因素的制约而产生缺陷，进而无法使社会资源配置效率达到最佳的情况。

等）与新型职业农民在工作后所产生的管理成本及合作成本之和。

（2）获得人力资本。

知识经济的变革使知识成为一项新要素内生于各类经济体态中，知识积累是经济增长的首要源泉。然而，人作为知识的载体，知识积累与技术进步需要内化于人力资本中才能发挥实际作用。人力资本是资本的特殊形态，一般定义为投入商品生产的劳动能力，表现为凝结于人本身之上的，具有经济价值的知识、技术和体能等质量因素的总和。人力资本虽然在特征上与其他资本形式相类似，但作为“活资本”的人力资本更具调整、协调、应对等自发改变要素配置的能力。因此，凝结于新型职业农民身上的人力资本对新型农业经营主体的利润增长意义重大，可以看作是新型农业经营主体获得收益的重要组成。

从产权特征来看，人力资本可分为个体人力资本和群体人力资本。其中，个体人力资本又可分为同质性人力资本和异质性人力资本[171]，而群体人力资本可被认为是组织内具有不同价值存量的个体人力资本的集合。因此，个体人力资本的属性决定了人力资本的整体特征。同时，由于人力资本的同质性和异质性特征常同时体现于一个劳动力上，促使了不同个体人力资本可实现替代、互补或互换，不能仅靠简单加总便构成群体人力资本，还要依托资源配置的策略选择来决定人力资本的总量与结构。对新型农业经营主体而言，雇员的人力资本不完全构成群体人力资本，还要视雇员对新型农业经营主体的专用性程度和配置效率来裁定。如果雇员与新型农业经营主体要求的专业不对口或岗位不匹配，就会损失人力资本的投资价值。因此，新型农业经营主体需要重视对专用性人力资本的投资与积累，实现“两新融合”，是通过增强人力资本的专用性来增加群体人力资本总量的过程。

（3）获得技术资本。

技术的本质是解决问题的知识、方法和技巧的总和。新型农业经营主体作为现代农业的生产经营组织，是专业分工的产物，当新型农业经营主体内各雇员的技术形成互为支撑、有机结合的技术共同体时，这一主体才有了发展的价值和潜力。在这一过程中，有一必然要求，即只有技术已存在或已进入经营主体，成为其自身的技术优势，才可称作有收益的技术资本。技术资本以生产力的先进程度为载体，以知识产权和专利技术为表现形式[172]，构成了新型农业经营主体的市场竞争力。由于技术投资回报周期短，且是生产力核心，技术资本与经营利益的关系也因此表现得更为紧密，技术资本也成为新型农业经营主体的迫切追求。

“两新融合”的直接资本增量主要体现在新型农业经营主体的群体人力资本存量上。作为人力资本的新型职业农民因其能动性、协调性、创造性和支配性，在各项资本要素的配置中又占据主导地位。或者可以说，劳动者及其蕴含其中的人力资本实质上就是生产力，它构成了技术资本的载体，是价值创造的主体。那么，新型农业经营主体追求技术资本积累，在一定程度上需要以人力资本作为基础，因此新型职业农民的获得也成为获得技术资本的关键所在。

（4）获得社会资本。

社会资本是经济社会活动中由社会关系网络而生的资本形式，社会环境决定了新型农业经营主体的社会资本存量。获得有效的社会资本，在一定程度上可以降低新型农业经营主体的经济风险。从社会资本的外延来看，它是指经济组织从社会活动中获得的如声誉、品牌价值以及社会关系等资源，从这个层面看，社会资本涉及形形色色的资本总和的关系网络，因此，相比其他资本形式更加难以测度，并不能直接通过量化指标进行表达。然而，由于社会资本作用于新型农业经营主体内外的生产关系，社会资本更容易对新型农业经营主体的经济行为和收益结构产生影响。在经济社会中，每一经济行为都会构建起新型农业经营主体与社会其他主体的相互关联，从而形成社会对特定新型农业经营主体的认识和评判等。从理论上看，如果特定的新型经营主体拥有较高程度的社会信誉，就更容易提高其在社会交往中的被认可程度，更便于其获得资源支持或寻得合作伙伴，从而降低谈判成本，促进经济效益的实现。新型职业农民培育作为准公共产品，在“两新融合”中，新型农业经营主体对新型职业农民培育的高参与度会对社会整体造成了正外部影响，由此，使新型农业经营主体获得了良好的知名度，提升了其形象价值，使其更易获得政府、其他经济主体以及公众的认可。因此，增加并积累新型农业经营主体的社会资本总量，也构成了新型农业经营主体的实际利益组成。

6.3　新型农业经营主体行为的优势作用

随着农业现代化进程的推进，我国农产品的生产计划与经营策略开始由行政化转向市场化，“三农”领域中的各项工作也与之相适应地偏向于应用市场的活力。总的来说，新型职业农民是生产力主体的进步，新型农业经营主体则代表了先进的生产关系[173]，为了适应新的农业发展步伐，“两新融合”发展本质上是通过利益联结的方式增强了以双主体为本的协调性和稳定性，强化了新生产力与新生产关系的适应性，因此这一融合行为体现出了其独有的优越性与必要性。或者可以说，只有通过新型农业经营主体的融合行为，才能让新型职业农民内生于市场，实现双经济主体的利益诉求和预期目标，才能为解答“谁来种地”的战略性问题提供参考。

6.3.1　优化培育效果

由于新型职业农民培育工程推进时间短、各地区宣传不到位等原因，各类新型农业经营主体获取的信息不够深入和全面，加上培育试点实施方案中提到了对培育主体的公益性要求，从全国来看，以新型农业经营主体为代表的市场化主体参与培育的案例并不常见。当前的新型职业农民培育系统中，大多是由地方政府进行总体设计，公共性培训机构（如农广校、产业中心等）具体实施。但是，万事靠政府的做事方法使信息的传导产生部分偏差，一些地区甚至难以准确甄别培育对象，更难以按照实际需求开展系统培育。

通过对新型农业经营主体行为的理论评述与经验实证可知，由新型农业经营主体参与的市场化培育有益于促进培育的系统性和可持续性。通过对阳晨、隆平高科和崇州模式的分析可以看出，新型农业经营主体以逐利为动机，在参与新型职业农民培育中更便于实现对象遴选、内容设计和扶持措施的精准。在对象遴选方面，新型农业经营主体首要选择能够增强相关利益的产业化人才，并通过关系联结共同打造农业职业化人才队伍。在内容设计方面，由于融合关系形成了相对统一的技术培养方向，更能有效识别对象需求，且在紧密型的融合关系中，新型农业经营主体更易识别培育中的问题反馈，以便实现后续改进和长期跟踪。在措施应用方面，由于新型农业经营主体相对具有主体优势，扶持力度和扶持效果（包括技术扶持、信息扶持、交易扶持等）关乎两者的统一利益[174]，因此新型农业经营主体有能力并且有意愿深度研究新型职业农民的切身需求，并为新型职业农民提供精准扶持。由以上三项精准为支撑，“两新融合”实现了农业个体生产者和农业组织经营者间“成果共享、风险共担”的一体化格局，为新型职业农民培育的市场化路径指示了方向[175]。

6.3.2 整合经济资源

经济资源是指经济行为人在提供经济产品的过程中应用和转化的，能够帮助其实现经济目标的资源集合。新型农业经营主体的经济资源包括其所拥有的有形资源（资本、土地等）、无形资源（文化、品牌、管理等）以及人力资源（体力、智力等）。新型农业经营主体作为营利性经济组织，表现出较强的资源依赖。然而，事实上，经济资源本身并不直接产生价值，价值的核心是新型农业经营主体利用和整合经济资源的实际能力。资源整合是优化资源配置的基础，需要通过“互补—融合—契合”的路径来实现主体的远期目标和战略决策。

新型农业经营主体参与新型职业农民培育，实际上便是整合经济资源的措施之一，其有效性体现于组织资源与个体资源的整合上。新型农业经营主体参与新型职业农民培育，根本目标是通过统一思想，协调行动来保障人力资源的相对稳定，这是新型职业农民个体发展需求与新型农业经营主体战略发展需要相结合的产物。此外，“两新融合”中的资源整合也体现在两者间的资源共享上：新型农业经营主体具备资金、技术和渠道力量，新型职业农民具备个人生产力和主观能动性，两者的资源储备各具优势，共享资源能够改进因无效资源配置产生的不经济结果。因此，新型农业经营主体参与培育新型职业农民，是实现经济资源整合、达成效率目标的优势途径。

6.3.3 促进就业创业

为了更好地适应现代化的农业发展模式，新型职业农民群体应运而生，针对该群体的系统培育成为我国重要的农业人才发展战略。然而，从产业发展需要和培育对象实际需求可以看出，提高农业人才的技术水平和现代化程度并不是开展新型职业农民培育的唯一目标。与之相比，培育新型职业农民，重点是要实现农业人才与市场的对接，形成农业人才在产业内稳定就业和新型农业经营主体逐步壮大的良好局面，以主体培育打造现代农业的核心动力。

从新型职业农民培育的概念和机制来看，新型农业经营主体的参与构成了市场化的关键力量。新型农业经营主体不仅是培育主体，更是培育载体，是新型职业农民与产业相适应的孵化器[176]，是新型职业农民与市场相对接的重要桥梁。这一结论可在以下四方面加以体现：第一，新型农业经营主体因其业务的延伸性打通了多主体参与的农业产业链条，以此增加了新型职业农民的就业机会；第二，新型农业经营主体常应用学徒式、见习式的人才培养方法，有效提高了新型职业农民自主的生产经营能力；第三，由于培育的长期性，新型农业经营主体会对新型职业农民予以长期的跟踪扶持，并在这一过程中协助其解决发展产业所需的土地、资金等短板问题，分散其参与农业生产经营的技术和市场风险；第四，新型农业经营主体参与新型职业农民培育，可以通过关系网络来增强新型职业农民的信息能力，帮助其提高市场主体地位，增强其从事农业的信心和稳定性。

6.3.4　凸显示范作用

综合前面分析可以看出，新型农业经营主体参与新型职业农民培育，不仅是对培育系统的有效补充，而且是相对效率较高的培育路径。这里所说的高效率，不仅体现在新型职业农民群体的壮大和水平的提高上，同时体现在培育出的新型职业农民对其他培育对象或兼业农民的带动效应上。首先，新型农业经营主体参与新型职业农民培育，本质上可以看作是通过培训、应用、管理新型职业农民来进行人力资本投资的过程。但人力资源的强流动性和人力资本投资的强外部性容易造成新型农业经营主体需要与其他组织的人才竞争。尽管如此，与未参与培育相比，由专用性带来的人力资本、技术资本和社会资本的总价值[177]，提高了新型农业经营主体的投资回报率。在既得利益的引力效应下，参与培育的新型农业经营主体会带动产业内其他主体联合参与培育。其次，由于新型职业农民是农业职业化人才，是务农群体的先进代表，培育新型职业农民便成为培养带头人和树立标杆的过程。通过培育的新型职业农民在参与市场活动时，其榜样性和带动性为兼业农民和其他务农人员释放出信号，使其自主了解并参与新型职业农民培育，为新型职业农民培育奠定了对象基础，营造了社会氛围[178]。

6.3.5　增强农业吸引力

商品市场经济的发展促进了劳动力市场的活跃。在当前形势下，农村青壮年劳动力外流现象严重，务农群体逐步趋于老龄化、妇女化[179]。此类问题的核心在于相较于第二、第三产业农业缺乏实际的人才吸引力，这涉及生产辛苦、收入不稳定、农村精神文明相对落后等一系列问题。通过对农民理性的层次分析可知，实现农民的职业化需要满足农民基本的生理、安全以及社交需要。

在主体相对独立、地位相对平等的基础上实现“两新融合”发展，已基本显现了新型职业农民的职业属性。与此同时，“两新融合”创造了稳定的利益格局，在此当中，新型职业农民作为新型农业经营主体内的劳动者，稳定了收入水平，享受到精神文明、社会保障和社会尊重，获得了职业化的发展能力，缩小了城乡产业就业的实际差距，进而打造了良好的农业从业氛围，强化了青壮年劳动力回乡返乡的实际引力。

6.4 新型农业经营主体行为的局限性

新型农业经营主体参与新型职业农民培育虽然具备了一定的优越性，但仍存在一定的理论不足与实践障碍，具体体现在市场缺陷[①]下的结构性供给失衡和市场“失灵”[②]下的供给内容单一两个方面。

古典经济学常言，有序的市场行为并非来源于人们的美德。新型农业经营主体和新型职业农民在各项经济行为中，都是出于利己心的动机，通过“看不见的手”的引导，在相关的经济活动中产生关联，并由此改进了社会的整体福利水平。也就是说，新型农业经营主体参与新型职业农民培育也并非为了为社会创造有能力的务农人才队伍，而是为了追求自己的最大化利益。然而，新型职业农民培育具有准公共产品特征，不同阶段的培育供给行为将产生不同程度的外部性影响。在基础性的教育培训阶段，供给外部性与劳动力流动性呈正相关。因此，多数新型农业经营主体会担心培育收益的外溢，在短期发展目标建设上并不愿意为具有较高流动性的职业农民买单。理论分析可见，新型农业经营主体参与新型职业农民培育仍存在边界，即新型农业经营主体仅会针对可转化为其专用性资本的内容进行培育，而对于通用性资

① 新型职业农民培育中的市场缺陷特指在市场发挥培育资源配置作用下仍存在的培育结构失衡、新型职业农民利益不公等现象。

② 新型职业农民培育中的市场“失灵”特指以企业为代表的市场主体无法有效率地分配培育资源的情况，在此被用于描述市场力量无法满足公共利益的整体诉求。

本，将会出现培育供给的“市场失灵”。截至目前，新型职业农民培育的实际情况也证实了以上结论，大多数新型农业经营主体普遍缺乏参与新型职业农民培育的意愿和热情，造成了全国范围内市场化培育能力的不足。因此，为了加大新型农业经营主体参与培育的力度，不仅要优化培育的供给结构，做到供给与需求相适应，同时也要通过多种政策手段，激发新型农业经营主体热情和活力。

因此，新型农业经营主体参与新型职业农民培育还需要一个关键假设，即新型农业经营主体能够通过培育增加自身的实际收益。由于培育是一项针对现代农业劳动力的全面投资活动，目的在于提高新型职业农民的全面发展能力。因此，系统的新型职业农民培育应包括以下两个层面：提高新型职业农民的人力资本存量和扶持其发展为新型农业经营主体。这两个方面也从培育对象的现实需求中得到了具体体现。从第一个层面来看，新型农业经营主体参与很好地解决了培育对象对于专业知识与产业技术的高层次需求，对于能与新型农业经营主体形成利益相关者联系的，新型农业经营主体可自发进行培育，对于不能与新型农业经营主体形成利益相关者联系的，可通过政企合作的方式，由政府予以投资支持，购买新型农业经营主体的培育资源。从第二个层面来看，新型农业经营主体仅会在产生利益联结后对新型职业农民给予诸如融资、技术、市场等方面的支持，对于未产生关联的新型职业农民群体，新型农业经营主体不会自发进行扶持。

第7章　新型职业农民培育对象“两新融合”行为分析

新型职业农民培育对象是需求侧主体，研究其行为准则、行为动机、行为特征对揭示新型职业农民的产业定位、培育需求、未来发展等问题，是提高培育效率，完善培育体系的核心导向，是实现“两新融合”的关键问题。虽然培育对象的行为会受到形势、政策、策略等环境条件的影响和制约，但新古典经济学理论认为，局部均衡条件下必须明确消费者的需求才能获得有效供给。本章通过分析农民理性的层次表达特征，提出新型职业农民的理性阶段假设，并在此基础上通过数据实证与计量分析，以培育对象需求为核心，从培育意愿、从业选择等角度出发对其参与新型职业农民培育的展开讨论，由此分析研究新型职业农民培育对象“两新融合”的行为。

7.1　新型职业农民的行为理性

7.1.1　农民行为理性的提出

理性是经济学的核心概念，指经济行为主体在一定的环境条件下，具有明确行为目标的行为方式。该方式是指一个行为主体在面临选择机会束（可选择的行动方案集）时，会选择一个能使他的效用得到最大满足的方案[180]。但是需要指出的是，理性一词虽是经济学的基本假说，但从严格意义上讲，在现实中的任何经济主体行为，都不可能符合完全理性。因此，关于行为人理性的分析可以看作是一种规范性的分析，由此解释行为人为了增进自身利益期望“怎么做”。

事实上，理性概念一经提出，针对“农民是否具有理性”的研究便引起发展经济学领域的关注。在理论界讨论中，自然经济条件下的农民群体是对农民理性最早的定论，而且多采用社会视角对其理性特征进行分析。在该分析框架下，偏颇、自私、保守、愚昧等是农民缺乏理性的代名词。之后，以舒尔茨和塔克斯为代表的部分学者开始抨击农民非理性这一说法，他们认为农民能够将农业生产活动安排得很有效率，他们会在其经济行为中综合考虑风险、成本与利润，并根据分析结果做出最有效的行为判断。换言之，农民是在传统技术状态下有进取精神并最大限度地利用了完全的生产机会和资源的“理性经济人”[181]。然而，贝克尔、斯科特等人通过分析农业生产的周期性和不确定性、土地等生产要素的非流动性、农民抗风险能力的弱质性等问题，推翻了农民具有理性的结论，认为农民会在经济活动中留出“安全余量”，并非完全追求经济利益的最大化[182]。

长期以来，关于中国农民理性行为的探究，无非是针对以上两种观点的佐证与评价。近些年来，中国农民的概念界定随着农村经济的发展也出现了分化与变化，尤其是新型职业农民群体出现后，农民的行为理性也出现多元化的特征表达。我们应该明确一点，即“非己即彼”“以偏概全”的农民理性认知已不能帮助我们来研究中国农民从事农业生产活动所遵守的规范与追求的目标。要想探究不同时期、不同阶段农民的行为逻辑，就需要借鉴与引入农民理性的层次分析方法，从而对农民理性进行深入剖析，明确不同时期、不同阶段下的农民行为目标与相对应的理性表达。

7.1.2 农民行为理性的层次表达

理性作为“经济人”的行为准则常被看作人类活动的动因，利益最大化无疑是“经济人”理性表现之一。经验表明，各种正式的或非正式制度会限制社会经济活动，“经济收益的最大化”已不再是一些经济主体的追求。依据新古典经济学派提出的“理性经济人”分析框架，理性目标是一个效用概念，个人整体效用是“经济人”所追求的，而非单纯的经济收益。解释“经济人”的效用目标，对研究农民理性的层次关系具有重要意义，也是界定新型职业农民的行为逻辑的基础。

马斯洛的需求层次理论指出，人的发展、需求具有一定的层次性，低层次的需求得到满足会促使人发展进入更高的阶段，追求更高的需求[183]。但是，农民这一身份兼具生产者与消费者的二重属性，对农民的经济行为的分析需要一个全新视角。将农民放入历史观和发展观中进行观察分析和属性区分，通过研究不同阶段、不同层次农民在生产者与消费者间的角色转移来确定农民的效用需求，由此明确农民的理性进阶关系，再对其经济行为逻辑做出判断是分析农民行为是否具有理性的核心。因此，农民的理性表现也具有层次性，且随着农民富裕程度和职业化程度的提高依次表现为生存理性、生活理性、收入理性和经济理性（见图7-1）[184]。

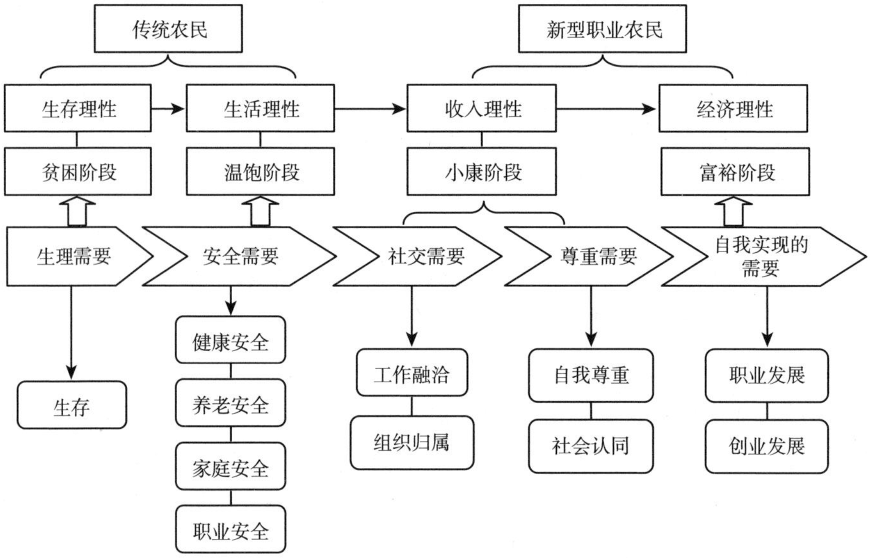

图7-1 新型职业农民的需求层次

（1）生存理性。

生存理性是指维持生存状态的理性经济行为。维持基本生活是该阶段农民的核心行为目标，农民是完全的农产品消费者。这一阶段的农民，生活基本处于贫困阶段（绝对贫困），收入极低、自给自足，任何的天灾人祸都可能导致他们流离失所，他们不具备职业化特征，与市场基本无关联，保证基本的生存与生理需求是他们的主要目标。同时，处在这一阶段的农民往往因缺乏资金或技术，选择精耕细作劳动生产方式，依靠传统农业内部的自我剥削谋求生活，获取供自己消费的农产品。这种劳动方式边际劳动力报酬极低，农民既不会去计较收入水平，也不会追求社会认同感。

（2）生活理性。

生活理性是指农民追求更高生活水平而表现出的理性行为。这一阶段农民的收入有了一定的增加，温饱不愁，在繁重的农业生产工作和满足生活消费的闲暇间逐步偏好选择后者。随着农业生产效率的提高，农民财富不断积累，农民经济活动的主要表现形式由生活理性逐步替代生存理性。而当农业生产的收获足够满足个人或家庭消费需求时，农产品交换或买卖便开始产生，农村经济开始市场化，农民的职业化属性也显现出来。此时，农民就会降低在农业上的自我剥削程度，不再一味追求产量最大化，除了在农忙时进行辛勤劳作外，在满足温饱的基础上会开始追求如健康安全、养老安全、家庭需要、职业安全的安全需要。其中，农民的健康安全需要指农民对于自己身体健康情况的关注，生病时具有看病的条件，即病有所医的需要；养老安全需要指农民在年老后丧失劳动能力的情况下还能获得生活保障，即老有所养的需要；家庭安全需要指家庭成员能够获得譬如平等的受教育机会、择业等方面保障的需要；职业安全需要指获得包括就业环境安全性、就业稳定性等保障的需要。

（3）收入理性。

收入理性是指农民以现金收入最大化为原则的理性表达方式。农民追求“闲暇”，对于农民经济行为来说只是一个短暂的过程。当收入水平进一步提高时，其农产品的生产者属性不仅进一步增强，消费行为也趋于市场化、社会化，消费品的种类增多，无论是单一的农产品还是多样的工业商品都会成为他们的选择。同时，农民的恩格尔系数逐渐降低，对食品的消费增量逐渐低于非食品的消费增量。然而，在市场运行过程中，需要大量的交易现金来满足农民的消费需求，因此使农民产生了较大的现金收入需求。由此，农民理性行为开始表现为收入理性，他们乐于参与市场活动，并期望增加科技或资本投入来提高农业的生产效益，与整个市场的关系越来越紧密，与企业的利益越来越密切，职业化程度也越来越高。在这一阶段，农民不仅追求收入水平的提高，同时需要收入具有一定的稳定性。因此，这一阶段是农民的需求层次向社交需要和尊重需要演进的过程，且社交需要多体现为农民在企业中的人际关系以及企业给予的归属感，尊重需要多体现为努力工作带来的自我尊重和社会认可。

（4）经济理性。

经济理性是指以满足整体效用为原则的理性表达形式。在收入理性的诱导下，当农民的收入水平到达一定的高度时，逐渐具备较高的物质资本和人力资本条件时，能够进行现代农业的生产投资，农业要素市场与产品市场均出现了市场化竞争，资源的整合和要素的配置使农业生产的边际收益持平于甚至高于二三产业，农民逐步实现完全职业化，成为像企业一样具有一定生产规模的新型农业经营主体（如种养大户或家庭农场主），或是受聘于企业成为专职的农业产业工人或技师，其需求层次也相应转变为实现自我需要的阶段，如对职业发展的需求和自我创业的需要。

7.1.3 新型职业农民的行为理性特征

新型职业农民与传统农民的行为方式是不同的，其理性行为的表达与行为的特征也需要进行重新的审视和定义。在研究新型职业农民的相关问题时，学者们普遍关注其市场参与程度，认为其是传统农民与新型职业农民的分水岭，“目光短浅、因循守旧”的传统农民表现出来的是仅符合非理性的行为逻辑。该结论显然有失偏颇。通过前面对农民理性的层次分析，传统农民和新型职业农民行为会在市场参与度上有所差异，但这仅是差异的表象，两者因效用预期不同，所诱发的理性多个阶段的不同才是差异的核心。由于传统农民在物质资本积累、人力资本积累、社会资本积累等方面均与新型职业农民存在较大差异，自然表现出不同的理性行为（见表7－1）。新型职业农民群体之所以能够发展并壮大起来，是因为其较传统农民肩负更大社会责任感，也具备更强的职业稳定性。其专业技能与综合素质是一方面，更重要的是新型职业农民对尊重、更高社会地位、自我实现的较高层次需求。如此，理性层次由较低需求的生活理性逐步转变为收入理性，继而达到较高需求的经济理性，在此过程中市场的参与程度由低到高，也得到了提升。

表7－1　　农民理性表现的对比关系

	传统农民		新型职业农民	
理性表现	生存理性	生活理性	收入理性	经济理性
所处阶段	贫困阶段	温饱阶段	小康阶段	富裕阶段
特征表现	风险回避	劳苦规避	市场参与	趋企业化
市场参与度	低	较低	较高	高
政府政策目标	扶贫	劳动力转移	职业化培训	职业农民培育
企业培育方向	—	—	企业员工	合作伙伴或企业客户

新型职业农民的多阶段的理性层次，为培育对象提供了行为准则参考。通过分析农民在不同需求层次阶段的理性行为特征可以看出，传统农民与新型职

业农民实际上都遵循理性行为假设，他们都能够合理配置人力、物力等资源要素，做出相应的生产或生活安排，以实现和满足自身的效用。所以两类群体的行为逻辑并不是冲突对立的，理性表征与效用层次的不同致使其两者有所差异，但随着农民收入的提高、需求层次的变化以及农民职业化的加快，最终传统农民的理性表达会向职业农民演变、递进。可以看出，新型职业农民的经济行为以收入理性和经济理性为原则，传统农民的消费者属性较强，而新型职业农民的生产者属性较强（见图7－2），其是更为成熟的市场主体，与其他市场主体关系更为密切，在经济社会中的地位更高。因此，从理论角度来看，经济理性是新型职业农民的行为准则，与传统农民相比，其参与农业生产经营的主动性更高、意愿更强烈，在不远的将来必然发展为符合现代农业与乡村振兴要求下的核心农业劳动力群体。当然，新型职业农民的理性处于不同阶段，政府与企业投资行为也应有所不同。针对处于收入理性期阶段的新型职业农民，增强他们的专业技能，并协调好其就业是至关重要的，因此对其应做好职业化培训；而对于收入理性期的新型职业农民，他们是农村农业创业兴业的主力军，也是现代农业生产经营的主体，系统化、体系化的培训是其所需要的。

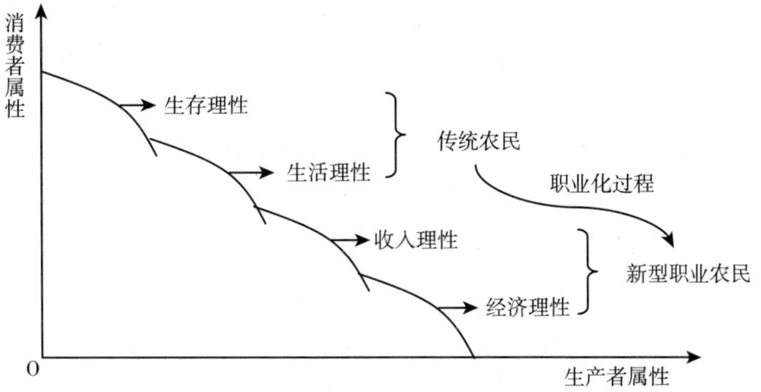

图7－2　新型职业农民的理性层次递阶

7.2　新型职业农民培育对象的行为意愿

7.2.1　数据来源

为了了解培育对象对新型职业农民培育的认识与参与态度，探究培育对象的真实需求，以新型职业农民培育中教育培训、发展扶持等关键环节为内容，系统设计并制定了针对16～60周岁并有意向参与新型职业农民培育的对象人群发放的“新型职业农民调查问卷”。2015年9月至2016年2月在全国27个省，78个县，通过在校生入户走访、实地调研、线上发放问卷、线下参加培训仪式等形式开展新型职业农民培育专项数据调查。调查收获了“新型职业农民调查问卷”1679份，其中有效问卷1216份，无效数据463份。此次问卷发放地区范围广泛，涵盖了全国已开展新型职业农民培育省份（共计31个）的87.1%，样本具有一定代表性。同时，调查采用的形式多样，调查人员针对对象群体进行随机抽样，排除了主观因素的影响，保障了调查样本与总体对象的相对一致性，来源数据对研究新型职业农民培育对象的现状与需求意愿具有一定的科学性和代表性。

7.2.2 新型职业农民培育对象意愿的分析

组织行为学认为，需求是人产生行为的动力源泉。没有需求，就不会产生相应的行为动机与行为意愿[185]。研究新型职业农民培育，是否能够满足培育对象的相关需求，是其参与培育的先导环节，同时对于其他主体来说，也为其参与新型职业农民培育提供了目标指向，对完善新型职业农民培育体系、构建培育机制、健全培育系统具有基础性的作用。新型职业农民培育具有长期性、系统性的特征，其与简单的培训具有明显的差异，它涵盖新型职业农民技能提升、眼界拓展、知识更新、事业发展等多个方面，新型职业农民培育于培育对象的需求而言，是提升自身全面综合素质与职业化能力的需求表达。因此，结合新型职业农民培育既是以投资人力资本为目的，又具有保障发展能力的内涵，本书主要从培育对象的培育目标需求、培育对象的教育培训需求、培育对象的发展保障需求以及融合培育需求开展研究，研究内容具有一定的整体性、协调性、发展性，由此探析培育对象参与新型职业农民培育的需求与动机（见图7－3）。

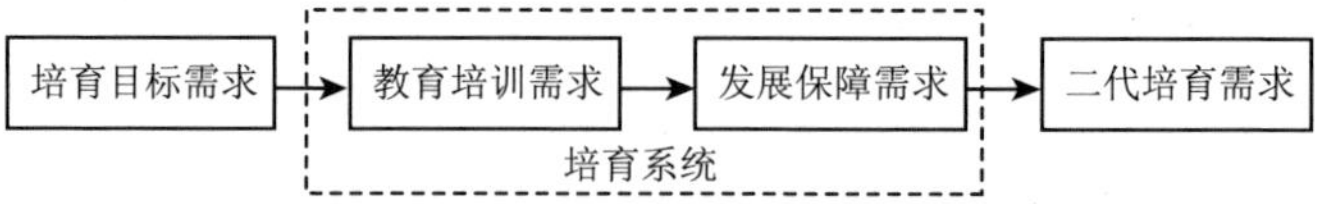

图7－3 新型职业农民参与培育的需求结构

（1）培育目标需求

培育目标需求指的是培育对象希望从新型职业农民培育实践过程中实现的一些目标与愿景。简单来说，也就是培育对象预期通过新型职业农民培育所得到的好处。培育目标需求是分析新型职业农民参与培育这一行为的起始点，其既是培育对象对新型职业农民培育基本认识的反映，也是其参与新型职业农民培育的基本动机。培育对象对新型职业农民群体有一个基本认识，是其参与培育的重要前提条件。只有明确新型职业农民与传统农民的差异，才能更好地定位自身经济行为，将自身的发展诉求融入培育的关键过程，实现既定目标。因此，培育对象对新型职业农民内涵的了解与认知至关重要。调查结果显示，在1216位调查对象中，94.7%的调查对象对新型职业农民的内涵有了解，其中非常了解的有688人，了解一些的有456人。对内涵不了解的仅占5.3%，表明培育对象对新型职业农民这一职业的特征和属性有一定的认知。

按照有序选择方法分析培育对象参与新型职业农民培育的主要目的，第一位选项、第二位选项、第三位选项分别赋值3、2、1分，再对照赋值情况和相对应频次的乘积进行加权，能够得到培育对象参与培育目的各分数排序统计情况（见图7－4）。结果显示，培育对象参加新型职业农民培育的主要目的是增加收入、提高技能、获得补贴。增加收入，即培育对象通过参与培育提高自身盈利能力；提高技能，即培育对象通过参与培育增长才干，提高技术水平能力；获得补贴，即培育对象通过参与培育从政府机构和产业组织所中获得的实物补贴、直接补贴等。选择增加收入、提高技能、获得补贴为培育目的共占85.76%的绝对比重，说明培育对象参与培育主要目的是其可能带来的经济效益。同时，排名第四位的是“得到尊重”，说明培育对象在满足经济效益后，希望获得作为职业农民所带来的社会尊重。

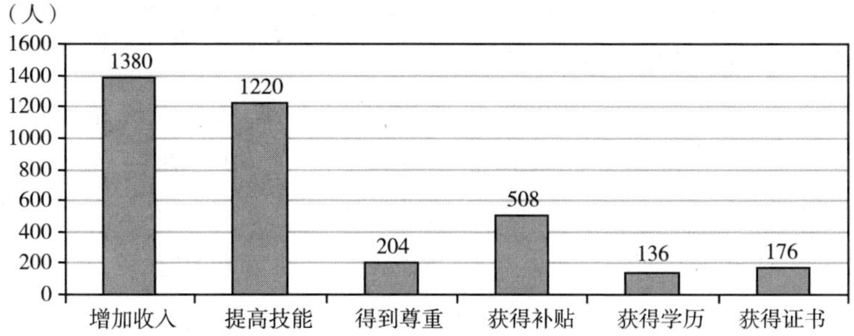

图7－4 新型职业农民培育对象参与培育的目的

(2) 教育培训需求

教育培训是培育对象提升职业化发展能力的核心环节。培育对象的需求体现在教育培训的多个方面。培育对象在回答最关注“新型职业农民培训哪一方面时”，统计结果显示，关注程度第一位是培训内容，第二位是培训收益和培训时间，第三位是培训形式，第四位是培训地点，第五位是培训费用，第六位是培训主体及其他（见图7-5）。可以发现，培育对象参与教育培训主要有两个需求特征：一是培育对象注重培训内容带来的培训收益是否能达到预期；二是培训时间、形式、地点的安排要使培育对象易于接受，而由谁来进行培训则并不那么重要。具体如图7-5所示。

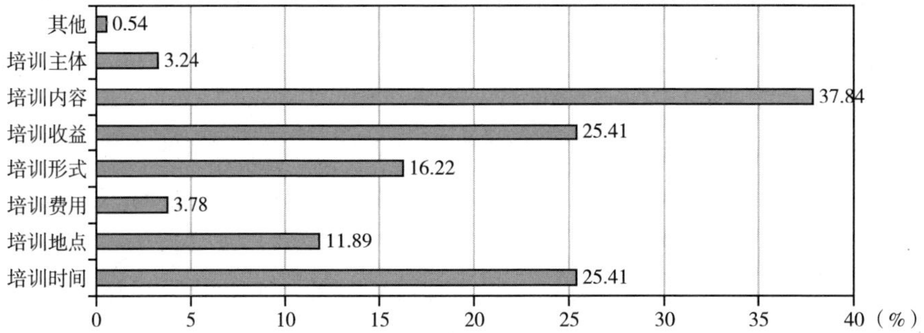

图7-5 新型职业农民培训的需求结构

①培训内容。

以往无论是多种形式的农业技术培训还是阳光工程，都是以农业技术为主要培训内容的，旨在推广农业生产实践技术，提高农民的技能水平。而新型职业农民与传统农民不同，其思想观念较先进、综合素质较高、技术能力较强。更为重要的是其职业属性决定了新型职业农民的经济行为不仅仅局限于技术能力的提高。因此，不同于之前的农民技术培训，新型职业农民培育对象对培训内容有更高的诉求。

由调查结果可知，多样化是培育对象对新型职业农民培训内容的需求表现出来的主要特征，需求程度第一位是占比60.26%的农业实用专项技术，第二位是占比32.45%的农产品市场信息，第三位是占比25.17%的产业形势与政策，第四位是占17.88%的比农业组织化经营，第五位是占比11.26%的创业技能，第六位是占比0.66%的其他。说明了技术落后、市场信息的闭塞以及产业形势信息的不对称仍是现阶段阻碍新型职业农民发展能力的关键因素。以此来看培育对象的差异化需求，强化此类知识的构成，促使更多的有志人士投身于新型职业农民培育是非常重要的（见图7-6）。

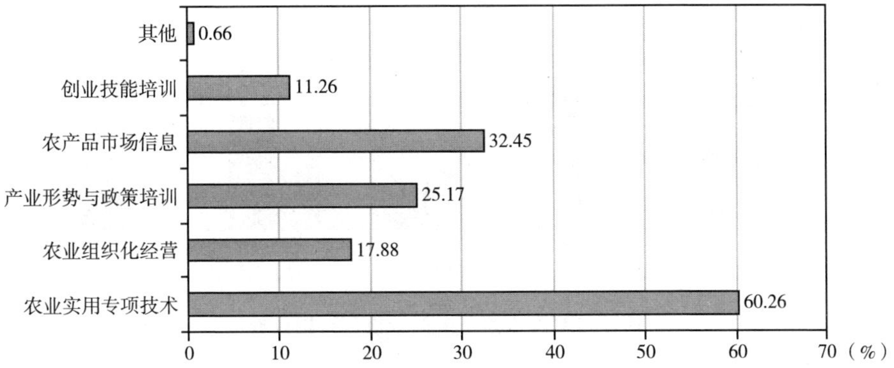

图7-6　新型职业农民培训内容需求

此外，培育对象的文化程度与培训内容需求有一定联系。培育对象的文化程度多为初中文化，说明新型职业农民是具备一定科学文化素质基础的新型农民。一般来说，新型职业农民的经营管理能力是与其文化程度的高低呈正相关的，即处在较低的文化素质层次上，往往单项体力劳动的能力获得是培育对象追求的，而随着文化素质层次的提升，培育对象的知识体系与见识相对更加丰富，会表现出较强较敏锐的市场洞察能力与思想观念水平，倾向于提升自身的经营管理能力。因此，随着文化水平的提高，新型职业农民培育对象会逐渐降低对于农业实用专项技术培训的需求，对形势政策、创业能力、农业经营、市场信息等培训内容的需求程度会显著增强。

调查数据显示，新型职业农民培育对象中文化程度为初中的人群，对创业技能培训、农产品市场信息、产业形势与政策、农业组织化经营以及农业实用专项技术的需求比例分别为5.16%、15.48%、13.55%、7.1%、58.71%。而新型职业农民培育对象中文化程度为大专及以上的人群，对以上五项培训内容的需求比例分别为9.09%、27.27%、9.09%、36.36%、18.18%，两者存在明显差异（见图7-7）。可以看出，随着培育对象文化程度的提高，其对培训内容的需求总体上由基础技术性内容向管理经营性内容转变，同时在管理经营性培训内容结构上，培育对象需求也发生演变，由包含经营能力与创业能力的经营内在能力向包含信息与政策的经营外在支持方向演变。

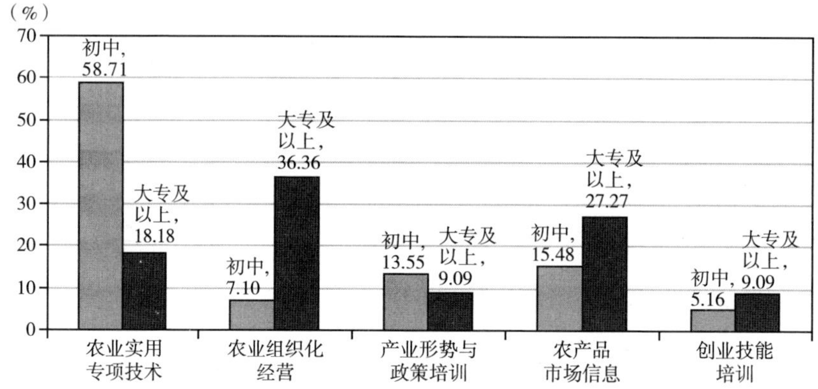

图 7-7　不同受教育程度对新型职业农民培训内容需求的影响

②培训形式。

新型职业农民的不同分类决定了新型职业农民教育培训有各种各样的方法和途径。《农业部办公厅关于新型职业农民培育试点工作的指导意见》（农办科〔2013〕36 号）中明确指出，要尊重农民意愿，顺应务农农民的学习规律，采取“就地就近”和“农学结合”等灵活的方式开展教育培训[186]。在实际的培训过程中，培训形式首先要与成人培训规律密切结合，借助信息化、媒体化的培训手段，选择贴近农民、方便农民的科学的培训形式，努力提高培育对象参与培训的积极性。同时，还要考虑新型职业农民在整个农业产业链条中的作用阶段与农业生产经营周期特征，充分发挥农业职业培训的比较优势，通过送教下乡、基地实习等不同形式，在不同的产业环节去培训新型职业农民，从而起到提升培训效果的作用。

培训方式的多样化与更新对新型职业农民培训体系的内容有一定的丰富作用，培育对象个体差异会使之倾向不同的培训方式。在多种培训方式中，选择田间授课的排在第一位，占比为 55.26%；本地培训班授课排在第二位，占比为 41.53%；参观学习排在第三位，占比为 22.29%。选择两种培训方式的统计结果显示，同时选择田间授课与本地培训班两种方式的占比为 56.92%，同时选择田间授课与参观学习两种方式的占比为 26.15%，说明培育对象较个体学习而言，更乐于参与群体学习，在实践中提升自我；同时既愿意节省时间选择就近参加培训，又表现出对外出参观、开阔眼界的诉求（见表 7-2）。

表 7－2　　新型职业农民培训方式需求

培训方式	选择人次	所占比例（%）
一对一授课	143	11.75
本地培训班	505	41.53
田间授课	672	55.26
观看录像	46	3.78
网上或看书自学	8	0.65
正规学校进修	114	9.38
电视、广播、网络等媒体学习	41	3.37
参观学习	271	22.29
其他	80	6.58

注：此项为多项选择问题，合计百分比大于 100%。

③培训时间。

当前，通常会对新型职业农民培育对象进行摸底建库，了解和掌握其培训相关情况，对于同一培训对象，三年之内仅有一次培训机会，培训时间也会兼顾农业生产特点。为了保证新型职业农民培育的效果，现行的新型职业农民培训规定，对生产经营型职业农民的培训，时间和周期一般不少于半月，对于专业技能与专业服务型职业农民的培训，时间和周期一般不少于一周。

从新型职业农民对单次培训持续时间的统计结果来看，调查对象选择 8～15 天的最多，占比为 44.36%，其他依次是 4～7 天、16～30 天、2～3 天，占比分别为 22.84%、14.9%、13.9%，其余时间段选择人数均不足 2%。这说明，从新型职业农民的单次培训持续时间来说，大多数调查对象希望在一个月以内，这种调查结果与实际培训供给相吻合。从培训频率统计结果来看，农业现代化的快速发展，也提高了农业知识与技能的更新速度。调查对象选择培训频率为年度培训的最多，占比为 38.08%；其次依次为季度的培训、一年两次的培训、月度的培训及两年一次的培训，占比分别为 29.14%、21.52%、7.62%、3.64%。可见，当前新型职业农民培训的时间频率与其实际需求并不符合，培育对象需要更多的培训。除以上两点之外，调查对象对具体培训时间的选择情况也有所差异，调查对象选择在周末或工作之余的最多，占比为 48.34%；其次是全天上课、上夜校，占比分别为 29.13%、18.21%。既说明了培训时间应充分考虑农民的生产实际，尽量避开农忙时节，也体现了农民愿意在闲暇的休息时间参加培训，学习的积极性较高（见表7-3）。

表7-3　　新型职业农民培训时间需求

培训时间需求项目	时间指标	选择人次（人）	所占比例（%）
培训时间	全天上课	351	29.13
	周末或工作之余	585	48.34
	晚上去夜校	218	18.21
	其他	62	5.96
单次培训持续时间	1天及以下	21	1.65
	2~3天	167	13.9
	4~7天	276	22.84
	8~15天	536	44.36
	16~30天	179	14.9
	31~60天	9	0.7
	61天以上	20	1.65
培训频率	一月一次	92	7.62
	一季一次	349	29.14
	半年一次	263	21.52
	一年一次	460	38.08
	两年一次	44	3.64
	三年一次	0	0
	其他	0	0

注：部分题目为多选题，合计百分比大于100%。

（3）发展保障需求。

新型职业农民培育对象参加培育除了期望获得的人力资本积累外，还期望获得包括社会地位认可、政策倾向、扶持措施等在内的发展能力保障的需求，即发展保障需求。

在分析数据时，同样将第一位选项、第二位选项、第三位选项分别赋值3、2、1分，再对照赋值情况和相对应频次的乘积进行加权，得到培育对象发展保障需求各项选择的分数排序统计情况（见图7-8）。结果表明，各类资金补贴排在第一位，得分为2529分；项目优先排在第二位，得分为1263；土地流转排在第三位，得分927分；社会保障排在第四位，得分为914；科技服务排在第五位，得分为784分。这说明，对于现阶段的新型职业农民培育对象来说，多数人参与培育的动力是获得直接的经济收益，培育对象的主要目标需求是获得项目支撑、提升产业的科技附加值或者扩大自身的经营规模等这些创业兴业的支持。同时，培育对象也对自身的职业身份有了一定的认识，在追求各类社会保障时表现出较强的意愿。

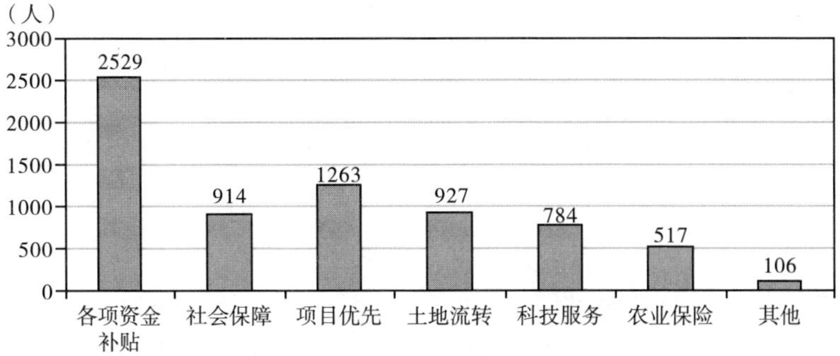

图7-8　新型职业农民发展保障需求

培育对象的职业属性不同，在发展保障需求方面也存在一定的差异。从回答“您最需要的政策支持”这一问题的选项最高频次中可以发现，散户农民、专业大户等不同职业的培育对象发展保障需求是不同的，无论何种职业，各类资金补贴都是第一位的；而产业化能力越强的培育对象，选择项目优先和土地流转的比重越大，需求程度越高。因此，依据培育对象的职业属性和产业化水平不同，可以制定差别化的扶持政策（见表7-4）。

表7-4　不同职业属性对新型职业农民发展保障需求的影响　单位：人

保障性需求 职业属性	资金补贴	社会保障	项目优先	土地流转	科技服务	农业保险	其他	合计
散户农民	298	44	104	62	9	37	8	562
专业大户	307	15	43	34	24	22	0	445
农业企业经营管理人员	55	9	72	17	0	0	0	153
农业社会化服务人员	41	7	0	0	0	8	0	56
合计	701	75	219	113	33	67	8	1216

（4）二代子女培育需求。

“农二代”是指在20世纪80年代后期出生的，在城市与农村之间实现自由转移的户籍农民[187]。他们通过接受高等教育或进城务工等手段，逐步实现内部分化，分化为普通务农者、农民工和城镇居民。不管其最后从事何种职业，在经济、社会、意识形态大环境影响下，“农二代”理性的层次演变将释放出强大力量，孕育农民与非农民，城市和乡村认知的历史性变革。“农二代”对融入城市的期望远高于其父辈。其父辈是我国实现进城务工的第一批农村劳动力，他们吃苦耐劳，目的就是能够挣到钱，对职业和工作的选择并不在意，处在收入理性的阶段。“农二代”与之不同，他们为了更高质量的生活水平寻求更好的发展机会，不只是安于现状，满足于单纯收入的增加。

由于近几年刚实施了培育工程，大多数培育对象多为扎根农村多年的农业从业者或全职务农者，他们活跃在农业生产经营的第一线。培育对象的后代子女算作是新型职业农民二代子女。该群体一方面具有传统“农二代”的部分行为逻辑，另一方面也具备较传统“农二代”更强的农村文化传承能力与从事农业生产的愿望，是培育新型职业农民的重要目标群体。

新型职业农民培育对象对其子女未来发展的期望，涉及代际的职业选择，对未来“谁来种地”具有直接的影响。培育对象回答对子女未来发展的期望时，选择希望子女学一门工业技术的占比中最大，占比为34.11%；其次是选择子女一定要设法上大学，占比为32.45%；占比重最小的是希望子女能够从事现代农业生产，仅有6.62%（见图7－9）。这说明，虽然培育对象自身已对新型职业农民这一职业身份有了一定的认知，但从事农业生产经营还是一项辛苦的工作，农村娱乐、教育、医疗等各方面的条件远不如城市，所以新型职业农民对子女“接班务农”并不抱较大期望，他们希望子女掌握一门技术、接受高等教育来优化其未来生活状况。

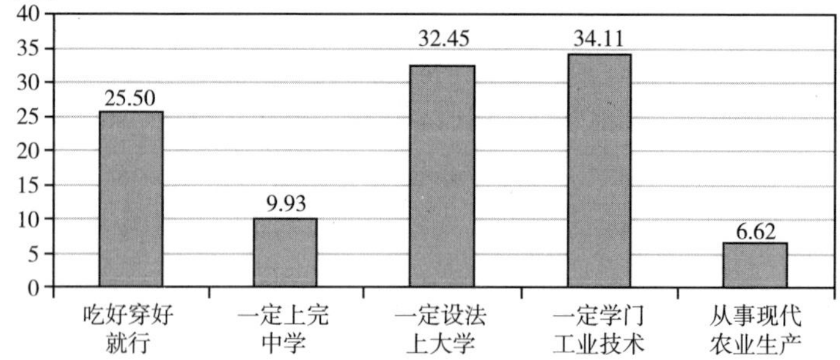

图7－9　新型职业农民对子女差异化培养意愿

而对培育对象子女的调查结果也显示，他们未来不愿从事农业生产经营，表现出较强的离农意愿。培育对象子女回答“是否愿意从事农业生产”时，绝大多数的二代子女给出了否定答案。在进一步调查限制其从事农业生产的因素中，“农活太苦不愿干”占比最大，为43.05%，其次是“为有更好的收入”“没有相应的农业生产技术”，分别占比为36.09%和29.14%。可以看出，制约新型职业农民二代子女与传统的“农二代”从事农业生产的因素存在一定的差异。新型职业农民二代子女并非不认可农民身份，也不是因为城乡差距而追求城市文明，劳动密集型的生产方式、收入预期以及农业人才培养断档断层才是造成其在务农意愿上偏离的主要原因。因此，如何培育新型职业农民二代子女群体，已不仅仅是单项专业农业技术的传授，更重要的是要加强农业农村政策宣传，提升农业机械化、设施化、产业化经营水平，增强新型职业农民二代子女群体的社会化服务能力与经营管理能力（见图7－10）。

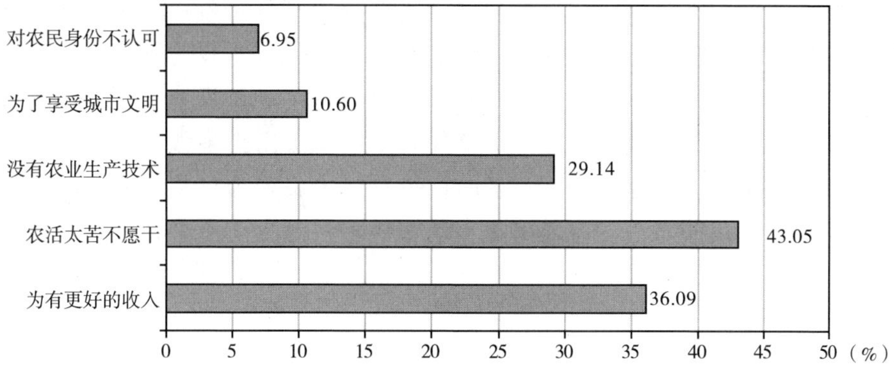

图7－10　新型职业农民二代子女从事农业生产的制约因素

7.2.3　结论性评述

综上所述，培育对象参与新型职业农民培育的意愿需求呈现出收益性、便捷性、职业化和断代性的主要特征，体现了培育对象在参与培育行为上的收入理性与经济理性层次表达。

收益性与便捷性特征体现了培育对象的收入理性。在参与新型职业农民培育时，培育对象对预期收益和参与成本会进行综合考量。其中，培育对象首要考察增加收入、提高技能、获得补贴等收入最大化条件是否能够获得满足，在教育培训活动参与中则重点考察培训收益和时间成本。从培育对象的具体目标也可以看出，培育目的中提高收入和获取技术均体现出其参与培育的收益性意愿动机，即参加培育带来的直接好处来源于直接收入——包括受训补助、奖励奖金、产业补贴等，以及间接收入——通过技术提高带来的自身人力资本的增加及对应工资率的理想预期。

职业化特征体现了培育对象在追求满足社会需要、尊重需要和自我实现需要基础上的经济理性特征。从这些需求来看，培育对象参与培育的动机一方面体现为产业发展需求——技术与管理类的培训内容、实践性的培训方式、农闲时的培训时间、产业项目政策的偏好等；另一方面体现为个人保障需求——科技服务和社会保险的需要等。农民职业化是传统农民的终结和职业农民的生成，是农民由身份象征向职业标识的转化过程，直接决定了培育对象参与经济活动的效用追求，体现了培育对象参与新型职业农民培育的经济理性特征。

断代性特征体现出培育对象规避风险的经济理性偏好。数据显示，培育对象对二代子女参与培育以及二代子女自身对参与培育的现实意愿都不强烈，其根源出自两者对新型职业农民从业的认知和态度：培育对象更多考察农业与非农工作的差异性从业条件，二代子女则更多考察自身农业从业的职业化条件。综合来看，两者的行为意愿均表现为培育对象二代子女应在满足收入条件前提下追求闲暇，培育对象在此方面更多地表现出收入理性特征。

7.3　新型职业农民的从业选择

职业是现代人谋生的主要手段，也是衡量个人社会地位的重要指标[188]。近些年来，随着市场经济的不断发展、城镇化进程的不断加速，农民的身份属性与职业属性逐渐剥离开来，农村劳动力在城市与农村的多个岗位之间自由流动，推动了社会经济效益的增长，同质性农民的分化日趋明显，农民职业分化程度也随之加剧，呈现出农民兼业化向农民职业化加速过渡的新特点。同时，农民各方面能力的差异也逐渐显现，综合素质较高的农民既有从事全产业链的农业生产经营，也有在农业产业链条中选择某一节点，从事一项专门化的生产或服务，在购买或联合其他农业经营人员劳动的过程中，促进农业产业化的发展。在这一过程中，新型职业农民人群应运而生，他们选择以农业产前、产中、产后各领域、各环节的岗位为职业，逐步在现代农业生产活动中占据主体地位。更重要的是，伴随农业产业化的发展，农业内部职业分化的进一步加深，他们面临不同的职业定位与选择，而这种定位与选择在现代农业系统内的就业结构与规模中具有决定性作用，对农业内部就业稳定性具有重要影响。

因此，对新型职业农民的从业选择行为进行分析研究，是通过培育来调控农业内部岗位供需结构的重要环节，是深入了解现代农业内部职业选择的重要手段，具有一定的现实价值与时代意义。为明确培育对象在不同新型职业农民职业类型间的选择结构与影响因素，本书借助河北省农业厅 2014 年 6 月开展的新型职业农民培育对象摸底调查数据，重点对照不同职业类型来考察新型职业农民的基本特征，对其从业选择的基本情况与影响因素展开结构性数据分析。

7.3.1 数据来源

为摸清河北省新型职业农民队伍底数，河北省农业厅制定并印发了《河北省农业厅关于开展新型职业农民培育对象摸底调查的通知》，于 2015 年 7 月至 2015 年 10 月，通过各地区农业（农牧）局主导协调，针对河北省内各设区市、定州市、辛集市新型职业培育试点县的生产经营型、专业技能型、专业服务型培育对象，安排专人，采取进园、到场、入户、现场登记填表等方式，调查其包括姓名、性别、年龄、文化程度、家庭人口、家庭劳力、从事产业、从业年限等基本情况，摸清各地区新型职业农民培育对象数量，并逐级汇总至河北省农业厅科教处。

此次调查，在结合多地区新型职业农民培育试点工作的开展情况的基础上，各级政府按照符合新型职业农民条件的要求，对河北省 13 市 98 个县的全部新型职业农民培育对象展开调查，调查对象分为生产经营型、专业技术型、专业服务型三种类型。调查共计发放问卷 84220 份，问卷全部收回，问卷回收率为 100%。此地调查过程中各级农牧业局与农广校负责牵头，范围覆盖面广，数据结果真实可靠。

7.3.2 不同职业类型农民特征比较

新型职业农民职业类型分为生产经营型、专业技能型以及专业服务型三大类。对比分析三类职业在工作性质、入职门槛、基本投入等多方面、多维度的特征，可以对三类职业有一个清晰的认识（见表7－5），具体分析如下：

表7－5　　不同新型职业农民的分类特征

职业类型特征		生产经营型	专业技能型	专业服务型
工作性质		经营者	产业工人	工商户或服务工人
入职门槛	生产资料积累	一定规模	无门槛	基本无门槛
	农业知识结构	远见、知识、技能等综合素质	相对单一	相对单一
基本投入	劳动力投入	多人	个人	个人或多人
	工作时间投入	不固定	相对固定	相对固定
收入特点	收入水平	相对较高	相对较低	相对较低
	收入回报期	一年期或以上	短期（日/月）结算	短期（项目）结算
	收入风险度量	相对较高	相对较低	相对较低

生产经营型的新型职业农民，一般指农业生产经营达到一定规模的，参与生产经营全过程的经营者，与企业中企业家、经理人的角色类似。这类职业入职门槛较高，需要具备一定的远见、知识与能力，一般依托于新型农业经营主体。由于生产经营活动需要较多的劳动与时间投入，而且环节较多、链条较长，因此预期收入较高，个人的收入周期为一年或者更长时间，其与农业的生产周期一致。同时，此类职业需要承担较高的农业风险，包括自然风险、市场风险、政策风险、技术风险等。

专业技能型的新型职业农民，一般是指从事专门化工作，为产业化龙头企业或其他新型农业经营主体提供服务的农业产业工人，与工业岗位工人的角色类似。这类职业的入职门槛低，对从业者的农业知识结构要求较单一，需要从业者具备的某一种或多种农业生产技能。这类职业工作时间相对固定，不需要多人协作，仅需要个人的劳动投入，收入水平较低，以临时性、季节性的短期雇用为主，且收入一般采取工资的方式，按照日结或月结进行计算，收入风险相对较低。

专业服务型的新型职业农民，一般是指为农业生产链中的各环节主体提供其所需服务的从业人员，与工商户或者服务工人的角色类似。与专业技能型职业一样，专业服务型职业的基本没有从业门槛，对从业者农业知识结构的要求也较单一，工作内容也偏向于技术化。只是在实际的农业社会化服务过程中，专业服务型人员可能由团队形式（偶尔是个人）专门服务于某一区域内的农业生产经营主体，并且按照服务项目逐项结款，收入回报期较短，收入风险相对较低。

7.3.3 从业选择的基本情况

在经济理性的驱动下，新型职业农民进行不同的从业选择，这是劳动力在市场中的自由配置，是当前农业领域人力资源配置总量与结构的体现。通过河北省新型职业农民从业选择的基本结构图，可以了解我国新型职业农民从业选择的基本概况。调查结果显示，新型职业农民培育对象中，选择生产经营型为48230人，占比为56.46%；选择专业技能型为11844人，占比为13.87%；选择专业服务型为25348人，占比为29.67%（见图7-11）。

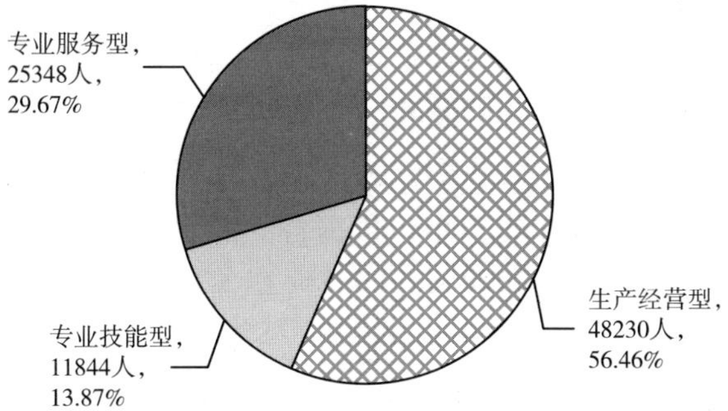

图7-11 新型职业农民从业选择的基本结构

在各职业类型的细化组成上，生产经营型职业农民的培育对象主要为种养大户和家庭农场主，说明经长期市场遴选出的培育对象主要表现为以家庭经营主体为主的新型经营主体（种养大户或准家庭农场主）的个体形态（见图7-12）。社会服务型培育对象中占比较高的是农机服务员（23.73%）、动物防疫员（21.04%）、农业信息员（17.73%）及农资经营服务人员（14.13%），可见在现阶段农业发展对农机、兽医、经纪人及农资服务的需求较高，相对应的农业社会化服务市场较为成熟。专业技能型对象占总人数比13.87%，其中农业工人（季节性雇工）占比为51%，农业雇员（长期雇工）占比为30%，表明专业技能型人才仍主要在农忙时期从事短期的生产活动。

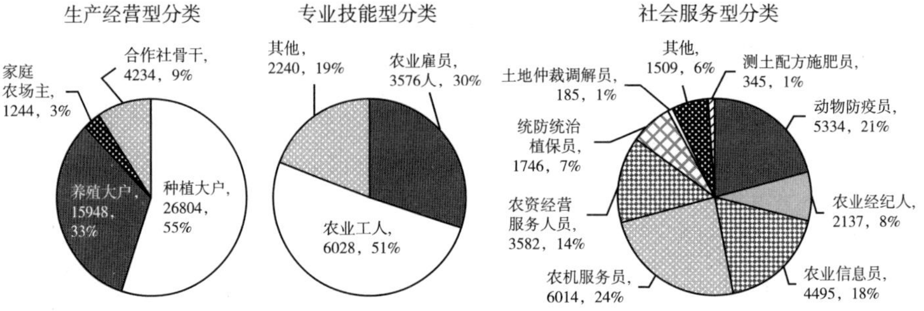

图 7-12　不同职业类型的培育对象人员构成

7.3.4　从业选择的影响因素分析

(1) 理论框架与指标选取。

根据美国职业指导专家埃德加·H. 施恩 (Edgar H. Schein) 教授的职业锚理论，职业选择是个人能力、动机、价值观等多方面的相互作用与整合的过程。也就是说，职业选择是在个人为了提高经济收入或改善社会地位或实现自我价值，在不断的工作实践中，依据自身的才干、动机和价值观，现实地选择某一种社会方式来进行职业定位。区位选择、产业选择和岗位选择是分析研究农民从业选择问题的需要考虑的三个层面。区位选择指的是农民选择在城市就业还是在留守在农村就业；产业选择指的是农民在农业、工业、服务业等多个产业间的职业流动；岗位选择指的是生产、管理、销售、技术等不同岗位间的选择行为。区位选择、产业选择和岗位选择的引力有所区别，分别为源于城市与农村的经济势差、农业与非农产业的劳动生产率差、农民个体的人力资本存量差。

对新型职业农民培育对象来说，由于农业相关岗位的分工与职业定位不同，需要在一定时期的农民职业分化后才能形成，因此在分析新型职业农民培育对象就业行为时，需要考虑一点是，他们能够选择现实中已存在的职业类型。其实，农民职业分化与职业选择是相伴而生，在本质上是同一个问题的两个层面。农民的异质性的经济行为与人力资本催生了新的职业，而农民的就业行为并不能脱离特定的职业载体而存在。农民的职业分化可划分为两大部分，即农业内部分化和农业外部分化，农业内部分化可分化为不同种类的新型职业农民；农业外部分化可分为非农就业、农业外部兼业。新型职业农民不存在区位选择的层次行为，因为其职业属性决定了其就业区域为农村。因此，以农民职业分化为基础，新型职业农民的从业选择遵循一定的行为逻辑（见图 7－13）。在此，承接前面的研究，继续将新型职业农民的职业选项划分为生产经营型、专业技能型以及专业服务型，新型职业农民培育对象实质上就这三种类型中进行职业选择。

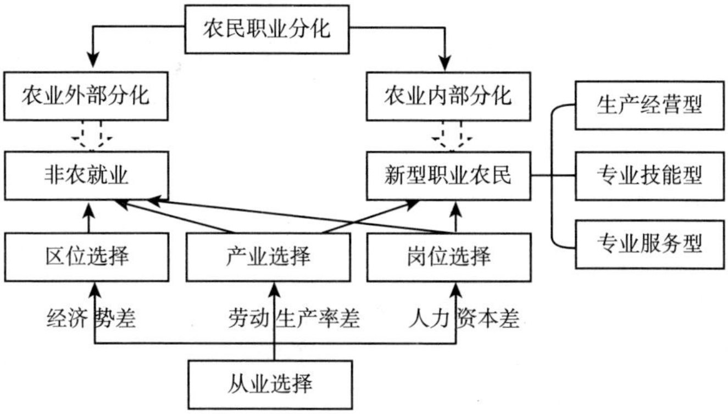

图 7－13　新型职业农民培育对象从业选择的理论框架

对传统农民个体之间并不存在明显的差异。传统农民的从业选择实际上就是其在冲破农民身份限制后，在不同地区间、阶层间、社会间进行职业流动转移。新型职业农民作为农民职业分化的一部分，也遵循劳动力外部转移的行为逻辑，受到同类型的因素影响。以往有关农民从业选择的研究多认为在“推力—拉力”理论①的分析框架下，人口迁移带动了农民的职业的分化与更替，容易受到城市与农村经济势差、产业势差、政策势差的影响。通过前面分析得出，新型职业农民的从业选择基本不受农业与非农业在经济、社会、区域、政策差异上的影响。其从业选择立足于农业与农村，表现为收入理性或者经济理性下的岗位利益风险与个人能力才干的博弈。因此，从个人因素、家庭因素、居住地情况等多重微观因素分析其对新型职业农民从业选择的影响。并将多重微观因素展开分析如下：

---

①　推力是指促使移民离开原居住地的消极因素，拉力是指吸引怀着改善生活愿望的移民迁入新的居住地的积极因素。西方古典推拉理论认为，劳动力迁移是由迁入与迁出地的工资差别所引起的。现代推拉理论认为，迁移的推拉因素除了更高的收入以外，还有更好的职业、更好的生活条件、为自己与孩子获得更好的受教育的机会以及更好的社会环境。

①个人因素。

劳动者自身的劳动能力对其就业状况具有决定性的作用，个体的人力资本状况和人口特征必然显著影响其从业选择。孙娟（2007）认为农民非农就业最终取决于农民的自身素质，一般农民自身素质越高，接受新技术、新技能和新管理方法的能力越强，农业外部就业能力越强，择业面越宽[189]。

其一，性别。性别会影响农民就业机会和就业类型的选择。多数学者认为女性农民相对于男性农民而言，在实现非农就业的过程中面临更大的困难。长三角 15 村农户从业选择调查结果显示，男性在非农业与外出就业方面明显优于女性，就业时间也更长，平均每年高出女性 33.25 天（史清华等，2007）[190]。此外，性别差异对农民在非农就业的工种选择上具有一定影响，女性劳动力趋于选择劳动强度、技术水平较低的职业。

其二，年龄。农民随着年龄的增大，越不会选择非农就业，农民的非农就业程度与其年龄呈负相关。这与中国长久以来乡土情怀具有一定关系，也说明当代的年轻人容易受到“拉力—推力”作用的影响，不愿依附于土地生存，对城市生活更为向往。牟少岩等（2008）通过对青岛市部分农户的调查结果显示，16～60 岁的农民随着年龄的增加，参与非农产部门就业的概率降低，时间变短，收入下降[191]。

其三，教育层次。文化程度是对农民的知识能力和技术水平的直接反映，对农民未来的职业层次和收入状况具有直接的影响。教育层次越高，受教育程度越高，具备的辨别能力和信息收集能力越强，抵抗市场风险的能力越强，其从业可选择范围越广，从事高水平岗位工作的机会越大。杨金凤等（2005）通过对山西省农户的调查指出，受教育 5 年以下的农民多选择从事强体力、高风险的建筑行业职业，而随着受教育水平的提高，更多农村转移劳动力开始从事劳动强度更弱，服务性质更强的个体工商、科教文卫等工作[192]。

其四，工作经验。前期习得的工作经验有利于进一步提高农民的收入，并对其从业积极性和稳定性具有正向影响，同时丰富的工作经验有助于农民积累专用型的人力资本。张林秀（2000）等提出，工作经验与农村劳动力非农就业呈正相关[193]。苏群（2004）则通过对江苏省 12 个城镇的走访调查发现，长期从事稳定职业的农民工会影响同乡或熟人从事相同职业，形成带动型区域效应[194]。

②家庭情况。

家庭作为农民经济行为的最小细胞，家庭成员多少、就业选择对整个投入、生产、产出活动具有一定的影响。所以农民的从业选择是权衡整个家庭在所处的环境、地位之上做出的集体决策，而不仅是个体行为。家庭是个体的后盾力量，其特征不仅对农民的就业的基础能力与条件具有决定性的作用，也对农民从事某一职业的动机和意愿至关重要。Gould（2014）通过对美国威斯康星州8个农村的调查，以儿童出生率为主要指标得出抚育子女的数量与家庭非农就业程度呈负相关关系[195]。同时，由家庭负担产生的决策需要同时考察家庭劳动力的现实状况。乔冬（2010）提出，伴随着家庭劳动力数量的增加，个人会选择更具风险性的职业。说明家庭劳动力人数的增加分散了整体的收益风险，个体行为人在从业选择上相对从容[196]。

③居住地情况。

不同地区经济发展水平的差异性，使农民的就业选择表现出一定的区位性特征。赵志群（1995）提出，由于职业教育与就业机会分布不同，居住地成为从业选择的重要影响因素[197]。Huffman（1977）以当地经济条件为指标分析农户非农就业决策的影响，认为GDP水平影响了当地农民的非农就业水平[198]。李恒（2006）则提出居住地区域经济发展水平的不平衡带来了工资水平的差异，从而影响了农民的岗位选择与职业流动[199]。

（2）数据、变量与模型选择。

研究以新型职业农民培育对象为研究对象，其对未来职业进行了明确规划与选择，分析新型职业农民从业选择与多重微观影响因素之间的联系。本部分旨在探究微观因素对新型职业农民从业选择的影响，由于调查对象在填写问卷及统计人员在统计问卷时存在遗漏信息的情况，因此检查84220份问卷，并剔除其中4494个无效问卷，最后有效样本为79726个，问卷的有效率为99.6%，问卷的有效率较高，具有一定的可信度，样本情况见表7-6。

表7-6 样本新型职业农民的基本情况

变量特征		样本人数（人）	比例（%）
从业类型	生产经营型	45799	57.4
	专业技能型	11242	14.1
	专业服务型	22685	28.5

续表

变量特征		样本人数（人）	比例（%）
所处地区	优等发展区域	23597	29.6
	中等发展区域	34363	43.1
	农业低等发展区域	21766	27.3
性别	女	10368	13.0
	男	69358	87.0
年龄	30 岁及以下	6318	7.9
	31～50 岁	56624	71.0
	51 岁及以上	16784	21.1
文化程度	小学及以下	355	0.4
	初中	56368	70.7
	高中或中专	20347	25.5
	大学及以上	2656	3.3
人员类别	农民	77279	96.9
	返乡农民工	365	0.5
	农村“两后生”	473	0.6
	复转军人	302	0.4
	其他	1307	1.6
有效样本		79726	100.0
无效缺失值		4494	
样本总量		84220	

被解释变为生产经营型、专业技能型、专业服务型三种从业类型。解释变量则分为新型职业农民自身因素、家庭因素以及居住地因素三大类。其中，新型职业农民自身因素包括其性别、文化程度、农业从业年限等；新型职业农民家庭因素包括家庭人口、家庭劳动力；居住地因素中按照《河北经济统计年鉴 2014》中对河北省 13 个市农业优等、中等、低等发展地区的划分[200]，分别赋值 1、2、3。具体赋值情况见表 7－7。

表 7－7　　　　　　　　　　　　　　　　　变量定义

类别	一级分类	二级分类	变量定义	均值	标准差
自变量（y）	从业选择	从业类型（y）	生产经营型 =1；专业技能型 =2；专业服务型 =3	1.72	0.88
因变量（x）	个体特征	性别（x_1）	男 =1；女 =0	0.87	0.34
		年龄（x_2）	30 岁及以下 =1；31～50 岁 =2；51 岁及以上 =3	2.13	0.52
		文化程度（x_3）	小学及以下 =1；初中 =2；高中或中专 =3；大学及以上 =4	2.32	0.54
		人员类别（x_4）	其他 =1；返乡农民工 =2；农村“两后生” =3；复转军人 =4；农民 =5	1.09	0.56
		从业年限（x_5）	实际观测值（年）	8.18	7.06
	家庭特征	家庭人口（x_6）	家庭实际人口（人）	4.11	1.15
		家庭劳动力（x_7）	家庭现有劳动力（人）	2.26	0.82
	居住地特征	所处地区（x_8）	农业优等发展地区 =1；农业中等发展地区 =2；农业低等发展地区 =3	1.98	0.75

注：a. SPSS20.0 能够自动完成虚拟变量的设置，因此分类变量未直接定义为虚拟变量。

分析自变量 x 与因变量 y 之间的关系，多运用回归模型来进行实证分析。本书中从业选择作为被解释变量，考虑其为无序分类变量，并且其与解释变量不是线性关系，因此采用概率型非线性回归模型 Logistic 回归模型。在该模型中，被解释变量取值不同，回归模型可分为二类回归模型与多类回归模型。二类 Logistic 被解释变量取值为 1 和 0 两个，而多类 Logistic 被解释变量可取多项值，其取值可以是有序的也可以是无序的。多分类回归模型既能同时筛选分析全部的影响因素，还能量化各影响因素的影响程度。新型职业农民的三种从业类型作为本项研究中被解释变量，明显为无序分类变量，所以选择无序多类 Logistic 回归模型。通过问卷的统计结果看，57.4% 的调查对象选择职业为生产经营型，占比最大，说明此职业分类为较常见，并且倾向性较强。因此将生产经营型职业定位参照水平，将专业技能型、专业服务型两分类水平与之相比，建立因变量水平数减 1，即 n＝2 的广义 Logistic 模型。生产经营型取值为 1、专业技能型取值为 2、专业服务型取值为 3，取值概率水平为与之对应分别为 π_1、π_2、π_3，并且 π_1、π_2、π_3 三者之和为 1。

$$\ln\left(\frac{\frac{\pi_2}{1-\pi_2}}{\frac{\pi_1}{1-\pi_2}}\right)=\operatorname{logit}\left(\frac{\pi_2}{\pi_1}\right)=\alpha_1+\beta_{11}\chi_1+\cdots+\beta_{1n}\chi_n \tag{7-1}$$

$$\ln\left(\frac{\frac{\pi_3}{1-\pi_3}}{\frac{\pi_1}{1-\pi_3}}\right)=\operatorname{logit}\left(\frac{\pi_3}{\pi_1}\right)=\alpha_2+\beta_{21}\chi_1+\cdots+\beta_{2n}\chi_n \tag{7-2}$$

（3）模型估计结果与分析。

运用 SPSS 20.0 软件运行数据，显示了最终模型的拟合信息和截距模型，$P<0.001$，表明统计结果显著。同时，输出的三个决定系数，McFadden、Cox and Snell、Nagelkerke、分别为 0.074、0.131、0.154，说明该模型具有解释能力，不过解释能力一般，表明个体特征、家庭特征、居住地特征等微观因素能够影响新型职业农民从业选择，但其只是部分影响因素。根据模型输出结果，得出以下三点结论：一是对于因变量整体来说，多个自变量作用是否显著；二是不同因变量之间，基于因变量的参照水平，同一个自变量及其哑变量对不同因变量的作用方向及大小；三是基于自变量的对照组，同一个自变量的各哑变量对不同因变量作用的差异[200]。本部分对因变量与自变量之间、自变量与自变量之间、因变量与因变量之间进行了多维度的关系分析。具体分析见表 7-8。

表 7-8　　多分类 Logistic 回归模型的参数估计

变量	专业技能型			专业服务型		
	B	Wald	Exp（B）	B	Wald	Exp（B）
性别	-1.454*	2844.075	0.234	-0.295*	120.645	0.744
年龄=1	0.101*	5.058	1.106	0.224*	40.910	1.251
年龄=2	-0.148*	28.357	0.862	-0.064*	9.091	0.938
年龄=3	0^b			0^b		
文化程度=1	1.706*	130.413	5.507	-0.819*	29.876	0.441
文化程度=2	0.193*	5.911	1.213	-0.907*	415.292	0.404
文化程度=3	0.250*	9.408	1.284	-0.450*	96.490	0.637
文化程度=4	0^b			0^b		
人员类别=1	0.962*	110.191	2.617	1.275*	343.332	3.578

续表

变量	专业技能型			专业服务型		
	B	Wald	Exp (B)	B	Wald	Exp (B)
人员类别=2	0.163	1.226	1.177	-0.666*	22.680	0.514
人员类别=3	-0.151	1.022	0.860	-0.130	1.457	0.878
人员类别=4	-0.332	2.602	0.717	-0.163	1.414	0.850
人员类别=5	0^b			0^b		
从业年限	-0.061*	1047.156	0.941	-0.052*	1405.507	0.949
家庭人口	-0.091*	62.495	0.913	-0.028*	10.566	0.972
家庭劳动力	0.016	0.97	1.016	-0.108*	75.789	0.898
所处区域=1	-1.038*	1128.868	0.354	0.625*	739.042	1.868
所处区域=2	-0.689*	770.756	0.502	0.113*	26.087	1.120
所处区域=3	0^b			0^b		

注：a. 参考类别：生产经营型；
b. *表示变量在1%的显著性水平；
c. 性别（x_1）已建立虚拟变量，参照类为女性（$x_1=0$），因此运行模型时将其放入协变量。

模型将生产经营型职业选定为参照水平，以生产经营型职业与专业技能型职业、生产经营型职业与专业服务型职业的影响因素来分析的调查对象的从业选择偏好。当变量影响显著时，观察估计系数为正或为负，为正则说明自变量因素影响下的调查对象偏好选择非生产经营型职业；反之，则说明其偏好选择生产经营型职业。具体分析如表7-9所示。

表7-9　　微观因素对培育对象从业选择的差异化影响

	生产经营型	专业技能型	专业服务型
性别	男	女	女
年龄	中年	青年	青年
从业经验	从业时间长	从业时间短	从业时间短
家庭负担	大	小	小
所处地区	农业发展水平较高	农业发展落后	农业发展水平较高

①不显著指标。

返乡农民工、复转军人、农民等不同人员类别与调查对象从业选择关联程度较小。因为从河北省来说，新型职业农民职业类型还未实现划分，无论其原来的行业职位是什么，在当前这种条件与环境下，可以自由选择一种农业职业或者岗位，农业职业者岗位的门槛都较低，容易进入。当然，也可以发现，与农民相比，返乡农民工更倾向于选择生产经营型职业，可能是由于生产经营型职业需要一定的资金投入，预期风险与预期收益都较高，而返乡农民工既具有一定的物质基础，又具有较强的承担风险的能力，因而其偏好选择生产经营型职业。家庭人口、家庭劳动力数量对调查对象从业选择的影响整体上不显著。一般来说。家庭劳动力越少，为了降低收入风险，家庭成员的就业选择也就越谨慎。但模型输出结果与之相悖，可能是由于经济社会的发展，人们思想意识发生变化，能够更加自由选择职业，也可能是由于调查对象综合考虑收入、风险、投入、产出等指标，只要这些指标在可控范围之内，家庭人口、家庭劳动力数量便不会对其就业选择产生较大影响。

②性别特征。

在控制其他变量的情况下，将选择专业技能型和专业服务型与生产经营型职业的调查对象相比，发现男性相较于女性其优势比都有所下降，选择专业技能型的为原来的23.4%、选择专业服务型的为原来的74.4%。说明性别与调查对象的从业选择有一定关联，男性较女性而言，更倾向于选择生产经营型职业。生产经营型职业对从业人员要求较高，生产经营规模较大，相应的其工作强度大、时间长、收益率也高，这种职业特性更加符合男性的特长，男性对此类型的职业自然会表现出明显的偏好。

③年龄特征。

将51岁以上的调查对象设为参照水平，年龄较低的调查对象（30岁以下）选择专业技能型或专业服务型较生产经营型相比，优势比分别提高了10.6%和25.1%。处于中间年龄（31~50岁）的调查对象更偏好生产经营型职业。不同年龄阶段的调查对象，对生产经营型职业的偏好程度从高到低分别为：31~50岁的中年人、51岁以上老年人、31岁以下的青年人。31~50岁中年人积累了一定的经营管理经验，具备了一定的产业基础与技术能力，与生产经营型职业的条件要求有较高的匹配度。31岁以下的青年人偏好专业技能型和专业服务型职业，则与他们不足的经营经验、有待提高的综合素质有关。

④文化程度。

当仅考虑文化程度对因变量的作用时，文化程度低于大学的调查对象偏好专业技能型职业；当在生产经营型职业与专业服务型职业间选择时，为文化程度低于大学的调查对象偏好生产经营型职业。由此可以得出，文化程度低于大学的调查对象的从业选择愿望依次为专业技能型职业、生产经营型职业、专业服务型职业。根据前面的职业分类表，学历越高的调查对象对生产经营型职业会表现出更强的偏好，而模型输出结果与之存在偏差。这可能是因为学历越高的调查对象多为生产经营经验和技术能力不足的青年人，他们在进行从业选择时，考虑从业规模、专业技能等条件，因此更倾向于门槛较低的专业服务型职业，而非生产经营型职业。

⑤从业年限。

模型输出结果显示，随着从业时长增加，选择专业技能型、专业服务型职业相较选择生产经营型职业的优势比都有所下降。从业时长每增加 1 年，选择专业技能型职业、专业服务型职业的优势比会分别下降 0.059%、0.051%。说明从业时间越长的调查对象越倾向于选择生产经营型职业。从业时间越长，调查对象的生产经验越丰富、技能知识越全面，人脉越广泛，对从业门槛更高的生产经营型职业表现出更高的从业意愿。

⑥家庭人口。

模型输出结果显示，随着家庭人口增加，选择专业技能型、专业服务型职业相较选择生产经营型职业的优势比都有所下降。家庭人口每增加 1 人，选择专业技能型、专业服务型的优势比分别下降 8.7%、2.8%。说明家庭人口越多的调查对象越倾向于选择生产经营型职业。一方面，家庭人口多的家庭会面临更大的经济负担，单个行为人会偏好收益高的生产经营型职业；另一方面生产经营型的职业农民，多为家庭农场、合作社以及种养大户等新型农业经营主体，农业劳动力的需求大[216]，因此家庭人口较多调查对象会偏好选择生产经营型职业。

⑦所处区域特征。

所处区域的农业发展水平不同，对调查对象的从业选择有一定的影响。所处区域的农业发展水平越高，专业技能型职业与生产经营型职业相比较，调查对象越倾向选择后者；专业服务型职业与生产经营型职业相比较，调查对象越倾向选择前者。总体来说，所处区域的农业发展水平越高，农业竞争力越强，农业就业环境越好，服务市场越大，调查对象对专业服务型与生产经营型两类职业的选择意愿与认可度越高。

第8章 “两新融合”利益联结机制分析

在一般均衡框架下，经济主体行为的决定因素均源自于预期，即参与融合各方的预期收益（包括经济收益与社会收益等）大于预期成本（包括交易成本与时间成本等）时，各主体才会对融合产生自发的参与需求，否则，为规避可能产生的收益损失风险，经济主体会自主选择不参与。在“两新融合”的过程中，各经济主体行为的作用耦合会产生一定的利益联系，因此，经济主体的行为选择不仅决定各经济主体的收益，也同时影响融合的成本总量与成本结构。均衡是经济主体行为的结果，以投资的成本收益为核心对新型农业经营主体与新型职业农民参与融合的行为进行关系博弈，对明确融合行为收益均衡条件、明确经济主体的重点行为方向、提高融合效率具有重要的理论意义与现实意义。

8.1 新型农业经营主体和新型职业农民行为目标趋向

8.1.1 新型农业经营主体的行为目标趋向

新型农业经营主体在与新型职业农民的融合过程中，其作用与成本主要在于对新型职业农民的培育，也是其获得高质量的人力资源、获得长期利益的主要收益途径。通过分析新型农业经营主体在“两新融合”中参与新型职业农民培育的意义与路径可以看出，参与新型职业农民培育是新型农业经营主体将新型职业农民内生化于组织系统的有效途径，是将人才发展与企业发展目标协同的重要措施，也是提升农业企业内部专业化分工水平、提升劳动专业化程度与劳动效率的重要方法，同时还有助于实现农业经营规模化、集约化和现代化发展。在企业运营过程中，可通过多种方式达到育人的目的，包括组织培训、指导生产与经营、提供技术辅导和支持、提供市场信息和资源等，探索效益化和规模化的人才发展支持路径。

无论是对新型职业农民的教育培训，还是就业保障，抑或是发展扶持，新型农业经营主体各项相关行为的根本动力都体现出其自身逐利的属性。在新型农业经营主体参与农民培育的行为中，通过构建新型农业经营主体与新型职业农民间的合理利益联结，让培育行为成为企业盈利的一种内在需求和增长点，而非作为外部任务或是非营利行为，从而激发企业培养和造就农民的内生动力。

在“两新融合”过程中，新型农业经营主体作为培育和造就新型职业农民的载体，是农民获得收益的来源、学习和成长的平台、与市场对接的渠道，肩负着吸纳劳动力、带动农民增收、培育农民、引领产业发展和农业市场化的责任。新型农业经营主体在获取农民提供的劳动力、土地、入股资金等生产要素的同时，通过为农民提供平台，还可获得预期收益：一是通过培育新型职业农民，可以打造与农技手段、农机设备和生产经营模式相匹配的职业化人才，包括经营型人才、生产型人才和服务型人才，造就可供企业发展所需的能力全备、结构合理的人力资源队伍；二是通过教育培训，提升人力资本，进而提升新型农业经营主体的技术改造能力与创新能力；三是通过多种合作形式和利益联结机制，引领和支持新型职业农民发展与建立规模化、现代化的生产经营单位，进而与新型农业经营主体开展密切合作，从而扩大企业边界、增加利益集团的外部经济效益。

因此，为提高新型农业经营主体的高新化、规模化、效益化发展能力，在培育带来的经济效益大于新型职业农民的找寻成本、培训成本和管理成本时，新型农业经营主体会自主参与新型职业农民培育事业，开发更多的人力资源、客户资源和合作伙伴资源，与之互相促进，融合发展。

8.1.2 新型职业农民行为目标趋向

由于新型职业农民培育的准公共产品性质，新型职业农民在参与新型职业农民培育中表现出层次性需求。

一是关于素质提升的需求，培育使“农民”突破了身份的界限，成为一类职业，新型职业农民作为该职业的主体代表，通过培育获得了基础文化素质和专业技能素质的双提高。

二是关于职业化的需求，新型职业农民要比普通农民占据优势，由于新型职业农民可以接受更加良好的教育，了解和掌握先进的技术，因此新型职业农民会更优地获得社会地位与社会保障，对此需求也会更加职业化。

三是关于产业发展的需求，产业发展更加需要专业化的新型职业农民，培育对象参与新型职业农民培育最终可通过知识技能、政策倾向、主体扶持等获得产业化发展能力，改变传统农业生产方式，增加产业的知识附加，提高自身的收入水平。

因此，总的来看，作为准公共产品，除公共部分要由政府予以一定的投资外，受益人也要承担部分投资。新型职业农民培育调查问卷数据显示新型职业农民对培训费用的关注程度较低（仅有3.78%的新型职业农民选择考虑培训的费用问题），即在政府与新型农业经营主体无法及时、有效供给培育时，新型职业农民为了参与培育以获得以上需求的满足，也会产生一定的自投资行为。同时，由于新型职业农民培育兼具成人教育的特殊性，新型职业农民会综合考虑务工成本、时间成本等参与培育的机会成本，当参与培育的预期收益（效用满足）水平高于自投资成本与机会成本之和时，新型职业农民会自主选择参与到培育当中来。而分类来看，不同特征的新型职业农民会通过不同的从业选择方式追求自身效用的最大化，通过成长为不同类型的职业农民，优化个体劳动力在现代农业产业结构中的自主配置，实现自身的职业化发展。

8.2 新型农业经营主体与新型职业农民的博弈分析

新型农业经营主体培育新型职业农民实现“两新融合”，一是会为新型职业农民配备更具有实践性、便捷性的培训发展环境，壮大师资力量；二是为新型职业农民提供了更多的职业化的发展机会；三是为新型职业农民提供现代化的生产经营资源（包括农资、技术、市场化信息、社会化服务、国家政策解读等），使新型职业农民在发展中可以规避市场风险和技术风险。有利于新型职业农民实现个体人力资本的增值，稳定就业创业发展机会。从理论上来看，新型农业经营主体与新型职业农民的融合将会产生更多的激励作用，促使更多的新型职业农民自愿自发地参与到新型培育中来。传统农民要尽快适应现代化市场经济，就必须参与到以新型经营主体为核心的市场活动中来。这就要求新型农业经营主体不仅要培育出代理人、客户和合作伙伴，还要增强它们的带动发展能力，带动周边的传统农民搭上走向现代化的“快车”。这不仅会为新型农业经营主体带来更多的现实利益，最终也会形成新型农业经营主体与新型职业农民间较稳定的利益联结以及互促共进的良性循环。

8.2.1 博弈模型假设

在新型农业经营主体与新型职业农民的关系博弈中，新型农业经营主体可以选择对新型职业农民培育进行投资支持或者不进行投资支持；对于新型职业农民而言，可以选择参加培训或者不参加培训，他们以是否增加误工等机会成本来做出行为选择。但在新型职业农民培育的过程中，两者的行为逻辑一般先由新型农业经营主体做出决策，再由新型职业农民做出后续的反应。

假设：

（1）新型农业经营主体与新型职业农民作为参与博弈方均为理性的行为主体，最终决策都是为了谋求自身利益的最大化。

（2）新型农业经营主体和新型职业农民在进行决策时，都要考虑自身和对方的行动对己方收益的影响。

（3）新型农业经营主体的选择策略为支持或不支持新型职业农民培育，农民选择的策略为参与或不参与新型职业培育。

（4）新型职业农民培育需要投入场地、人员、设备、资料等固定成本，记作 C，无论由哪方主导新型职业农民培育，都将付出成本 C。

（5）无论新型农业经营主体是否参与培育，最终与职业农民形成的都是紧密型的利益联结关系。

（6）假设新型农业经营主体支持新型职业农民培育，新型农业经营主体需要付出三类成本：一是对新型职业农民培育前的寻找成本，记作 C_{c1}；二是除了对新型职业农民培育的固定成本外的其他专用性人力资本投资，记作 C_{c2}；三是对新型职业农民的管理成本，记作 C_{c3}。因此新型农业经营主体支持培育的总成本 $C = C_{c1} + C_{c2} + C_{c3}$。新型农业经营主体获得的收益也可分为三类：一是对新型职业农民培育所获得的专用性人力资本，记作 R_{c1}；二是由利益联结带来的新型农业经营主体创新能力提升、规模化生产经营等利益组成，记作 R_{c2}；三是对新型职业农民培育所带来的社会影响、声誉等社会资本，记作 R_{c3}。因此新型农业经营主体的支持培育的总收益 $R_c = R_{c1} + R_{c2} +$

R_{c3}。需要指出的是，新型农业经营主体在对新型职业农民培育时可能会造成一定的收益外溢，理论上认为新型农业经营主体也是追求自身利益最大化的主体，其行为方式会随相应风险的存在进行规避，故假设新型农业经营主体支持新型职业农民培育时存在外溢风险 w。

假设培育对象参与新型职业农民培育，新型职业农民需要付出两类成本：一是培育对象参与新型职业农民培育付出的机会成本，记作 C_{f1}；二是培育对象参与新型职业农民培育所需投入的个人投资成本，记作 C_{f2}。因此新型职业农民参与的总成本 $C_f = C_{f1} + C_{f2}$。新型职业农民所能获得的收益也可记作两类：一是培育对象通过培育所获得的个体人力资本的增加，记作 R'_{f1}；二是培育对象会得到一定的社会地位保证、从业稳定性提高等效用，记作 R_{f2}。因此新型职业农民获得的总收益 $R_{cf} = R'_{f1} + R_{f2}$。

由于新型农业经营主体对新型职业农民的人力资本投资是在通用性基础上的专用性投资，因此可知单位收益 $R'_{f1} \geq R_{c1}$，差值 $R'_f = R'_{f1} - R_{c1}$ 为新型职业农民通过政府培育渠道获得的单位通用性人力资本增加值。

（7）假设新型农业经营主体投资支持新型职业培育的概率为 m，不支持的概率为 $1-m$；农民参与新型职业培育的概率为 n，不参与的概率为 $1-n$。

8.2.2 均衡解分析

根据以上假设可知，新型经营主体和新型职业农民在行为博弈会有以下几种情况。

在新型农业经营主体支持新型职业农民培育的情况下，新型职业农民参与培育，那么新型农业经营主体的收益净值为 $R_c - C_c - w - C$，新型职业农民的收益为 $R_f - C_f$；新型职业农民不参与培育，那么新型农业经营主体的收益净值为 $R_{c3} - C_c - w - C$，新型职业农民的收益为 0。

在新型农业经营主体不支持培育的情况下，新型职业农民参与培育，那么新型农业经营主体的收益净值为 $R_{c2} + R_{c3}$，新型职业农民的收益净值为 $R'_f - C_f - C$；新型职业农民不参与培育，那么新型农业经营主体与新型职业农民的收益净值均为 0。

综上所述，新型农业经营主体与新型职业农民的行为博弈矩阵如表 8-1 所示。

表 8-1 新型农业经营主体与新型职业农民的博弈矩阵

博弈方1 \ 博弈方2		新型职业农民	
		参与	不参与
新型农业经营主体	支持	$(R_c - C_c - w - C,\ R_f - C_f)$	$(R_{c3} - C_c - w - C,\ 0)$
	不支持	$(R_{c2} + R_{c3},\ R_f' - C_f - C)$	$(0,\ 0)$

从博弈模型可以求得，新型农业经营主体的期望收益：

$$E_c = m[n(R_c - C_c - w - C) + (1-n)(R_{c3} - C_c - w - C)] + (1-m)n(R_{c2} + R_{c3}) \quad (8-1)$$

令 E_c 对 m 求偏导数并令其为 0，得新型农业经营主体参与概率最大时的新型职业农民参与均衡概率：

$$n^* = \frac{R_{c2} + R_{c3} - C - w - C_c}{R_{c1}} \quad (8-2)$$

新型职业农民的期望收益为：

$$E_f = mn(R_{cf} - C_f) + (1-m)n(R_f' - C_f - C) \quad (8-3)$$

令 E_f 对 n 求偏导数并令其为 0，得新型职业农民参与概率最大时的政府参与均衡概率：

$$m^* = \frac{R_f' - C_f - C}{C} \quad (8-4)$$

综上所述，(m^*, n^*) 是新型农业经营主体与新型职业农民共同参与新型职业农民培育的纳什均衡点，如果两者都要在参与新型职业农民培育中取得自身利益的最大化，必须满足在 (m^*, n^*) 这个均衡点上。在单侧均衡点 n^* 时，新型农业经营主体参与新型职业农民培育的概率最大，此时如果新型农业经营主体社会资本与利益组合增大，新型职业农民会更具有参与动机。同样的，在单侧均衡点 m^* 时，新型职业农民参与培育会达到最大收益期望，此时新型农业经营主体更关注实施培育的固定成本 C，当 C 增加时，新型农业经营主体支持新型职业农民培育的概率减小。同时，新型职业农民的通用性人力资本收益也与新型农业经营主体参与培育的程度有关，当通用性人力资本积累越多时，新型农业经营主体培育新型职业农民就越容易获得边际收益，此时新型农业经营主体更愿意对新型职业农民培育进行支持，从而实现融合。

8.3 “两新融合”利益联结机制构建逻辑

新型农业经营主体参与新型职业农民培育实现“两新融合”，原动力是通过与新型职业农民产生稳定的联结关系来提高自身的收益水平，是逐利行为的根本表现。因此，构建利益机制是新型农业经营主体做好培育，实现“两新融合”的根本路径，也是促进新型职业农民自主参与的关键所在。所谓利益机制，一般指新型农业经营主体及其相关者在利益方面相互联系、影响、依存、作用的调节功能或制约关系，包括新型农业经营主体自身的利益、利益相关者的利益以及双方的利益耦合关系[201]。由此可见，新型农业经营主体的行为决策通常不是新型农业经营主体关系中某一单独成员利益需要的产物，而是新型农业经营主体与各相关者利益诉求的合力结果。这种合力最终构成了新型农业经营主体与其利益相关者的利益联结机制，并在新型农业经营主体行为决策中发挥核心动力[202]。

古典经济学理论表明，要素均具有生产性能，生产者剩余来源于土地、劳动力、资本等要素的配比投入及相互替代。在农业中，因其具有自然生产与经济生产的双重性质，劳动力的技术替代率水平明显高于土地与资本，农业企业逐步将人的投资放置于要素投资的重要地位，以增进劳动力要素的单位配置效率。而在以往传统的利益机制中，农民与企业的利益为“表面”上的均衡，虽然双方共享利益的分配权，但是一方收益的增加必然要损害另一方收益的实现来达成两者的均衡。两者在利益分配上的不均衡，根本上是农民与企业的主体地位存在对立，在利益关系上存在大量重复博弈。所以在以往针对农业产业化、组织化的研究成果中，重点都是怎样调节和实现整体利益、局部利益以及个体利益的平衡。

然而，从“关系主义”企业观来看，一个企业要获取盈利并稳立于行业中，关键要有且会建立关系，通过一个或多个关系，联合其他利益相关者将这种利益相关转为内在关联，企业就可以实现对多种要素的“雇佣”，如人力、资本、技术等。企业在联合其他利益相关者时，也要重视其他利益相关者的价值实现，使每个参与者都能从这种联合关系中取得价值。新型职业农民与新型农业经营主体间的利益关系就是这样的联结关系，内在机制体现在将新型职业农民内生于新型农业经营主体利益系统的过程上（见图8－1）。

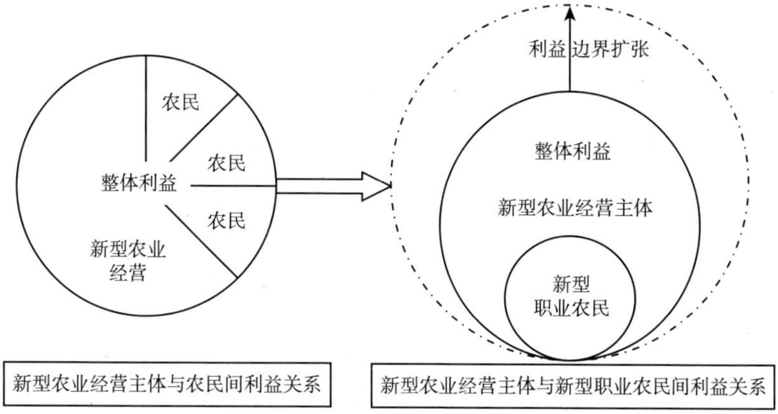

图8－1 新型农业经营主体与农民利益关系转化示意图

新型农业经营主体与新型职业农民利益机制基本可划分为委托代理型、合作共赢型和客户服务型三种类型（见表8－2）。

表8－2 新型农业经营主体与新型职业农民利益机制分类

分类	委托代理型		合作共赢型		客户服务型
典型案例	四川崇州	陕西阳晨	陕西阳晨	上海松江	隆平高科
新型职业农民属性	农业职业经理人	产业工人	种养大户等	家庭农场主	公司客户
新型农业经营主体利益核心	提升经营水平	减少交易费用	规模效益	社会化服务	提高收入
新型职业农民利益核心	自身发展	稳定就业	降低风险	效益提升	增加技能

三种利益机制之间有一定的联系与不同。新型农业经营主体与新型职业农民的利益关系形态主要取决于其关系形成的组织形态。新型农业经营主体培育哪一类型的新型职业农民，则取决于新型农业经营主体的产业化程度、发展阶段及新型职业农民能够发挥作用的产业链环节（见图8－2）。以产业化龙头企业与股份合作社为例，这两种新型农业经营主体对新型职业农民培育会随着它们自身发展规模来进行相应的培育模式，并且对培育的新型职业农民也是要用于服务于它们自身企业。在这些公司发展的初期重点使新型职业农民了解经营管理方式和掌握一定的技能，并应用其作为企业的人力资源，降低等量人力资本的投资成本，获得直接经济利益及各类资本收益，增强企业运行的内部效率。在这些公司发展的成熟期，经营主体会培育生产经营型的新型职业农民，用于实现自身产业化的发展，最终通过主体合作实现集团式、联盟式的一体化，来获得规模收益和外部经济。

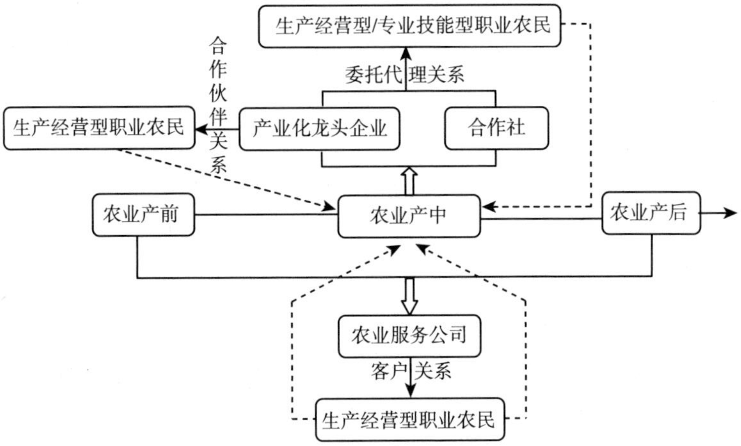

图 8-2　不同新型农业经营主体在各产业环节培育新型职业农民的关系指向

农业服务公司的新型经营主体对新型职业农民培育的重点是生产经营型的农民，因为农业服务公司的服务范围集中在农业产业链的前、后环节，不同环节要求新型职业农民具备不同的能力，同时会培养新兴职业农民通过产品、服务的配套与其形成稳定的客户关系，保障企业的盈利。

8.3.1　委托代理型

委托代理型关系是指在农业企业中根据某种契约，雇用新型职业农民为其服务的同时，授予这些新型职业农民一定的决策权利，然后根据其提供的劳动质量对其给予一定的报酬。在这种关系中授权者是农业企业，即委托人；被授权者是新型职业农民，即代理人。委托代理关系本质上是一种雇佣性的契约关系[203]，是被授权者作为企业员工与授权者产生的内在联系，包括把生产经营型职业农民作为职业经理人（四川崇州职业经理人培育）或把专业技能型职业农民作为产业工人（陕西阳晨、四川崇州职业经理人对职业农民的培育等）两种形式。

委托代理型关系是由企业内部越来越细化的专业化分工被迫产生的。亚当·斯密曾在"斯密猜想"中解释过农业分工的局限性，认为受协调成本等内生因素的影响，农业不能采用完全的分工制度[204]。然而，随着农产品市场的逐步扩大，农业生产要素市场也变得更加规范，产业链条的持续延伸，各产业环节不断增加，农村的分工与农民的分化，成为农业产业化和现代化的必然趋势。即便只从单纯的农业生产关系来看，生产经营的方法、技术也逐步向现代化的方向转变。在解决“小生产”与“大市场”矛盾的同时，农业企业也使企业内部的分工更加明确，岗位与职责更加协调，因此产生了不同的岗位和需求，在很大程度上提升了专业化分工程度，增加了整个劳动力市场的需求总量。

新型职业农民自身就是专业化、职业化的劳动力，具有一些资本存量。与新型职业农民建立委托代理关系，对于农业企业来说，不仅优化企业的生产效率，减少生产成本，而且有利于给企业带来人力资本和技术资本两类利益增值，最终实现企业净收益的增加。企业一方面可以依靠新型职业农民带来的企业人力资本总量积累来改善经营管理知识和产业技术，增强企业生产经营效率，提升产出能力，增强农业企业的直接经济来源；另一方面可以完成由横向一体化向纵向一体化的转变，通过减少要素投入量来降低企业的各项交易成本。同时，新型职业农民通过与企业建立这种委托代理关系，一是保障了他们职业的稳定性，从而实现了能力与岗位的匹配；二是让其感受到了自身“单打独斗”或者短期雇用无法享受的福利保障；三是减少了新型职业农民就业的物资储备要求，获得了单一劳动力要素的经济投资回报，也就是说，新型职业农民在组织农业生产经营活动时不必自主投入资本、土地等要素，由企业与新型职业农民分别投入自身具有比较优势的要素和资源，最终实现产业组织内资源整合与要素配置的优化。

新型职业农民作为一项要素，在开放的劳动力市场上，企业能够通过购买的方式获得并从中获益，为什么还要通过自主培育来构建委托代理关系？制度经济学对此给出回答。制度经济学认为，每种制度变迁都是由经济利益改进引起的。从企业的角度来看，产品的生产成本和新型职业农民雇用数量的关系是减函数的关系，即随着新型职业农民雇用数量的增加，企业的专业化程度、土地、资本等要素的技术替代、劳动生产率等都会提高，最终会降低农产品的生产成本。相应的，劳动力市场的雇用关系实质上是劳动力使用权的交易，随着新型职业农民雇用数量的增加会产生相对较高的交易成本，最终会使企业总成本增加（见图 8 - 3）。

因此，我们可以通过农业企业利益机制进行分析，比较企业和新型职业农民两种缔约形式（市场缔约和培育缔约）的优劣，来解决企业是否能够通过参与新型职业农民培育提高总的效用水平的问题。假设委托人（企业）与代理人（新型职业农民）之间存在三种性质不同的制度安排。第一

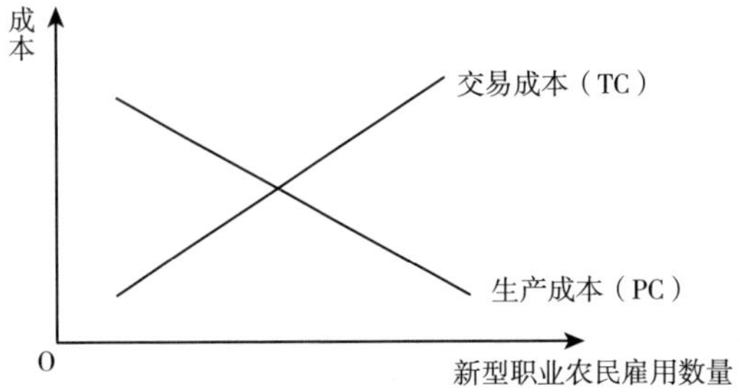

图 8－3 新型职业农民带来的企业成本变化关系

注：线性曲线仅表示成本与新型职业农民雇用数量间的变动方向关系。

种是普通农民的劳动力市场交易，对应的工资率水平是普通农民工资率，表示为 ω_0；第二种是新型职业农民的劳动力市场交易，委托人（企业）和代理人（新型职业农民）承担的交易成本分别是 C_{tm} 和 C_t，新型职业农民对应的市场工资率为 ω_m，劳动增长率为 ω_t；第三种也是新型职业农民，但是企业自主培育新型职业农民，企业对每个代理人进行每次培育的成本（仅指人、财、物的投入）为 C_{mc}，代理人在培育期内所花费的精力、时间、金钱折合成本为 C_1，培育过程中所承担的机会成本（如外出就业）为 C_2，委托人和代理人所承担的交易成本分别是 C'_{tm} 和 C'_t，培育完成后的新型职业农民对应的工资率水平为 ω_k，由新型职业农民所带来的企业人力资本专用性劳动增长率为 ω'_t。假设无论制度如何安排，劳动的生产时间均为 n。设第二种制度中新型职业农民受雇于企业的净收益为 M_p，企业净收益为 M_f；第三种制度中新型职业农民受雇于企业的净收益为 M'_p，企业净收益为 $'M_f$。结合相应假设可以得出：

$$M_p = (\omega_m - \omega_0) \cdot n - C_t \tag{8-5}$$

$$M'_p = (\omega_k - \omega_0) \cdot n - (C_1 + C_2 + C'_t) \tag{8-6}$$

$$M_f = [\omega_t - (\omega_m - \omega_0)] \cdot n - C_{tm} \tag{8-7}$$

$$M'_f = [\omega'_t - (\omega_k - \omega_0)] \cdot n - (C_{mc} + C'_{tm}) \tag{8-8}$$

由以上关系式可以看出，企业与新型职业农民是否有意愿参加自主培育，要视 M_p 与 M'_p 以及 M_f 与 M'_f 的关系来决定。新型职业农民是一种稀缺的要素资源，在市场中买卖双方的容量都很小，流动成本较高，并且市场信息不对称。委托人的自主培育促进企业与劳动力之间产生联系，新型职业农民的要素特质基本没有差异，买卖双方信息相对来说也是对称的，不完全竞争市场转变为完全竞争市场，同时消除了买卖的契约风险，也不存在显著的交易成本。因此有：$C'_{tm}=C'_t=0$。而代理人作为准公共产品供给，多会通过政府购买服务、税收减免、增加补贴等方式促进企业参与，为企业减轻费用支出，于是有：$C_{mc}\approx 0$，$C_1\approx 0$。

企业是由人所拥有的知识和能力的集合体。企业人力资本总额的增加是培育新型职业农民首先所带来的最直接利益。人力资本理论认为，人才知识技术层次与组织产出明显正相关，因此投资人力资本所带来的效益增值与增速远高于物质资本投资[205]。微观经济学理论揭示，人力资本投资会带动人力资本存量增长，而人力资本作为投资要素可在企业生产中变化配置比例，实现生产要素间的相互替代，相应提高企业的技术函数和管理水平，从而使具有能动作用的人力资本在总产量增长率中起到扩张和牵引作用，降低生产成本，提高产出规模[206]。因此，ω_t 与 ω'_t均大于0。

进一步来看，委托人培育代理人是一种投资行为。投资的主体是企业；投资的客体是新型职业农民的知识与技能；投资动机是预期收益，反映在企业提高生产效率、带动企业及员工共同获益等方面[207]。依据人力资本获益主体，又可以将人力资本分为两类：一种是通用性人力资本，另一种是专用性人力资本。获得专用性的人力资本是企业培育新型职业农民的目的。专用性人力资本是指凭借新型职业农民的专用性知识与技能，作为特定企业的资本构成，如果脱离企业，资本回报就会大大下降甚至完全消失。一般情况下，人力资本的专用性越强，在市场上的流动性越差，对其投资的风险性也就越大[208]。在这种情况下，企业为了促进产出，雇用新型职业农民的工资率不低于市场水平，为了避免承担再择业成本，尽可能获得较多的风险报酬，新型职业农民通常会努力提高劳动效率，保持企业经营的持续性和竞争优势的同时，提高自身的劳动产出。因此，有 $\omega_k\geqslant\omega_m$，$\omega'_t>\omega'_t$。综上所述，可得 $M'_f>M_f$，企业更倾向于第三种制度，即自主培育新型职业农民，建立委托代理关系，以此实现企业利益的最大化。

与普通农民相比，新型职业农民更具职业特性，交易成本 C_t 较高，表现为择业的信息成本和转移职业的转移成本。新型职业农民除了在农业企业就业外，只能为小规模经营户或个体经营企业服务，收入风险会加大。因此，市场交易成本 C_t 会大于培育新型职业农民的机会成本 C_2。这样新型职业农民选择自主择业还是参与企业的培育，关键就在于培育后新型职业农民工资率水平 ω_k 与市场工资率 ω_m 的差值。通过之前的分析已知 $\omega_k\geqslant\omega_m$，可得 $M'_p>M_p$，则参与企业培育会成为新型职业农民的选择。

由此可知，委托人（企业）和代理人（新型职业农民）缔结委托代理关系，获得利益可分别表现为：农业企业在获得更高的专用性资本，提升企业整体生产水平的同时，节约更多的生产成本和交易成本，最后获得更高的经济收益。新型职业农民在这个过程中节约了自主择业的成本，从而提升了工资与收入水平，得到了更好的社会保障、更高的社会认可和社会地位，就业稳定性逐渐增强（见图 8－4）。

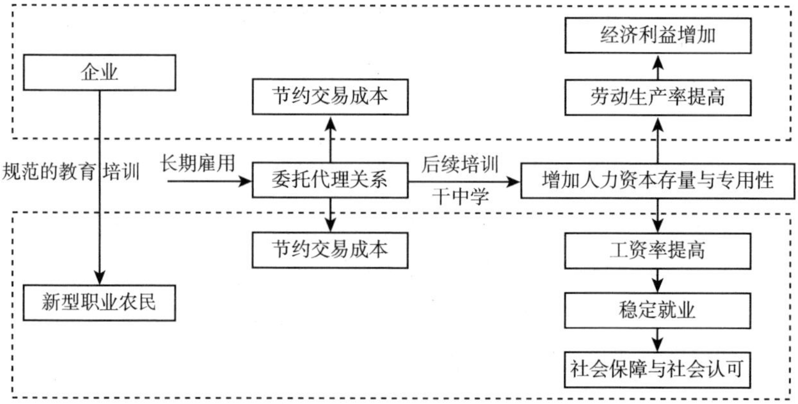

图 8－4　农业企业培育新型职业农民的委托代理型关系的形成

8.3.2　合作共赢型

合作共赢型关系是指企业通过各种形式，与农业经营主体（以新型职业农民为核心）实现整体协同发展，形成资源整合、优势互补、相互合作的利益关系总和。前面提及，为了节约交易成本，获得更高的收益，企业经常将与新型职业农民相联系的活动转变为企业内部活动，用内部的权威机制代替外部的市场机制。但是随着企业规模边界的扩大，代理关系日趋复杂化，企业的组织、管理等各项费用（包括报酬支出、管理效率损失、运行成本等）随之增加，监管的难度增大（见图 8－5），最终造成企业内部不经济。为了降低各项成本，获得更高的规模收益，企业一般会放弃扩大自身规模，转向与新型农业经营主体的协同发展，通过联盟、产供销合作等形式达到双赢，共同谋求行业发展，共同分享规模报酬。

合作共赢型关系的形成来源于资本与合作两种因素的共同作用，是生产、加工、经营、服务等整个产业链延伸的结果。企业在加工、科技、信息等环

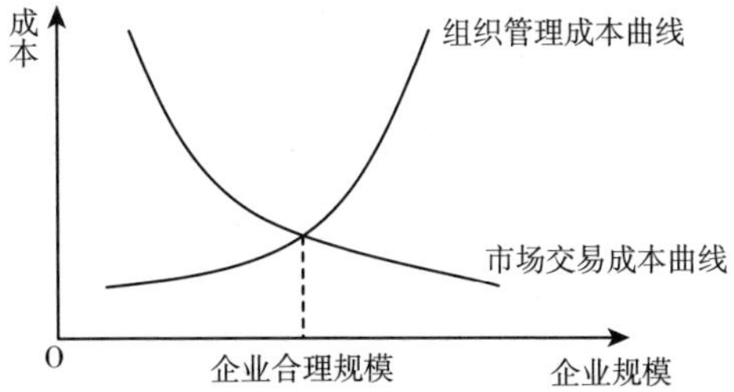

图 8－5 企业规模带来的企业成本变化关系

注：线性曲线仅表示成本与新型职业农民雇用数量间的变动方向关系。

节通过定向服务或者自主服务的形式实现产业化经营。在此过程中，企业通过培育和新型职业农民的合作关系，主要目的是实现技术和经营的统一，促进紧密型横向一体化联合，为合作后统一生产管理、统一物资供应、统一产品销售、统一技术标准、统一财务管理等合作打下基础。

通过合作生成新的组织形式，是介于企业和市场之间的一种资源配置手段[209]。由以下四个条件反映合作是否成功：一是合作关系的和谐程度；二是实现合作目标的程度；三是通过联合合作主体提升竞争地位的程度；四是从合作组织中获取关键信息、技术的程度。

通过之前的分析可得：首先，对龙头企业来说，培养新型职业农民作为自己的合作成员，在某种程度上降低了其企业的成本，实现了规模经济。通过与新型职业农民建立联盟关系，不仅可以节约企业与合作方合作中各方面的交易成本，而且可以通过专业化分工避免组织内部费用过高的问题。其次，与新型职业农民结合形成产业联盟等合作组织，可以促进企业发展，规避投资风险。在实际生产、经营过程中，企业若扩大到一定的边界，为了避免规模化限制和投资风险，通常会采取多元化经营模式。然而，企业难以做到面面俱到，因此需要整合各环节资源，发挥核心竞争力，提升企业的发展水平。通过新型职业农民的培育，可以实现企业与新型职业农民之间各方面的统一性，通过各种手段的联合促进合作，整合各自比较优势资源，实现优势互补，风险共担，共同解决共性问题，壮大产业集群，实现标准化生产和集约化经营，共同做好优化和产品提档升级。最后，通过与新型职业农民合作，推广了品牌宣传，传播了企业知名度，为企业积累了社会资本。

企业自主培育的新型职业农民还有一个显著特点，就是能够通过合作的方式降低生产经营中的技术和市场风险。首先，企业通过知识与技术灌输增强新型职业农民的创业兴业能力，使新型职业农民不间断地获得技术资本，增强应对技术风险的能力。其次，通过实现供求行为的统一，有效控制了投入品和产出品的价格波动，避免了供求失衡的市场风险，使新型职业农民的收入更加稳定。同时，企业通过培育新型职业农民，实现了专用性资本的应用，获得了优质的农业投入品，并且是以低于市场价格获得的，进而提高了新型职业农民的净收入。最后，企业与新型职业农民合作，可使新型职业农民获得资金保障。对其而言，创业兴业的“瓶颈”是资金缺乏造成的投资不足，通过与企业实现联盟合作，更利于获得企业的信誉担保和较强的贷款能力，并且通过对合作组织各环节的融资，形成整个产业链的贷款模式，盘活流动资金，解决新型职业农民发展产业的资金难题（见图 8 -6）。

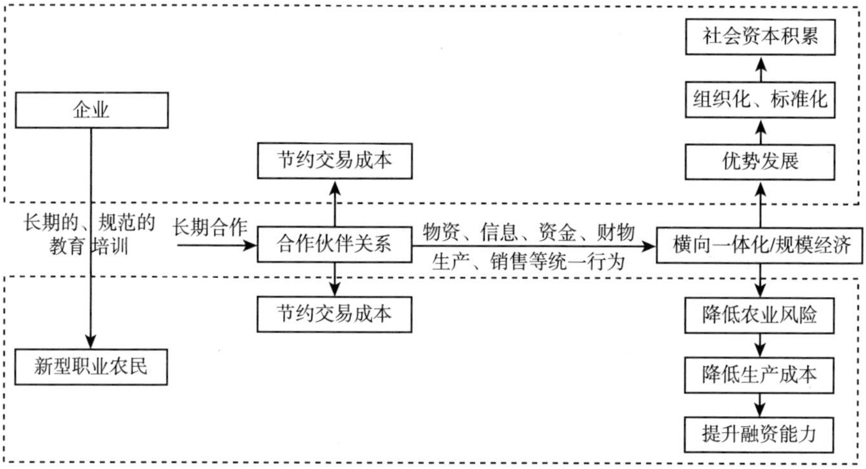

图 8 -6　农业企业培育新型职业农民的合作共赢型关系的形成

与传统的“企业 + 农户”关系相比，企业与新型职业农民的合作伙伴关系和其有着本质区别。首先，合作的主体地位不一样。企业与新型职业农民的合作是法人主体间的合作，传统的合作是产业分工关系的合作。新型职业农民与传统农户在产业的经济性质、规模、谈判等方面也存在本质上不同：传统农户是小农经济，不完全参与市场，在利益获得中处于被动地位；新型职业农民具有法人的性质和地位，较农户来说在利益共享中有极大提高。其次，两者在生产经营中的组织化程度不同：在传统的“企业 + 农户”模式中，由企业组织，农户包干生产，两者仅在交易环节产生联合，实现的是产业链的纵向联合，企业难以实现对农户的监管行为；在新的模式中，整个过程由企业牵头，企业和新型职业农民共同参与，通过统一模式、统一投入、统一标准、统一服务等形式，关系也更为紧密，更利于企业对合作方的监管。最后，农业产品标准化程度不同。“企业+农户”无论是哪种合作关系，农户的利益都只来源于产成品的价格机制，生产过程的标准化难以保证；而在新型的横向合作关系中，通过培育新型职业农民的技术，让其在生产中具备一定的理念与技能，在经营中运用统一的模式与方法，全程投入统一的原料、统一的规范生产技术和管理手段，在很大程度上保障了各个合作方的产品标准化。

8.3.3 客户服务型

客户服务型关系是指企业将新型职业农民作为客户，通过效用置换在产品和服务的购买活动中所产生的关联。在这种关系中，农业企业大部分是为现代农业提供农业资源、农业技术、培训、流通、保险等服务的企业，它的客户群体实际上是各类以新型职业农民为核心的农业经营主体，包括种养大户、农民合作社、家庭农场以及农业产业化企业等。

对企业来说，与新型职业农民建立客户型关系，其动机来自对社会资本和经济利益的直接追求。客户关系对企业经济效益有很大贡献，首先，表现在群体规模的不断扩大与结构的逐渐优化。企业通过对新型职业农民的培育，推广先进生产技术和管理模式，使新型农业经营主体的发展水平得到增强，企业潜在客户规模与层次得到提高。其次，这种经济效益也体现在营销方式和销售渠道改变所带来的利益增量。在传统的业务工作中，农业投入品的推销需要大量的销售人员到各市场区域，不管通过怎样的渠道进行销售，在面对多个分散的农户时，若想完成合作，都需要多次谈判，毫无疑问会产生高昂的交易成本，或许也会由于信息不对称造成“逆向选择”① 的发生，使企业很难找到高消费水平的客户源，造成客户质量差距悬殊，影响企业的收益。通过培育新型职业农民，增强了其对企业的依存程度，营销方式从寻找客户转化为培育客户，同时，新型职业农民在产品投入上的消费方向也发生了转

---

① 所谓“逆向选择”（adverse selection），指的是某一市场上劣质品排斥优质品的现象，其实质是一种市场失败或市场无效。逆向选择理论认为，劣质品之所以能在要素市场上“取代”优质品，存在三个条件：一是企业不知道劳动要素的真实质量；二是劣质劳动的投资成本低于优质劳动，具有相对价格优势；三是劣质劳动可以“伪装”成优质劳动，且伪装后的总成本不会高于企业所出的平均价格。事实上，企业在开发客户的过程中，很容易因信息不畅或开发成本过于高昂而无法遴选出优质客户并与其缔结客户关系。

变。高昂的交易成本也随之降低。此外，将客户培训作为增值服务的必要手段，能够降低客户的维护成本，稳定高质量的客户资源。最后，通过客户服务型关系，企业的社会资本总量也得到增加。企业参与新型职业农民培育，是优化培育体系、增加社会福利的有效手段，促进了企业声誉的传播，为企业带来了良好的政治影响，促进了品牌效益的增长。

对新型职业农民来说，通过培育与企业创建紧密的客户服务型关系，可以提高其自身的专项技能。由于本身的服务特性，企业会全程跟踪其产品（或服务）生产经营的整个过程。为了更好地服务客户，相比政府、院校等教育培训机构，企业对新型职业农民的知识、技术需求更加重视，在进行知识与技能的培训过程中，针对性、跟踪能力较强，反馈较迅速，新型职业农民的技能水平由此显著提升，在企业的帮助支持下，规避技术风险，实现科学经营。另外，培育新型职业农民，有利于特殊产品（或服务）的买卖，节约交易成本。

通过培育建立客户服务型关系可以降低新型职业农民寻找供应商、服务商的成本。同时，农业生产的自然属性必然造成新型职业农民经营需求的差异。通过参与培育，新型职业农民较容易与企业紧密联结，实现个性化、定制化产品（或服务）的供需对接。组建客户服务型关系直接降低了新型职业农民的生产成本。与市场交易相比，这种长期的合作更加节约成本，为了维护客户利益，企业会对产品（或服务）价格进行让利，通过低于市场价格的成本让新型职业农民获得相同质量的产品（或服务），降低了经营的投入成本，提升了净收益水平（见图8-7）。

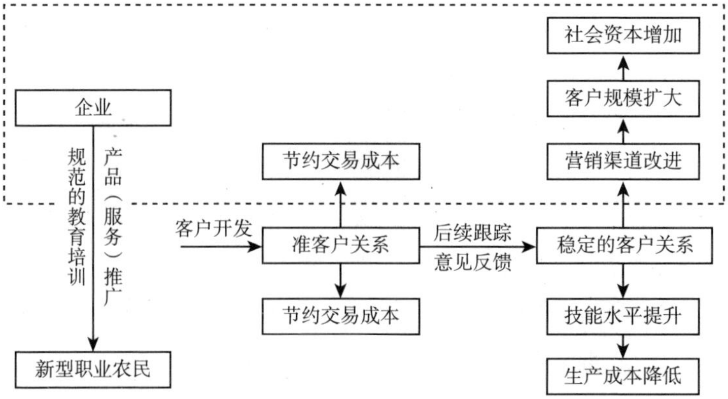

图8-7 农业企业培育新型职业农民的客户服务型关系的形成

第9章　政府参与下“两新融合”机制分析

从各地的实践以及“两新融合”利益联结机制分析可以发现，纯市场化的“两新融合”是不存在的，通过新型职业农民培育实现“两新融合”，代表公共利益的政府自然成为主要的供给主体和受益主体。本章通过分析政府的主要行为特征和职能，提出外部建立政府政策支持机制。在分析融合前提、融合基础、如何深层次融合、融合的不同阶段的基础上，围绕构建“要素融合+市场化运作+三方协作”的“两新融合”机制进行分析，最后提出对策建议。

9.1　政府的政策支持机制

9.1.1　政府行为分析

9.1.1.1　政府行为的一般内涵

政府行为是指政府在协调和处理社会系统中的各种关系以使社会朝着既定目标发展所表现出来的一切行动。政府行为的基本内容和行为方式由政府职能决定。制度经济学认为，政府应当担任三种角色：“守夜人”——抵御外来侵略，打击犯罪，保障安全；“慈善家”——为社会提供困难救济和福利保障；“经济警察”——征税、预算、维护市场秩序，促进社会进步等。因此，广义的政府行为包括政治行为、军事行为、经济和社会管理行为等。狭义来看，政府作为宏观经济主体，在经济活动中的行为目标表现为追求最大化的社会公共利益，通过系列手段对经济活动予以投资、监管与调控。

培育新型农业经营主体和新型职业农民作为一项准公共产品，代表公共利益的政府自然成为主要的供给主体和受益主体。作为准公共产品的主要供给者，政府主导新型农业经营主体和新型职业农民融合是应对“市场失灵”的必然选择，主要可以从培育的系统性与正外部性两个方面得出结论。

（1）系统性。

新型农业经营主体和新型职业农民培育是集人力资本投资与主体发展扶持的综合性、长久性的投资工程，其内涵决定了融合本身具有较强的系统复杂性和实践多样性。分层次来看，整个融合过程从微观到宏观依次有要素层、运行层和环境层，由资金、时间、劳动力、知识与技术等要素，示范带动、规范管理与政策扶持等培育环节以及社会舆论全员参与等培育条件之间相互联系、相互协作、相互制约的培育体系，使“两新融合”成为具有一定复杂性、层次性、周期性的资源配置与协调系统（见图9－1）。

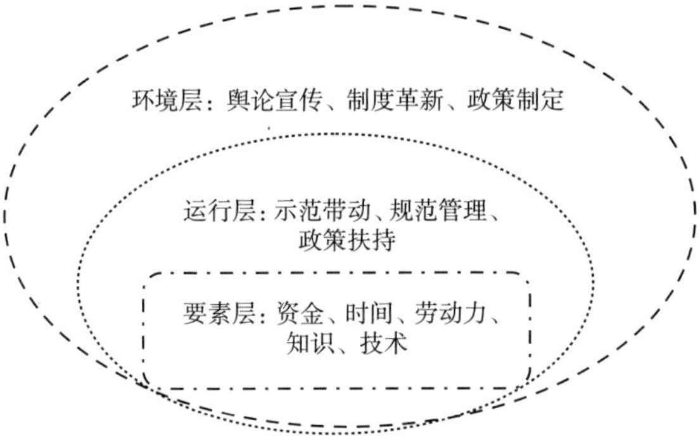

图9－1 “两新”培育系统框架

在系统中，资源配置作为培育的供给主体，其行为作用与协调关系直接影响系统的稳定性与有效性。其中，新型农业经营主体代表私益性的供给主体，政府代表公益性的供给主体，两者共同作用于新型职业农民培育中的各类要素配置与环节实施，使对不同类型的新型职业农民所应用的培育资源、培育内容和培育手段等涉及不同的目标、方法和路径[210]。各主体行为决定了系统的构成与作用机理，系统构成是否合理和有序决定了其运行的优劣状态。在培育实现融合的系统中，任何一个主体或要素出现问题，都会造成要素间无法相容，培育系统条件恶化，影响系统功能最终发挥作用无法实现融合发展。在新型职业农民培育实践中，大部分政府部门和新型农业经营主体为实现短期收益最大化，不管长期和短期培训，都按同样的办法实施致使培育资源浪费，培育效果不明显。因此，在相对复杂的培育系统中，需要政府作为权力方设定一定的法律、制度、政策，或者提出一定的约束条件，对各主体行为进行扶持或约束，以保障系统的顺畅、高效运行。

（2）正外部性。

所谓正外部性，是指经济主体的相关活动使其他经济主体获得了额外的利益，而受益者无须付出相关的成本或代价。简单来说，正外部性是指经济主体行为能够为他人带来好处。新型农业经营主体参与新型职业农民培育实现融合，其在本质上是对经营主体和个人全面发展能力的投资行为，包括人力资本投资、技术资本投资和社会资本投资等内容。“两新”培育的准公共产品性质决定了其公益性特征，即培育不仅要为农民和经营主体服务，还要为整个社会服务，不但为经济目标服务，而且为非经济目标服务。根据成本收益理论，产品的私人收益与社会收益存在一定的差额，该差额就是产品的外部收益（见图9－2）。提高外部收益会增强农业的吸引力，有利于新型农业经营主体和新型职业农民的成长，对“两新融合”产生促进作用。

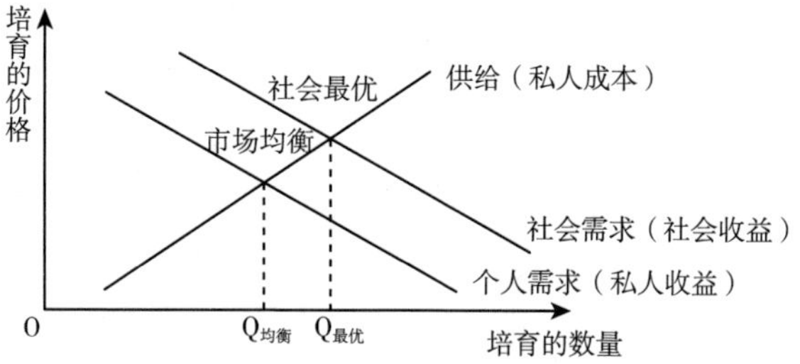

图9－2 新型职业农民培育的正外部性

正外部性可以分为两个层面：知识效应和非知识效应。知识效应层面，新型职业农民不仅可以通过培育学到一定的知识，掌握一定的技能，增加自身的价值，增强人力资本存量，而且可以增加工作机会，增加在工作中发挥知识技能的可能性，提高经营主体的劳动生产率，增加经济收益。非知识效应层面，新型职业农民接受培育，不仅能够提升其思想境界，提高其价值判断能力，增强其对农业生产经营和经济社会发展的责任感，而且由于获得了职业认可，其社会地位得到了提高，打通了城乡职业体系贯通融合的通道。无论在哪一层面，都需要在实现正外部溢出的同时保障给予供给方一定的收益补偿。因此，在新型职业农民培育中，政府一方面直接参与供给，另一方面也要为其他经营主体参与培育而产生的社会收益外溢买单。因此，新型职业农民培育的正外部性决定了政府参与新型职业农民培育实现“两新融合”的意义，即政府需要通过直接供给和间接调控，保障新型职业农民培育的有效供给，提高资源配置的总体效率，最终实现“两新”真正的融合。

9.1.1.2 政府的行为目标趋向

由于新型职业农民培育的系统性与公益性，政府作为公共服务的供给主体，兼具供给者和调控者的双重身份，“理所应当”地成为推动新型农业经营主体参与新型职业农民培育的主导力量，在“两新融合”中具有举足轻重的作用。政府是国家权力的执行部门，具有一定的公共管理职能，同时又是社会利益的代表，增强民之根本与国之根本的稳固是政府推动“两新融合”的根本目标。一是通过政府财政投资、规范行为管理、政策引导支持等行为，融合多方力量，促使新型农业经营主体广泛参与新型职业农民培育，整合各种资源，培养造就一支新型职业农民队伍，促进现代农业发展；二是通过培育一批新型农业经营主体和新型职业农民，实现粮食生产稳定持续增长，增强储备能力，维护农业生产能力，实现保障国家粮食安全的目标；三是通过新型职业农民培育，增加农民收入，促进农民职业化进程，提升农民地位，缩小城乡居民收入差距，促进城乡统筹发展，保障社会稳定发展；四是通过“两新融合”的制度设计和建设，完善公共服务平台，与社会发展的整体相结合，解决主体发展和个体发展的关系，创造有利于“两新融合”发展的社会环境，增加社会的整体福利水平。

新型职业农民培育作为准公共产品，既具有普适性，又具有竞争性与排他性，政府通过参与“两新融合”对新型职业农民培育的调控具有一定举足轻重的作用。政府在参与“两新融合”中体现出来的经济职能相当于政府投资功能，即政府作为公共服务的供给方，需要为社会所提供的公益性服务买单。通过前面分析可以看出，政府是公共物品的供给方，但并不完全是直接供给。事实上，政府在公共物品供给中的投资行为具有一定的边界，即在财力和能力有限，不能充分供给的条件下，政府提供公共产品会有所侧重，保证重点，即使财力充沛，由公共产品最优供给理论所示，公共需求也并非完全由政府单方供给就能够获得效率。政府在参与“两新融合”中的行为趋向表现为由全部的政府直接财政投资向直接财政投资与间接调控相结合的方向转变，直接投资表现为政府对新型职业农民“教育培训、规范管理和政策扶持”三位一体的行为支撑，间接调控则表现为通过直接购买、税收优惠、转移支付等手段对新型农业经营主体等市场化培育资源的整合、调节和运用，实质上就是“两新”培育和融合。

9.1.2 政府的职能

政府是经济活动的重要部门，政府的职能决定了政府行为的基本内容和表达方式。明确政府在新型农业经营主体和新型职业农民培育中的职能划分，是分析“两新融合”中政府行为特征，明确政府地位与角色的先决条件。“两新融合”作为一项经济活动，政府应履行对其进行全局性规划、投资、管理等职能。

(1) 规划职能主要体现在政府对经济活动的统筹、计划与安排上。“两新融合”中的政府规划职能是指政府对新型农业经营主体和新型职业农民培育和融合的战略思路、基本目标、主要措施等进行规划设计，并出台相应指导性意见、文件与政策的功能。农业是我国的基础产业，新型农业经营主体是大规模经营、较高的集约化程度和市场竞争力的农业经营组织。新型农业经营主体是发展现代农业的组织依靠，而新型职业农民是发展现代农业的人才依靠，培育和融合又是一项复杂的战略工程，无论从哪个层面来看，政府都应是新型农业经营主体和新型职业培育和融合的第一“责任人”。各级政府需要在“两新”培育和融合中保持主导地位，明确培育和融合的总体目标、方向和各主体间利益协调，因此首先要做好培育和融合的规划设计，指定战略性方向，奠定规范性基础。

(2) 投资职能是指政府作为投资主体，为促进经济活动中各主体的协调发展，实现一定的社会经济发展目标，利用财政支出对特定事务或活动进行购买或投入的功能。政府投资功能的实现需要依靠政策工具对经济活动进行微观介入和宏观调控。新型农业经营主体和新型职业农民培育是准公共物品，既具有消费的普遍性，又具有一定程度的竞争性与排他性，难以完全依靠市场，因此需要具有权威性和强制力的政府行为来保障培育供给总量的适应和结构的平衡。一方面，政府作为公共利益的代表，能够在培育供给不足时，通过宏观调控，整合培育资源，弥补投资缺口；另一方面，政府具有相对强大的经济能力，具备一定的投资条件，能够在培育结构（主要是发展扶持上）失衡时，通过微观介入，直接进行培育投资。由此可见，政府主导“两新”培育和融合能够针对性地解决市场缺陷与“市场失灵”问题，提高这一活动的整体效率。

(3) 管理职能体现在政府依照相关准则，在经济活动中对各主体、各环节的规范性、有效性活动作出统一的组织与控制上。“两新融合”中政府的管理职能主要体现为：政府作为权力部门，对相关事务的事权与财权提出明确要求，对各级政府部门、经营主体实行确权赋能，创新管理手段，加强对“两新融合”中有关主体和个体的门槛进行设定，从管理服务上增强制度性与规范性。在实际的“两新融合”中，政府重点对资金的投入进行监督与管理，对产出的绩效进行评价，其内容表现在两个方面：一是对参与新型职业农民培育的各政府部门和培育主体进行科学管理，即在多部门参与新型职业农民的教育培训中突出政府的协调职能，确保培育主体实现良性竞争，同时又要实现功能互补；二是对参与培育的新型职业农民进行科学管理，以动态管理为手段，进行培育的满意度调查和考核，强化新型职业农民队伍的稳定与持续。

政府作为兼具强制能力、服务能力和公信力的行政部门，通过不同的行政和业务部门，出台有“两新”培育和融合的政策、法规与规范性文件，这有利于明确培育的战略方向，有利于统筹培育的计划目标，有利于形成培育的制度集合，有利于规范培育的路径方法，有利于监管培育的投资与质量。从目前的推进性文件来看，已基本形成了由中央到地方、由政府到部门的工作推进格局，在工作重点上表现为：中央政府拟订战略方向，农业部拟订实施要求，地方政府配套指导方案的行为特征。

9.1.3 政府政策支持机制的建立

(1) 顶层设计。

2012～2019年的中央一号文件，分别从农业科技创新与解决农业生产力发展能力问题，创新农业经营体制机制，全面深化农村改革，落实创新、协调、绿色、开放、共享的发展新理念，推进农业供给侧结构性改革，加快培育农业农村发展新动能，实施乡村振兴战略，落实高质量发展要求，坚持农业农村优先发展总方针，全面推行乡村振兴等方面作为政策出发点，提出培育和支持新型农业社会化服务组织，支持发展多种形式的新型农民合作组织[211]，培育农业经营性服务组织，扶持发展新型农业经营主体，构建新型农业经营体系，培育新型农业经营主体和服务主体[212]。同时提出大力培训农村实用人才，加强农业职业教育和职业培训，大力培养新型职业农民，开展新型农业经营主体带头人培育行动。深入推进现代青年农场主、林场主培养计划和新型农业经营主体带头人轮训计划，探索培育农业职业经理人，培养适应现代农业发展需要的新农民，支持农民专业合作社、专业技术协会、龙头企业等主体承担培训，实施新型职业农民培育工程。从一开始的新型农业经营主体培育，到新型职业农民培育，再到两者融合培育[213]（见表9－1）。

表9－1　2004～2019年中央一号文件中有关“两新”培育的政策说明

时间	文件名称	政策出发点	政策说明
2012年	《关于加快推进农业科技创新持续增强农产品供给保障能力的若干意见》	加快农业科技创新	培育和支持新型农业社会化服务组织；大力培训农村实用人才
2013年	《中共中央国务院关于加快发展现代农业进一步增强农村发展活力的若干意见》	创新农业经营体制机制	大力支持发展多种形式的新型农民合作组织；培育农业经营性服务组织；加强农业职业教育和职业培训
2014年	《关于全面深化农村改革加快推进农业现代化的若干意见》	推进现代农业发展	扶持发展新型农业经营主体。鼓励发展专业合作，股份合作等多种形式的农民合作社；鼓励发展混合所有制农业产业化龙头企业，密切与农户，农民合作社的利益连接关系
2015年	《关于加大改革创新力度加快农业现代化建设的若干意见》	深化农业改革	加快构建新型农业经营体系；引导农民以土地经营权入股合作社和龙头企业；大力培养新型职业农民
2016年	《关于落实发展新理念加快农业现代化实现全面小康目标的若干意见》	落实创新、协调、绿色、开放、共享的发展新理念	发挥多种形式农业适度规模经营引领作用；积极培育家庭农场、专业大户、农民合作社、产业化龙头企业等新型农业经营主体；加快培育新型职业农民，开展新型农业经营主体带头人培育行动
2017年	《关于深入推进农业供给侧结构性改革　加快培育农业农村发展新动能的若干意见》	深入推进农业供给侧结构性改革，加快培育农业农村发展新动能，开创农业现代化建设新局面	大力培育新型农业经营主体和服务主体；完善家庭农场认定办法，扶持规模适度的家庭农场；重点围绕新型职业农民培育、农民工职业技能提升，整合各渠道培训资金资源，建立政府主导、部门协作、统筹安排、产业带动的培训机制；优化农业从业者结构，深入推进现代青年农场主、林场主培养计划和新型农业经营主体带头人轮训计划，探索培育农业职业经理人，培养适应现代农业发展需要的新农民

续表

时间	文件名称	政策出发点	政策说明
2018 年	关于实施乡村振兴战略的意见	让农业成为有奔头的产业，让农民成为有吸引力的职业，让农村成为安居乐业的美丽家园	统筹兼顾培育新型农业经营主体和扶持小农户；全面建立职业农民制度，完善配套政策体系，实施新型职业农民培育工程，支持新型职业农民通过弹性学制参加中高等农业职业教育，创新培训机制，支持农民专业合作社、专业技术协会、龙头企业等主体承担培训
2019 年	关于坚持农业农村优先发展做好“三农”工作的若干意见	落实高质量发展要求，坚持农业农村优先发展总方针，全面推进乡村振兴	支持发展适合家庭农场和农民合作社经营的农产品初加工；健全农村一二三产业融合发展利益联结机制，让农民更多分享产业增值收益；发展乡村新型服务业；实施新型职业农民培育工程，大力发展面向乡村需求的职业教育，加强高等学校涉农专业建设

资料来源：根据 2012 ~ 2019 年中央一号文件整理所得。

相关部委有关文件与政策如表 9 – 2 所示。

表 9 – 2　　农业部有关“两新”文件

时间	文件名称	相关内容
2012 年	关于做好 2012 年农业农村经济工作的意见	完善扶持合作社发展的政策体系，推进合作社规范化建设，深入开展示范社建设行动，加强合作社带头人和财会人员培训。发展农业产业化经营。强化龙头企业与合作社、一村一品专业村镇、农户的密切合作，完善利益联结机制，提高农业生产经营组织化程度
2012 年	全国现代农业发展规划（2011 ~ 2015 年）	加大合作社经营管理人员培训培养力度。加强对农民专业合作社、农业龙头企业、农产品加工企业中的经营和管理骨干、农民经纪人、农产品营销大户的经营管理培训。加强对种养能手、农机手、农民信息员和涉农企业从业人员的技术培训
2012 年	全国农民教育培训“十二五”发展规划	整合各类教育培训资源，多层次、多角度开展农民教育培训，培养扎根农村就业创业的职业农民
2013 年	农业部关于做好 2013 年农业农村经济工作的意见	培育新型农业经营体系；加大农业农村人才和新型职业农民培养力度
2013 年	财政部关于支持农民合作组织发展促进农业生产经营体制机制创新的意见	培养一批经营规模大、运作机制新、产业基础牢、带动能力强、产品质量优、民主管理好的合作社，实现农民参与合作社的比例明显提高，合作社的可持续发展能力明显增强，农户利益连接机制明显改善，参与农户收入水平明显提升
2013 年	关于新型职业农民培育试点工作的指导意见	构建一套制度体系，培育一批新型职业农民，建立一套信息管理系统。明确了教育培训中的内容、方法、师资等，认定管理中的主体、条件、程序等，扶持政策的方向与措施等

续表

时间	文件名称	相关内容
2013 年	农业部关于加强农业广播电视学校建设加快构建新型职业农民教育培训体系的意见	明确了新型职业农民教育培训的多元办学方向，奠定了农广校在新型职业农民培育中的主渠道作用
2014 年	农业部关于切实做好 2014 年农业农村经济工作的意见	坚持家庭经营在农业经营中的基础地位，加快构建以农户家庭经营为基础、合作与联合为纽带、社会化服务为支撑的立体式复合型现代农业经营体系；加强对家庭农场的示范，引导扶持，建立健全家庭农场管理服务制度；推动龙头企业集群发展，密切与农户、农民合作社的利益联结关系
2014 年	农业部关于促进家庭农场发展的指导意见	引导家庭农场加强联合与合作。引导从事同类农产品生产的家庭农场，通过组建协会等形式，加强相互交流与联合；鼓励家庭农场牵头或参与组建合作社；鼓励工商企业通过订单农业、示范基地等方式，与家庭农场建立稳定的利益联结机制，提高农业组织化程度
2014 年	关于引导和促进农民合作社规范发展的意见	以构建新型农业经营体系为主线，以促进农业稳定发展和农民持续增收为目标，坚持发展与规范并举。数量与质量并重、健全规章制度，完善运行机制，加强民主管理，强化指导扶持服务，注重示范带动，使之成为现代农业经营组织
2014 年	关于引导农村土地经营权有序流转发展农业适度规模经营的意见	加快培育新型农业经营主体，加快发展农户间的合作经营；鼓励发展多种形式的农民合作组织；引导发展农民专业合作社联合社；支持农民合作社开展农社对接，允许农民以承包经营权入股，发展农业产业化经营；支持农业企业与农户，农民合作社建立紧密的利益连接机制，实现合理分工，互利共赢
2014 年	关于做好 2014 年农民培训工作的通知	明确资金来源与用途，完善培育制度，开展培育示范，促进培训向培育转型
2015 年	农业部关于扎实做好 2015 年农业农村经济工作的意见	推进新型农业经营主体和新型职业农民“两新”融合、一体发展，扩大新型职业农民培育工程示范范围，在专业大户、家庭农场、农民合作社、龙头企业设立新型职业农民培训课堂、实训和创业基地
2015 年	国务院办公厅关于推进农村一二三产业融合发展的指导意见	强化农民合作社和家庭农场基础作用；支持龙头企业发挥引领示范作用；发挥供销合作社综合服务优势；积极发展行业协会和产业联盟；鼓励发展股份合作
2015 年	关于做好 2015 年新型职业农民培育工作的通知	财政专项资金支持，开展工程示范，各省、市、县以编制规划、出台指导文件、完善制度建设，创新机制模式为重点工作方向
2015 年	关于统筹开展新型职业农民和农村实用人才认定工作的通知	结合试点经验，以生产经营型职业农民为重点，推进新型职业农民的资格认定
2016 年	农业部关于扎实做好 2016 年农业农村经济工作的意见	支持家庭农场，合作社和社会化服务组织托管农民土地，鼓励农民在自愿前提下以土地经营权入股合作社龙头企业，发展土地流转、土地托管、土地入股等多种规模经营模式

续表

时间	文件名称	相关内容
2016 年	农业部办公厅关于2016 年农村经营管理工作要点	引导农民合作社创新发展，鼓励和引导农民加强联合与合作，不断创新合作社组织形式、运行机制、产业业态，增强合作社发展活力；鼓励农民合作社拓展服务内容；落实和完善合作社扶持政策，坚持开放办社，引导大中专毕业生、新型职业农民、务工经商返乡人员领办农民合作社
2016 年	关于做好 2016 年新型职业农民培育工作的通知	突出生产经营型职业农民，以教育培训为重点环节，分产业、分层次定向培育新型职业农民
2017 年	农业部关于扎实做好2017 年农业农村经济工作的意见	加强新型农业经营主体和新型职业农民培育。加快建立新型农业经营主体培育政策体系，深入开展新型农业经营主体、新型职业农民和农村实用人才带头人培训。健全农业广播电视学校体系，定向培养职业农民。推动建立健全职业农民扶持制度，相关政策向符合条件的职业农民倾斜，依托现代青年农场主计划，壮大职业农民队伍。引导农民外出务工、就地就近就业和返乡创新创业
2017 年	农业部办公厅关于2017 年农村经营管理工作要点	完善农业适度规模经营政策体系；引导家庭农场规范发展加大家庭农场扶持力度；加强农民合作社规范化建设，鼓励农民合作社创新发展；加大合作社政策扶持力度；壮大农业产业化龙头企业，完善农业产业化利益联结机制，坚持把强化龙头企业与农户的利益联结关系作为农业产业化经营的核心
2018 年	农业部关于大力实施乡村振兴战略加快推进农业转型升级的意见	实施新型经营主体培育工程，促进多种形式适度规模经营发展。实施新型经营主体培育工程，培育发展示范家庭农场、合作社、龙头企业、社会化服务组织和农业产业化联合体，加快建设知识型、技能型、创新型农业经营者队伍
2018 年	农业部办公厅关于2019 年农村经营管理工作要点	实施新型农业经营主体培育工程；扶持家庭农场健康发展；促进农民合作社提质增效；支持农民合作社创新发展；宣传贯彻农民专业合作社法；大力开展合作社带头人和辅导员培训
2018 年	关于做好 2018 年新型职业农民培育工作的通知	聚焦乡村振兴人才需求，切实提高新型职业农民培育的针对性、规范性和有效性。2018 年中央财政继续支持开展新型职业农民培育工作。依托新型职业农民培育工程重点实施新型农业经营主体带头人轮训、现代青年农场主（农业职业经理人）培养、农村实用人才带头人培训和农业产业精准扶贫培训等四个计划
2019	农业农村部办公厅关于做好 2019 年农民教育培训工作的通知	农业经理人培养重点面向农业企业和新型经营主体的经营管理人员，带动农民共享产业增值收益；新型农业经营主体带头人培养重点面向家庭农场、农民合作社、小微农企和农业社会化服务组织带头人开展轮训，提高新型经营主体生产经营水平和带动小农户发展能力

资料来源：农业部门户网站 http：//www. moa. gov. cn/。

农业部作为制定全国农业科研、教育、技术推广的发展规划和有关政策，实施科教兴农战略，指导农业教育和农业职业技能开发工作的政府职能部门，在中央提出培育新型农业经营主体和新型职业农民后，依照农业农村发展战略和中长期发展规划，分阶段出台了相应的规范性文件与政策，用以指导“两新培育”全面性、规范性的开展，并提出了“两新融合”发展。

（2）政府的管理。

党中央、国务院高度重视新型农业经营主体和新型职业农民的发展和培育。2018年9月21日，中共中央政治局就实施乡村振兴战略进行第八次集体学习，习近平总书记指出“要突出抓好农民合作社和家庭农场两类农业经营主体发展，赋予双层经营体制新的内涵，不断提高农业经营效率”[214]。党的十九大和多个中央一号文件，都对新型农业经营主体和新型职业农民提出了明确要求。为贯彻落实党中央、国务院的部署要求，原国家农业部提出通过政策扶持，加强政策指导，提供跟踪服务，促使新型农业经营主体和新型职业农民都呈现出快速发展和不断融合的态势。新型农业经营主体培育工作具体由原农业部农村合作经济指导司负责，指导农民合作经济组织、农业社会化服务体系、新型农业经营主体建设与发展。新型职业农民培育则由原农业部科技教育司负责，指导农业教育和职业农民培育。

在地方政府的管理中涌现出很多新型农业经营主体和新型职业农民融合发展的案例，例如，山东省加强新型农业经营主体对农户的带动作用，制定政策促进家庭经营与集体经营共同发展，促进合作经营与企业经营协同发展，支持新型农业经营主体发展绿色、生态、循环农业，支持新型农业经营主体在绿色生产、品牌化销售、智能化管理等方面制定发展标准[215]。推动新型农业经营主体中人才支撑，指导新型农业经营主体参与新型职业农民培育，吸引科研人员到新型农业经营主体兼职，将科研成果转化为生产力，鼓励返乡农民工、大学毕业生、退役军人或其他行业从业者返乡创办各类新型农业经营主体，鼓励基层农技人员深入新型农业经营主体开展技术指导或服务[216]。鼓励农民以土地、林权、资金、劳动、产品等为纽带开展多种形式的联合经营，发展生产、供销、信用“三位一体”综合合作模式，倡导农民通过集体统一流转土地经营权提升土地适度规模经营水平，试点探索农户依法自愿有偿退出土地承包权，由村集体统一经营或租赁给新型农业经营主体，让农户分享经营收益。积极发展农业生产托管服务，在保持土地承包经营权不变的前提下，为农民或新型农业经营主体提供种子及农资、耕种、灌溉、统防统治、收割等环节全部或部分服务的托管经营方式，破解“谁来种地”的难题，推动绿色生态发展，通过规模化经营，既降低了农业生产成本，又实现了农民增收[217]。据统计，截至2017年底，山东以综合托管系数计算的托管面积3200多万亩，综合托管率近20%。累计培育从事生产经营的新型职业农民13万人、认定2.5万人，农民合作社、家庭农场等新型农业经营主体数量居中国首位。

安徽省南陵县积极探索“两新融合”发展，县政府出台了《南陵县家庭农场认定登记管理办法（试行）》，明确了家庭农场的概念、特征、认定标准、管理登记办法和奖励扶持政策，同时规定已取得生产经营型资格的新型职业农民方可领办家庭农场，整合涉农项目向新型职业农民领办的家庭农场倾斜，主要用于水利、道路、大棚等农业基础设施建设和耕种、农药喷施、收获机械等农业装备购置补贴，新增惠农补贴资金主要投向新成立的家庭农场和新型职业农民。这一政策的实施，既培育了新型职业农民，又保证了家庭农场健康发展，“两新融合”取得了显著效果。

（3）政府的政策扶持

政府在“两新融合”培育中的政策扶持行为是调动新型农业经营主体和新型职业农民推动现代农业发展的重要力量。从对比新型职业农民培育试点县在教育培训、信贷支持、土地流转、惠农补贴和农业保险等方面的政策来看，各地方政府都出台了相关的政策或方案。从扶持行为上来看，呈现出了经济扶持和科技扶持相结合、经营主体扶持与优选对象扶持相结合的特点，体现了一定的适用性和有效性。

政策扶持是指由政府或其他相关主体针对解决新型农业经营主体稳定健康发展，新型职业农民素质和技能提升、实现创新创业，与新型农业经营主体融合发展过程中制定政策并加以实施的行为。政策扶持是增强新型农业经营主体和新型职业农民发展能力、促进相互融合的关键手段，各级政府通过协调与整合各类资源，聚集资金向新型农业经营主体和新型职业农民倾斜，同时为处理好各部门之间的利益关系，积极争取自然资源、发展与改革、人力资源与社会保障、教育等相关部门出台配套政策，共同降低行政成本，提高行政资源的使用效率。政策扶持是加快促进现代农业发展的关键核心措施，需要结合新型农业经营主体和新型职业农民融合发展的客观需要，制定新型农业经营主体与新型职业农民相互融合的相关政策。通过整理总结、分析我国20个省区市共114个新型职业农民试点县（市、区）的政策扶持文件，不同地方政府拟订的政策扶持方向、落实程度均存在较大差异。整体来看，在114个试点县（市、区）的政策扶持方向排名前三位的是有信贷支持（88个县，所占比例77.19%）、教育培训（84个县，所占比例73.68%）、土地流转（79个县，所占比例69.30%），详见表9－3。

表9－3　2015～2016年新型职业试点县政策扶持方向

政策扶持方向	出台政策的试点县数量（个）	占比（%）
信贷支持	88	77.19
教育培训	84	73.68
土地流转	79	69.30
惠农补贴	75	65.79
农业保险	72	63.16
科技服务	71	62.28
奖励奖金	44	38.60
农业基础设施建设	43	37.72
市场倾斜	43	37.72
社会保障	25	21.93

注：数据来源于中国职业农民网（http://www.nmpx.gov.cn/）公布及中央农广校提供的政策扶持制度材料整理。

从扶持政策的落实情况看，并不理想，主要表现在三个方面：一是大多政策都提出了原则性的方向，具体实施存在困难。例如，土地流转政策，69.30%的试点县提及了对于新型职业农民在土地流转方面给予政策扶持，但在文件中有明确流转原则、扶持方式、补贴标准、实施措施等的县所占比例尚不足5%。二是农业部门制定的政策多，其他部门制定的政策少。“两新培育”的政治影响与行政管理层次仍显薄弱，有关“两新融合”的扶持政策尤其缺乏。对“两新培育”仍然作为农业部门的主要任务，和其他部门没有什么关系，这在中央提出乡村振兴战略之前尤其明显，中央提出农业农村优先发展作为当地党委政府的重要任务，五级书记抓乡村振兴后，这一情形有所缓解。三是对新型农业经营主体和产业化的政策多，对新型职业农民的扶持政策少。多数地区将培育新型农业经营主体作为促进产业发展最直接有效的手段，而针对新型职业农民的培育是需要长期持久的教育培训和政策扶持才会显现效果，具有一定的滞后性，不会立即见效，往往不会引起重视[218]。事实上，从长远看，新型职业农民是实现现代农业发展重要的人力资源和人才支撑，对国家职业体系的完善、国家和社会稳定发展等有重要影响。

9.2 “两新融合”机制构建

9.2.1 融合前提：消除土地制度的障碍

我国的土地制度经历了三个阶段：1949～1953年（农村土地私有、家庭分散经营）、1953～1978年（土地集体所有、集体合作经营）、1978年至今（土地集体所有、家庭承包经营）。2016年11月中共中央办公厅、国务院办公厅出台《关于完善农村土地所有权承包权经营权分置办法的意见》，在土地所有权和家庭承包经营权两权分离的基础上提出放活土地经营权，为解决家庭承包地规模较少，农业收入有限，无法满足农民实现小康愿望，无法实现机械化和规模化生产，将承包经营权分为承包权和经营权，实行三权分置，促进规模化经营，提升农业生产经营效益，增加农民收入。只有消除了土地制度的障碍，农民才可以通过土地流转、股份合作、代耕代种、土地托管等方式将土地经营权进行转让，才能实现土地集中经营管理，这是原来意义上的家庭承包户难以实现的[218]。因此，一批种养大户、家庭农场、农民专业合作社等新型农业经营主体应运而生，并快速发展。新型农业经营主体的发展又需要新型职业农民来生产经营，转让了土地经营权的农民，通过在新型农业经营主体中就业，从而成为农业产业工人，没有转让土地经营权的农民，可以一边继续经营承包地，也可以同时在新型农业经营主体中就业。土地制度的变革，消除了土地制度的障碍，农民不再被紧紧捆绑在土地上，盘活了土地和人力资源，优化了资源配置，这是实现新型农业经营主体和新型职业农民“两新融合”的前提。

9.2.2 融合基础：农业社会化服务体系的构建

农业社会化服务体系是指为适应和满足现代农业发展需要，公共部门和农业相关的经济组织为农业生产经营主体提供各种服务而构成的一个有机整体。农业社会化服务体系是否完善，是衡量一个国家农业现代化程度的重要指标，是围绕农业生产部门而形成的一种现代农业分工体系，它是获得专业化分工和集约化服务、实现规模效益的一种社会化的农业经济组织形式。从服务的内容看，有供应服务、技术服务、销售服务、加工服务、信息服务等。

（1）培育农业社会化服务主体。

农业社会化服务供给主要包括三个主体：公共部门使用公共权力和资源提供的服务、私人部门使用私人资源以盈利为目标提供的服务、非营利性的组织或民间团体提供的公益性服务。一是推进以基层农技推广体系改革为主体的公共部门服务。根据产业特色和区域布局，科学设置基层农技推广机构，明确其公益性职能。围绕职能定位，合理设置岗位，制订农业院校大中专毕业生定向培养政策，充实基层农技推广机构力量，实施基层骨干人才培养、人员知识更新培训计划。二是大力培育以私人部门为主体的多元服务组织。积极培育发展各类服务组织，鼓励农民合作社向社员提供各类生产经营服务，发挥其服务、引领、带动农民对接市场的纽带作用，引导龙头企业通过基地建设和技术培训、产品回购等方式为农户提供全程服务，发挥其服务带动作用，支持农机手、动植物防疫员、农村经纪人等新型职业农民以个体形式或组建各类专业服务公司为农户提供服务发展，发挥其服务模式成熟、服务机制灵活、服务水平较高的优势。三是培育农村村集体和农民组织等开展服务。鼓励农村集体经济组织通过发展农业生产性服务，发挥其统一经营功能。支持各地成立农业产业联盟、家庭农场联合会等农民组织抱团取暖，开展各类服务。

（2）完善农业社会化服务机制。

构建起公益性服务与经营性服务相结合、专项服务与综合服务相协调的多元化多层次的农业社会化服务体系[219]。完善农业社会化服务供给机制，开展政府购买农业公益性服务机制创新试点，引入市场机制，推动资源要素向农业生产性服务业优化配置，提高服务供给效率和水平。通过购买服务内容、承接服务主体资质、购买服务程序、服务绩效评价和监督管理方式等，针对公益性较强、收益相对较低、农民亟须的农业生产性服务关键技术和薄弱环节，以统一供种、集中育秧、水肥一体化、统防统治、农机作业、粮食烘干等服务为重点，开展试点，并逐步推广[220]。

（3）探索新型农业社会化服务方式。

针对不同产业、不同环节、不同主体的特点，探索新型农业社会化服务方式，推动服务升级。一是推动科技服务进村入户。探索农科教融合发展的新机制、新模式，推动农业科研教学单位发挥成果、人才优势，开展“专家—农技人员—科技示范户”的服务模式。推行“包村联户”的服务方式，为示范户配备责任农技员，通过农民田间学校、基地试验示范等推广方式开展农民教育培训，提供技术咨询服务。二是探索农技人员通过技术服务获取收益的新机制。探索农技人员通过技术转让、技术入股、技术承包、技术咨询等形式进入家庭农场、合作社、涉农企业等新型农业经营主体开展服务并获取收益的有效做法，总结可复制、可推广的经验模式。三是发展农业生产托管新方式。把发展农业生产托管作为推进农业服务、带动农户发展适度规模经营的主要服务方式，支持农村集体经济组织、供销合作社系统、托管服务合作社、专业化服务公司，技术服务型职业农民为农户和各类新型农业经营主体提供专业化、标准化托管服务，探索适合不同地区、不同作物的全程托管、半托管、农业共营制、代耕代种、联耕联种等形式多样的托管模式，促进农业适度规模经营。

9.2.3 深层次融合：发挥新型职业农民组织优势

新型职业农民组织是在新型职业农民培育和农民组织发展到一定阶段出现的一种新型的组织，随着新型职业农民队伍的不断壮大，农民合作组织的不断发展和完善，出现了许多新的形态，新型职业农民组织应运而生并不断发展，同时成为“两新”深层次融合的有效载体。

（1）新型职业农民组织界定。

新型职业农民组织是新型职业农民为了谋求、维护和改善其共同的经营活动互相协作结合而成的团体，是集功能性团体和制度安排于一体的，静态实体与动态实体活动相统一的经济组织，强调组织成员的专业性、协作性和经济性。经过几年的发展，全国各地的新型职业农民组织正迅速成长起来，在提高新型经营主体市场竞争力、推动新型经营主体规模化、规范化发展和经营方面发挥了重要作用，逐步实现了同业合作、跨行业互补、抱团发展，对促进农业技术示范推广、实现生产信息共享、提升市场竞争力发挥了主导作用，在发展壮大新型经营主体队伍、助推农业现代化进程中真正起到了桥梁作用。新型职业农民组织可有效提升新型职业农民组织化程度，对于推进农业供给侧结构性改革，进一步增强新型职业农民市场地位，做大做强农业经营主体，加速“两新融合”发展趋势，形成现代农业发展长效机制，提高农民素质保障农村精神文明建设具有重大战略意义。

（2）新型职业农民组织多维度发展规律。

新型职业农民组织在不同的维度可以提炼出不同的发展规律。一是区域产业经济发展质量是新型职业农民组织成立与发展的基础，通过对不同区域的新型职业农民组织进行分析得知，新型职业农民组织的发展与产业的发展程度息息相关。一般说来，产业发展越快、现代农业发展越好的地区，新型职业农民组织就越多越发达。新型职业农民组织是随着农业产业发展，新型职业农民在生产经营过程中产生的内在需求，因此产业发展情况与新型职业农民组织发展密不可分。二是产业与产品特征影响新型职业农民组织形态的选择，通过对不同类型新型职业农民组织进行分析得知，新型职业农民组织的发展与产业及农产品自身的特点息息相关。例如，畜牧业往往更多地由农业企业主导，需要更多的技术支持和全链条的服务，新型职业农民组织更多为联盟形式；而大田作物、蔬菜等种植业更多的是在同地区建立的协会形式，便于同业互相分享经验、开展规模经营。三是地方政府支持与扶持政策决定了新型职业农民组织建立的速度与数量，新型职业农民组织是近几年才出现的新兴事物，它的建立和成长固然离不开政府的大力扶持和引导。新型职业农民希望建立组织，但他们缺乏相关知识和经验，需要政府的引导和支持。新型职业农民组织的建立速度与规模，也反映了当地农业部门对新型职业农民及其组织工作的重视程度。很多地区的新型职业农民组织都是在政府的一手推动和帮助下建立的，如山东省、河北省等。今后需要各级政府在组织的建立、运行等方面加强指导和监管，同时加强技术与资金的扶持，以保证其能够依法成立、有序运行，为新型职业农民与新型农业经营主体提供更加专业、全面的服务，促进“两新融合”深度发展，助力农业现代化。

（3）新型职业农民组织发展趋势。

随着现代农业的不断发展，新型职业农民培育实施工程范围不断扩大，新型职业农民与新型农业经营主体的合作意识和共赢意识不断增强，“两新融合”程度不断深化。一是新型职业农民组织将成为具有生命力的利益共同体，新型职业农民组织要长远发展，为谁谋利益的问题必须解决。新型职业农民组织应该奉行利益共享原则，把价值创造中涉及的各主体都作为价值分享的对象，使组织成员与合作者都达到满意，将成为一种具有生命力的组织形式。二是新型职业农民组织数量和规模不断增大，新型职业农民迫切需要通过成立和加入新型职业农民组织来达到在更高的层次、更大的平台、更广的范围上合作与联合，新型职业农民组织所起的作用越来越大，未来新型职业农民组织的数量也会越来越多，规模会越来越大。三是新型职业农民组织的目标趋同功能越来越多，2016 年以来各地逐渐涌现出了各种各样的新型职业农民组织，并逐步建立组织系统的管理体系和运作章程。这些新型职业农民组织虽然名称不同，但为了谋求、维护和改善其共同的经营活动互相协作的发展目标逐步趋同。新型职业农民组织的功能也由单一的成员之间信息交流演变为搭建成员之间生产经营合作、抗御风险的平台功能，政府部门对会员开展技术跟踪服务、政策支持的中介功能，新型职业农民组织对会员实现农资统一采购、统一销售、统一品牌等服务功能。四是新型职业农民组织和产业的联结度越来越紧，新型职业农民组织要发挥作用，必须和当地主导产业紧密结合，围绕主导产业建立企业、新型农业经主体和新型职业农民的利益联结机制。这种组织既弥补了市场组织和企业的不足，又发挥了各自的优势。既有企业的稳定性又具有市场组织的灵活性，既避免了企业的束缚又避免了市场组织竞争无序问题，在合作和竞争中既独立又相互依存。未来产业联盟所发挥的作用会越来越大，新型职业农民组织和产业的联结度会越来越紧。五是新型职业农民组织与经营主体组织逐步走地融合，将随着社会的进步和现代农业的发展，越来越多的农民成为新型职业农民，未来的农民组织将演变为新型职业农民组织，这些新型职业农民组织从表面看是人的组织，背后这些新型职业农民都是家庭农场、专业大户、农民合作社或农业企业的骨干成员，实际是经营主体的组织。未来新型职业农民组织和经营主体组织很难清晰地分开，将逐步走向融合发展，成为“两新”深层次融合的有效载体。

9.2.4 融合阶段：初级阶段—中级阶段—高级阶段

土地托管或流转是促进“两新融合”的重要因素，近年来，我国许多地区出现了土地托管形式，有效实现了“两新融合”。根据“两新”各自发展的程度和土地流转情况，可以将“两新融合”分为三个阶段，即：初级阶段（两新并行）、中级阶段（相互融合）、高级阶段（深层融合），见表 9 - 4。

表9－4　　“两新融合”发展阶段

融合阶段	初级阶段	中级阶段	高级阶段
土地方面	半托管	全托管	流转
信任程度	缺乏信任	相对信任	完全信任
经营主体数量	新型经营主体出现	快速增加	大量涌现
主体获利大小	利润较低	利润增加	利润最大化
农业经营方式	小家经营、半机械化	机械化、规模化	现代化、市场化
职业农民类型	技术型	技能型	经营型
数量	数量较少	数量剧增	职业农民普遍化
融合程度	“两新”并行	相互融合	深层融合

（1）第一阶段：初级阶段——“两新”并行。

土地托管流转的程度直接影响着“两新融合”的发展进程，由于土地托管是土地流转方式上的创新，属于新生事物，托管户因为对土地托管这种方式并不了解，所以缺乏信任。在初级阶段，土地托管程度较低，土地托管的方式以半托管为主。主要原因是农民对土地的依赖程度较高，农民不愿将自己的土地全部交给别人来经营，而半托管具有较强的灵活性、限制条件少、便于监督等优势，更易于被农民接受。从事托管的农民专业合作社或农业服务公司在发展初期，经营水平偏低，托管的收益主要源于从种植到收割的某一环节，生产的规模化程度较低，无法获得规模效益，盈利较少。

本阶段主要需要某一环节技术型要求较高的新型职业农民，符合要求的新型职业农民数量较少。在土地托管初步发展的阶段，半托管对“两新融合”的引力相对较小，农民专业合作社或农业服务公司对新型职业农民只进行简单培训就要求上岗，由于服务较为单一，经营主体获得利润较少。新型农业经营主体和新型职业农民借助土地规模化这个纽带，产生融合的迹象，开始“两新”并行。

（2）第二阶段：中级阶段——相互融合。

随着土地规模化进程加快，农户对土地托管不断加深了解，土地托管不断得到托管户的信任，土地托管方式由半托管为主向全托管开始转变，全托管代替了半托管成为主流。全托管比半托管更容易实现规模化和机械化，节省经营成本，从而获得更多利润。由于服务内容的增多，对技能型和服务型的职业农民需求不断增加。新型职业农民在与新型农业经营主体的融合中，不断实现自身价值，为经营主体和自身带来更多的收益。

此阶段，“两新”之间需求增加，随着土地托管和流转政策的不断完善，土地规模化会加大大型农机设备的需求，对会使用这一设备的专业服务型职业农民的需求也逐步增加，使新型农业经营主体不断壮大，两者在利益的选择上不断重合趋同，使“两新”实现相互融合[220]。

(3) 第三阶段：高级阶段——深层融合。

土地的全托管使新型职业农民与新型农业经营主体形成引力使两者不断融合发展，但是土地托管这种形式，虽然风险小、收益稳定，经营主体的收益主要来源于托管费和买卖差价，主要靠扩大规模、提高单产来提高收益。但是托管面积不可能无限扩大，单产也不可能无限提高，新型农业经营主体只有通过产业升级，改种经济效益更高的作物，才能不断增加收益。这就要求经营主体能够掌握土地的经营权，土地流转方式在此阶段会逐步成为主流。新型农业主体在前两个阶段已经积累了一部分发展资金，可以支付一定的土地流转费用，此阶段新型职业农民已经成为一种职业，不断普遍化和正规化。

此阶段，新型职业农民已经成为有技术、会经营、善管理的农业工人，传统农民和家庭经营方式逐步被取代。新型农业经营主体会根据自身需求，不断创新技术和经营方式，自行对员工进行技术培训，以面对激烈的市场竞争。新型农业经营主体可以面向市场生产符合需求的农产品，新型职业农民也已经具备较高的素质。新型农业经营主体对新型职业农民的需求由技术型向经营技术型转变，“两新融合”进入高级阶段，实现更深层次的融合发展。

9.2.5 机制构建：要素融合 + 市场化运行 + 三方协作

“两新融合”机制是促使新型农业经营主体和新型职业农民两者融合的“黏合”力量，该力量主要来源于市场及政府。“两新融合”机制的构建需要通过搭建平台，优化要素配置和调整生产结构来提高供给体系质量和效率，内部通过市场化运作，建立利益联结机制，外部通过政府政策支持机制，三方协作，将农业生产形成真正的产业化形式，并在新型农业经营主体中培育新型职业农民，在培育新型职业农民的过程中壮大新型农业经营主体，从而形成新型农业经营主体与新型职业农民真正融合的机制（见图9-3）。

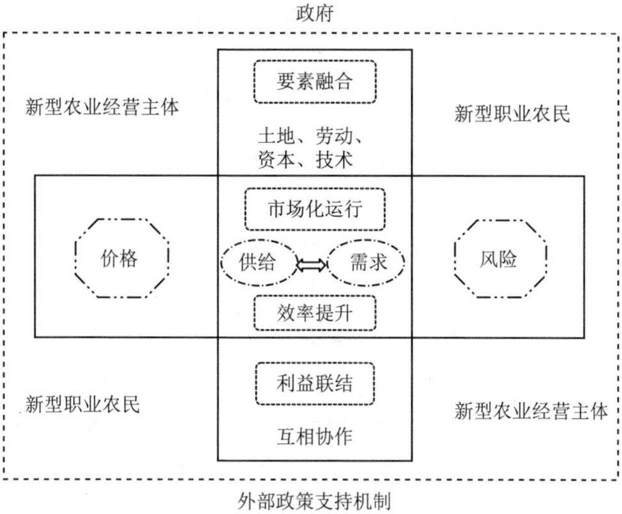

图9－3 “两新融合”机制

（1）要素融合。

要素的融合主要包括土地、劳动、资本、技术等要素在新型农业经营主体和新型职业农民之间实现优化配置和调整。一是土地的融合。未来趋势是新型农业经营主体拥有规模化土地的经营权，新型职业农民交出土地，在新型经营主体中从事劳动，或者领办创办新型农业经营主体，吸纳小农户的土地，成为新型农业经营主体带头人。二是劳动的融合。将从以家庭经营劳动为主，不核算劳动力成本，转变为新型农业经营主体的员工以领取薪酬为主，或者承包新型农业经营主体的土地设施等，需要核算劳动力成本。三是资本的融合。在农民专业合作社中资本融合尤为重要，合作社的资本一方面来源于成员的融资，提高整体成员融资参与是破解合作社资本约束的根本途径；另一方面来源于社会资本，可缓解资本约束的内在的成员激励以及资本控制问题。“两新”资本融合的实质是社会资本与财务资本的有效结合。四是技术的融合。新型农业经营主体由于经营规模较大，对于技术的需求要高于新型职业农民，作为技术的传导方考虑到传导的便利性和有效性也更乐于传导给新型农业经营主体，新型职业农民再从主体中学到更加先进的技术，新型农业经营主体也更愿意使用掌握了一定技术的新型职业农民，并给予更高的薪酬。

（2）市场化运行。

新型农业经营主体和新型职业农民在市场机制下交互作用，实现融合，形成市场化运行下的融合机制。市场机制主要通过市场价格的波动、市场主体之间的利益竞争、市场供求关系的变化以及降低市场风险来实现。新型农业经营主体通过规模化经营和要素融合，带来农产品或服务成本的降低，以及产品质量的提升，从而形成新的性价比，进而改变市场中的供需关系和竞争格局，新型职业农民也能从中获得比单独经营更高的收益，同时降低了单独应对市场的风险[221]。一是通过市场化运作提高融合效益。新型农业经营主体采取“一体化”政策促进资源要素优化，通过整合上游资源，有利于降低种子、农药、化肥等农资的采购成本；技术、管理的一体化政策，有利于农产品一致性和标准化，提升产品质量；通过整合下游资源，统一加工和销售，有利于形成规模优势，稳定和扩展销售渠道，提高销售价格，从而提高新型农业经营主体和新型职业农民双方的收益，提高了融合的整体效益。二是通过市场化运作提高融合效率。供求关系和竞争机制为新型农业经营主体带来技术和信息传递效率提升的要求。为了生存，新型农业经营主体需要将科技和信息快速传递给新型职业农民，新型职业农民只有尽快接受和运用新技术，才能和新型农业经营主体形成一个整体，以便在市场竞争中有立足之地。三是通过市场化运作界定融合限度。受资源和参与者利益的双重约束，新型农业经营主体和新型职业农民的融合并非是没有限制的，由于两者的融合是有成本的，两者对外追求利益最大化，对内追求均衡。

（3）三方协作。

为了应对“市场失灵”，政府通过制订支持政策从外部影响“两新融合”的进程，形成政策导向下的三方协作（政府、主体、农民）融合机制（见图9-4）。市场在提供公共服务、外部环境效应、垄断和信息不对称等问题时往往失去效率，政府通过制订相应的政策，引导或强制实施“两新融合”，以三方协作来应对这一问题[13]。

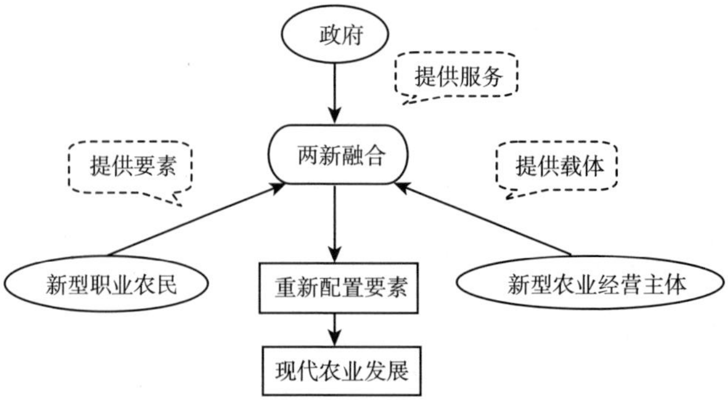

图9-4　三方协作融合机制

新型农业经营主体和新型职业农民内部以市场化运作通过利益联结机制来保障他们各自的利益，解决均衡问题。但市场主体之间的利益边界是客观存在的，市场化有时无法准确界定，导致私人利益与公共利益出现混乱。因此，必须由政府出面，以出台公共政策的方式进行强制界定，恢复正常的市场秩序。政府出台的土地流转、新型农业经营主体和新型职业农民培育扶持等政策，对于打破原有边界，实现“两新融合”发展起到了关键作用，三方协作不断突破边界与稳定边界，推动现代农业发展和社会不断进步。

市场机制下的农业风险具有非常大的破坏力，新型职业农民通过加入新型农业经营主体虽然能在一定程度上减轻风险，但当风险达到一定程度，新型农业经营主体和农民都无力承受时，政府必须出面，通过实施财政支持、全员动员、保险补贴、抗灾救助应对风险，促进经济和社会秩序的稳定。同时，通过教育培训提升新型农业经营主体和新型职业农民应对风险的能力，通过三方协作，起到风险调节作用。

第10章 主要结论与对策建议

10.1 主要结论

本书在界定“两新融合”和建立理论分析框架、分析“两新融合”现状和问题的基础上，从案例分析入手，通过新型职业农民培育中新型农业经营主体和新型职业农民培育对象的行为分析，运用博弈论分析了“两新融合”的利益联结机制，并对政府参与下的“两新融合”机制进行了分析，主要得出以下结论：

（1）“两新融合”指新型农业经营主体和新型职业农民在进行农业生产经营活动中，为了共同目标和实现双方利益最大化、一致化和公平化，通过生产要素的调整和重新配置，在行动上合二为一的过程。“两新融合”机制的理论分析框架是资源配置达到帕累托最优、合作原则遵循利润最大化、利益分配实行股权激励、权力制衡运用双方博弈、三方协作实现效率最大化。

（2）新型农业经营主体和新型职业农民都有了不同程度的融合，其中农民专业合作社、农业龙头企业和新型职业农民的融合效果更好，其发展呈现出了良好态势。但仍存在新型农业经营主体和新型职业农民匹配性较差、体系均不够完善、“两新融合”自身认知和外部环境较差、利益机制联结不够完备、市场行为存在局限性、扶持政策未能融合发展等主要问题。

（3）新型农业经营主体在新型职业农民培育中的教育培训、就业保障与发展扶持等行为的核心动机是对自身利益的根本追求，“两新融合”发展本质上是通过利益联结的方式增强以双主体为本的协调性和稳定性，强化新生产力与新生产关系的适应性，新型农业经营主体行为的优势作用表现在优化培育效果、整合经济资源、促进就业创业、凸显示范作用、增强农业吸引力上。

（4）新型职业农民是具有收入理性和经济理性的行为人，具有较强的主观能动性。新型职业农民培育对象是“两新融合”中关键的需求侧主体，是达成既定目标的关键指向，其主要目的是获得产业化发展和职业化发展的综合技能。新型职业农民中生产经营型占较大比重，而不同的性别、年龄、受教育程度、从业年限、家庭人口结构、所处经济区域的培育对象在三类职业选择中具有差异性偏好，表现出不同的职业化特点，为分类精准培育新型职业农民，实现“两新融合”奠定了对象基础。

（5）在“理性经济人”假设下，新型农业经营主体和新型职业农民的行为趋向分别表现为组织利润最大化和个人效用最大化。通过两者的博弈分析得出新型农业经营主体社会资本与直接利益组合增大时，会提升培育对象的参与程度，而当培育固定成本减小，培育对象的人力资本累积基础较大时，新型农业经营主体更愿意对新型职业农民培育进行支持，达到“两新融合”。新型农业经营主体与新型职业农民间的利益联结机制决定了利益实现的不同路径：四川崇州案例属于委托代理型利益联结机制；陕西阳晨案例既有委托代理型，又有合作共赢型利益联结机制；上海松江案例属于合作共赢型利益联结机制；隆平高科案例属于客户服务型利益联结机制。

（6）“两新融合”机制是促使新型农业经营主体和新型职业农民两者融合的“黏合”力量，主要来源于市场及政府。融合的前提是消除土地制度的障碍，基础是构建农业社会化服务体系，发挥新型职业农民组织的优势实现深层次融合，经过初级、中级、高级三个阶段来实现。需要通过要素融合、优化配置和调整生产结构来提高供给体系质量和效率，内部通过市场化运作，建立利益联结机制，外部通过政府搭建平台，建立政策支持机制，主体、农民和政府三方协作来不断突破边界与稳定边界，实现“两新融合”来推进农业现代化和社会进步。

10.2　政府参与下构建“两新融合”机制的对策建议

10.2.1　优化融合机制的顶层设计

（1）以习近平新时代特色社会主义思想为指导。

党的十八大以来，以习近平同志为核心的党中央解放思想、实事求是、与时俱进，不断推进马克思主义中国化，形成了习近平新时代中国特色社会主义思想。其理论创新的逻辑基点与实践基础在于以社会主义初级阶段主要矛盾为逻辑起点、以战略思维为理论支撑、以新发展理念为实践取向、以人民为中心的价值追求、以全面深化改革为基本动力、以群众路线为根本方法、以法治建设为主要依托、以全面从严治党为根本保证。习近平新时代中国特色社会主义思想坚持运用马克思主义的立场、观点和方法，解决了当代中国进入新时代的一系列重大理论与实践问题，开辟了马克思主义在中国实践的新篇章。基于中国仍处于社会主义初级阶段的客观实际，我们在根据当前形势规划未来事业，制定当前政策推进事业发展，进行任何制度改革都要立足于这一基点。同时，也应该高度重视社会主义初级阶段主要矛盾的新变化，即人民日益增长的美好生活需要和不平衡不充分的发展之间的矛盾，这是党中央立足新的历史条件和现阶段我国基本国情，针对我国社会主要矛盾变化作出的全新论断，为理解在新的发展阶段如何实现现代化提供了新思路。“三农”问题是关系国计民生的根本性问题，没有农业农村的现代化，就没有国家的现代化。“两新融合”作为农业现代化发展的重要途径，必须以习近平新时代中国特色社会主义思想为行动指南，为新型农业经营主体发展提供人力资源支撑，为新型职业农民成长提供摇篮，是实现现代农业发展的必要手段。

（2）以乡村振兴战略为总体要求。

党的十九大报告提出了实施乡村振兴战略的总要求，应积极落实加强党对“三农”工作的领导，坚持把解决好“三农”问题作为全党工作重中之重，牢固树立新发展理念，落实高质量发展的要求。紧紧围绕统筹推进“五位一体”总体布局和协调推进“四个全面”战略布局，坚持农业农村优先发展，努力实现“产业兴旺、生态宜居、乡风文明、治理有效、生活富裕”的目标，让农业成为有奔头的产业，让农村成为安居乐业的美丽家园，让农民成为有吸引力的职业，这是站在新的历史背景下设定的新的战略目标，具有划时代的里程碑式意义，是未来新时代“三农”工作的方向，是实现“两个一百年”奋斗目标的基础[223]。实施乡村振兴战略，“人才、土地、资金”缺一不可，形成各种要素合理流动机制是关键，形成新型农业经营体系是核心，实现城乡协同和三产融合是路径，达到协调平衡发展是目标。“两新融合”作为新型农业经营体系的重要组成部分，优化农业资源要素配置结构，对实现乡村振兴战略具有很大的推动作用。同时，乡村振兴战略作为新时代“三农”工作具体方针，“两新融合”的发展也需要遵循其总体要求，稳步推进。

（3）政府层面完善法律保障机制。

法律是由国家制定并用国家强制力保证实施、维护社会稳定和国家各项事业健康有序发展的最有力措施。对于“两新融合”，相关制度的完善是对新型职业农业与新型经营主体长久发展的根本保障，也是保障其各自权益的法律武器。通过健全新型职业农民与新型经营主体法律法规与制度建设，协调多方力量提供政策、财政、金融等长效支持，保障农业、农村、农民的长治久安。自 2007 年 7 月《中华人民共和国农民专业合作社法》正式实施以来，我国农民专业合作社进入快速发展阶段，2018 年 7 月新修订的《农民专业合作社法》实施，合作社从数量增长开始向规范发展转变，转入高质量发展阶段[224]。合作社从小散弱向联合合作转变，规模化水平不断提升；合作社从生产流通向产后加工延伸，产业化水平不断提升；合作社从生产销售普通产品向品牌产品转变，品牌化水平不断提升。在农民教育培训方面，至今为止除天津、甘肃两省市发布了地方性的农民教育培训条例外，其他地方及国家层面还没有关于农民教育培训的专项法规，这在很大程度上导致了农民教育培训中的问题，如培训缺乏长效机制、监管机制不完善、后续跟踪服务不到位等[225]。解决上述问题的途径、对策、方法有多种，但最有效、最重要的途径是健全相应的法律法规，制定专门、系统的农民教育培训法律法规体系，将农民教育培训的经费投入、组织管理、培训机构、农民的权利和义务纳入法制化的轨道，保证农民教育培训工作的规范性、有效性和可持续性。

（4）市场层面建立利益联结机制。

龙头企业、农民合作社、家庭农场等新型农业经营主体与新型职业农民作为利益相关者，在农业产业链不同环节的比较优势与劣势相对独立且互补。龙头企业不宜直接从事农业生产，但在人才、技术、信息、资金等方面优势明显，适宜负责研发、加工和市场开拓，但是由于原料来源不稳定，产品质量得不到保障。农民合作社是在农民自愿基础上，为农民服务的互助性经济组织，因此在组织农民生产方面得天独厚，在服务中易形成规模优势，但面对土地零散、规模小的普通农户，服务效率受限、服务对象不稳定。家庭农场在邻里间流通土地较便利，但在资金、技术市场等方面局限较大，经营能力弱、缺乏规模化服务支持、经营效益不稳定。各经营主体可以通过分工协作、取长补短，为“两新融合”发展提供内生动力[226]。“两新融合”将新型职业农民与新型农业经营主体通过要素间的交叉重组以及契约互助关系形成紧密型利益联结，各成员具有明确的功能定位利于其发挥比较优势，不仅优化了区域资源要素有效配置，还提升了农业要素生产配置效率。各主体之间不仅通过协议的方式实现产品交易的联结，更重要的是共享资产、信息、品牌等，实现市场的有效资源配置，同时提升了农业抗风险能力。

10.2.2　完善融合机制的制度建设

（1）农村土地经营与流转制度。

土地制度是中国政治经济制度的基础性安排。土地制度改革是中国改革全局关键而敏感的领域。政府应强化对于土地市场的宏观调控能力，完善土地产权交易机制，规范土地交易主体行为，保证土地市场健康发展，确保农村土地制度改革的系统性、科学性与有效性。一是完善农村土地承包政策。全面开展农村土地确权登记颁证工作，探索承包权与经营权分离的途径和办法。在落实土地集体所有权的基础上，稳定承包权，放活经营权。所有权指土地归集体所有；承包权指属于集体经济组织的成员，才能承包土地；经营权指土地流转或抵押的权利。二是健全土地流转机制。有关部门应尽快出台土地流转的指导意见，建立土地规模经营专项资金扶持制度，鼓励农民承包地向专业大户、家庭农场、农民合作社等新型农业经营主体流转。建立工商企业租赁农户承包地准入和监管制度，重点对企业资质及能力、经营项目是否合规、土地流转合同是否规范等进行审核，对土地用途、投资进度、租金支付、耕地保护等进行监管。三是创新土地规模化经营方式。适度的规模经营可以合理分配劳动力、物资及农业机械等资源配置、提升农业投资效率，从而提高农业生产力，增加农业经营效益。探索通过土地互换、土地股份合作、土地托管等方式解决承包土地细碎化问题，建议各级财政设立规模化整理专项资金，对土地规模化经营成效明显的县（市、区）实行以奖代补。四是加强农田基础条件建设[221]。将土地确权登记、土地规模化经营与农田基础设施建设结合起来，结合全国永久基本农田保护政策，整合商品粮基地、高标准农田建设、农业综合开发、土地整理、农田水利等项目资金，以保障国家粮食安全为前提，大力支持和建设成方连片、旱涝保收的农田。

（2）乡村人才制度。

实现乡村振兴人才振兴是关键，乡村人才作为第一要素对于农业农村发展始终发挥着支撑与保障作用。应逐步完善乡村人才制度，切实加强乡村人才的培养，疏通农业科技人员把农业技术、思想观念、管理知识应用到农村的通道。加强高素质农民培养，从国家层面制订中长期农民教育培训规划，重点面向新型农业经营主体带头人、青年农场主、返乡农民工等群体开展教育培训，培养适应乡村发展的各类人才，逐步将小农户纳入教育培训范围，实现与现代农业有效联结。探索建立家庭农场经营者和农民合作社带头人职业教育培训制度，建立乡村人才师资库，鼓励农民专业合作社、家庭农场承担农民教育培训任务，在新型农业经营主体中建立实训基地，着力打造一支高素质农民队伍。重点围绕中、高等职业教育和初级、中级、高等教育的衔接以及和农民培训的衔接完善相关制度，重点解决农业后继者素质能力提升问题，鼓励大专毕业生回乡创新创业。创新乡村人才培育机制，建立自主培养与人才吸引相结合，完善人才培养、人才吸引、人才使用、人才评价机制，发挥人才支撑作用。2019 年农业职业经理人正式纳入职业范畴，作为新型职业农民重要组成部分，对于未来乡村人才制度的构建产生重要影响。

（3）社会保障制度。

社会保障制度是一个国家或社区为改善和提高成员的物质和精神生活水平而提供的社会服务及其措施，是社会文明和进步的重要标志。由于城乡社会保障之间存在一定差距，在生活、医疗和养老问题上农民的社会保障制度还不够完善。在全面建立职业农民制度的基础上，完善农民的社会保障制度，解决低保制度压力增大、医疗保障明显不足、养老保障制度亟待完善的问题。建立城乡一体化社会保障制度，解决职业农民不能享受职工养老保险的问题。新型职业农民与新型农业经营主体作为农民群体中的先进力量，发挥着积极带动作用，应按照职工与企业的标准建立与之相匹配的完善的社会保障制度，对其长久发展起到激励与引导作用，保障其基本权益。

10.2.3 加强融合机制的政策配套

（1）财政资金支持政策。

稳步提高各部门用于农业的资金所占比重，财政资金支持政策向新型职业农民与新型农业经营主体倾斜。2018年，中央财政农业生产发展资金依托新型职业农民培育工程重点实施新型农业经营主体带头人轮训、现代青年农场主（农业职业经理人）培养、农村实用人才带头人培训和农业产业精准扶贫培训等四个计划。新增农业补贴继续向新型农业经营主体倾斜。对于各级示范家庭农场和示范农民合作社加大奖励力度和范围，支持发展适度规模经营和规范管理。解决土地流转费用过高问题，鼓励地方政府对新型农业经营主体流转土地给予一定的土地流转补贴。对家庭农场和农民合作社开展绿色和有机农产品生产及认证给予财政资金支持，以提高它们的生产标准化水平。加大对农民教育培训工程的资金支持力度，争取覆盖到所有的农业县，加强对新型农业经营主体负责人和经营管理人员的培训，以提高他们的科技能力和工作水平。

（2）金融保险政策。

优化农村金融保险政策对于新型职业农民与新型农业经营主体的融合发展具有推动作用。一是创新农村金融。创办新型农村金融机构，创新农村金融产品和服务方式，探索农民合作社开展适度信用合作，为新型农业经营主体提供资金支持。将土地经营权、土地附属设施、大型农机具等纳入担保抵押物范围，创新贷款担保机制，可以成立担保公司、建立村级互助担保基金、由龙头企业为新型农业经营主体提供担保服务。开展新型农业经营主体信用评级，增加对新型农业经营主体的授信额度。二是完善农业保险制度。农业保险对于化解农业自然风险具有举足轻重的作用，增设由政府财政支持的政策性农业保险品种，尤其是蔬菜、水果等风险系数较高的农作物品种。建立政府财政支持的农业灾害风险补偿基金，提高保费补贴标准，降低新型农业经营主体发展生产面临的自然风险。针对种粮大户和种粮合作社，开展粮食产量指数保险和粮食价格指数保险补贴试点；以种粮收入为保险标的物，通过指数保险的方式，探索新型农业经营主体种粮目标收益保险补贴试点[212]。

（3）社会化服务政策。

加大对县、乡两级农业社会化服务平台建设的支持力度，强化基础条件建设。加强对经营性农业社会化服务组织在服务设施、服务队伍、服务活动上的支持力度，对于服务内容多、服务面广、与产业带内主导产业和农户连接紧密、服务效果好的给予优先扶持。通过社会化服务综合平台建设，统筹和整合基层农业服务资源，统筹整合农资供应、动植物疫病防控、无人机喷药、节水灌溉、技术指导、农机作业、农产品加工及营销等服务，推动先进适用技术和现代物质装备推广应用，不断提升综合服务的集约化水平，尽快实现农业服务在重点农区和关键环节对农户服务的全覆盖。放宽土地使用政策，对于规范化的农业社会化服务组织的建设用地优先考虑。农业社会化服务组织享受农业用电、“绿色通道”、免收工商管理费和人才培训费等政策[228]。

（4）农民教育培训政策。

2019年提出未来展开高素质农民长效培训，针对助力产业扶贫、推动农业结构调整、提升乡村产业水平发挥人才支撑作用。努力创造有利于农民成长发展的政策环境，将现有的新型农业经营主体、新型职业农民培育的政策资源进行整合，更有针对性地实施高素质农民培训。一是推进分类培训。继续组织实施农业经理人培养、新型农业经营主体带头人轮训（含现代青年农场主）、现代创业创新青年培养和农业产业精准扶贫培训等4个计划。二是推进分层培训，农业农村部将组织各地师资培训和杰出农民教育培训，省级抓好农业龙头企业及示范性合作社带头人、农业经理人、青年农场主创新创业培训及县级师资培训，县级重点抓好新型农业经营主体带头人的轮训，加快构建立体化培训格局。三是推进分模块培训。强化课程的模块化设计，对经营主体带头人，强化市场营销、企业管理、品牌创建、金融保险等内容；对创业创新人员，强化创业思维、创业能力、团队沟通与合作、商业模式等内容；对生产型农民，强化实用型、技能型技术培训；对农业经理人，强化经营管理等综合能力培训，造就复合型人才[229]。

10.2.4　保障融合机制的对策措施

（1）完善新型农业经营体系建设，落实乡村振兴战略。

党中央提出构建集约化、专业化、组织化、社会化相结合的新型农业经营体系这一重大任务，是为了破解未来“谁来种地”“地怎么种”等农业生产经营面临的紧迫问题。其中，集约化是相对粗放经营而言的，主要指加强对农业的投入，提高农业生产效率；专业化是相对兼业化而言的，主要指培育专业大户、家庭农场等职业农民；组织化是相对分散经营而言的，主要指通过农民合作社、专业协会、龙头企业的带动，提高农户生产的组织化程度；社会化是相对个体而言的，主要指加强农业社会化服务，克服农户小规模经营的弊端[230]。对当前而言，构建新型农业经营体系，核心是培育新型农业经营主体，关键是健全各主体间的利益关系，重点是加强农业社会化服务。发展农业产业化经营，通过龙头企业与农户建立利益联结关系，能有效培育新型农业经营主体，提升农业社会化服务水平，促进家庭经营、集体经营、合作经营、企业经营融合发展，推进新型农业经营体系的构建。只有构建起完善的新型农业经营体系，才能更好落实乡村振兴战略，让农业成为有奔头的产业，让农民成为有吸引力的职业，让农村成为安居乐业的美丽家园。

（2）加强政策引领，落实“两新”融合的扶持措施。

要充分发挥政策激励和导向作用，进一步完善财政税收金融等支持政策，把运行规范的新型农业经营主体，尤其是龙头企业、示范社作为政策扶持重点。鼓励新型经营主体发挥自身效应承担社会责任，主动培育新型职业农民，分担农民培训工作，衔接政府与农民沟通与联系，许多龙头企业、现代农业园区有着先进的生产基地、培训基地，适宜新型职业农民培育工作的开展；鼓励新型职业农民加入或成为新型经营主体，开展适度规模经营，提高农业生产效益以及农民收入，使农民享受到规模经济带来的边际报酬递增。相关的扶持政策在保障新型农业经营主体、新型职业农民各自发展壮大的同时，要保证“两新融合”，协同发展，也有利于各类资源的高效配置，避免扶持政策的重复以及错位，挫伤农民的生产积极性，应以提升农业生产效益、实现农业现代化为目标，制定“两新融合”的配套扶持政策。

（3）引导农民加强合作，发展新型农民合作组织。

随着市场经济的发展，农业生产领域逐渐进入社会化大生产过程之中，农业生产的社会化程度不断提高，农民对社会化服务的需求也在日益增加，在这种情况下，各类新型农民合作组织呈现出蓬勃发展的局面。政府涉农服务机构的功能日渐完善，在一些地区建立起涵盖县级推广中心、乡镇技术推广服务站、村科技人员和村级科技示范户的四级农业技术推广网络，为农户生产提供专业技术服务。近年来，农业产业化龙头企业在带动农户增收和服务农户方面成效显著，并在国家的高度重视和大力支持下得到了快速的发展。各职业农民在自身发展起来的同时发挥资源优势，围绕支柱产业和主导产品组建各类新型职业农民组织，如协会、联盟等[231]。规范新型农民合作组织的管理与运行，完善内部规章制度，建立信用管理制度，健全生产记录制度，加强标准化和品牌化建设，强化内部农民培训，提高新型农民合作组织规范化建设水平[232]。

（4）发挥农业龙头企业优势，完善利益联结机制。

支持龙头企业通过兼并、重组、收购、控股等方式，组建大型企业集团；支持符合条件的国家重点龙头企业上市融资、发行债券、在境外发行股票并上市，打造龙头企业航母。依托国家农业产业化示范基地，大力推动龙头企业向示范基地集群集聚，加强示范基地建设，围绕技术创新、融资服务、品牌培育搭建平台，提升龙头企业的辐射带动能力。积极推动龙头企业与农户开展订单农业模式，探索龙头企业为农户提供农业保险和信贷担保，以农业产业化促进生产标准化。完善“龙头企业＋合作组织＋农户”的模式，在“互利互惠、利益共享、风险共担”的基础上，采取保底收购、股份分红、利润返还等方式，让农户分享在加工、销售等环节的收益，促进农民增收，稳定龙头企业与农民的关系，实现利益共享，有效联结。支持龙头企业与专业大户、家庭农场、农民合作社等新型农业经营主体有效对接，鼓励龙头企业创办领办服务型农民合作社，推进龙头企业与合作社深度融合发展。鼓励农民、家庭农场、农民合作社以土地资金、技术、劳动力等要素入股龙头企业，形成利益共同体。

（5）加强经营主体带头人轮训，培育新时代高素质农民。

新型农业经营主体是发展现代农业的生力军，新型农业经营主体带头人是新型职业农民的优秀代表。农业部办公厅颁布《关于开展全国新型农业经营主体带头人轮训计划的通知》（农办财〔2016〕38号），提出用5年时间将新型农业经营主体带头人轮训一遍，提高他们的综合素质和职业能力，充分发挥示范带动作用，促进新型农业经营主体和新型职业农民“两新融合”、一体化发展，加快构建现代农业生产经营者队伍。为深入实施乡村振兴战略，2019年农业农村部与教育部联合启动实施“百万高素质农民学历提升行动计划”，各地应采取措施，用5年时间完成培养100万名接受学历职业教育、具备市场开拓意识、能推动农业农村发展、培育新时代高素质农民，形成一支乡村振兴人才队伍。打造100所乡村振兴人才培养优质学校，提升涉农职业院校培养高素质农业农村人才的质量水平，培育一批大学生成为新时代高素质农民，为乡村振兴战略提供人才支撑。

（6）完善农业社会化服务体系，吸纳小农户融入新型农业经营主体。

由于在未来一段时期内，小农户仍然数量庞大且长期存在，他们处在农业发展的“边缘地带”，影响农业现代化的实现。要实施乡村振兴战略，必须促进小农户和现代农业发展有机衔接。未来高素质农民是联系小农户与新型经营主体的重要纽带，通过新型经营主体带动扶持小农户，从而形成三方“利益共同体”，在市场机制下，资源达到最优配置，实现良性循环，各方获得各自应得的价值。新型农业经营主体通过打造品牌，完善社会化服务体系，开展农社对接，帮助小农户对接市场，增加收益。在未来培养高素质农民的同时，会逐步建立起与小农户、新型农业经营主体的三方双向耦合发展机制，促进小农户转变为高素质农民，拓展小农户加入新型农业经营主体的渠道[10]。新时代下“两新融合”将逐步转变为如何使小农户、新型农业经营主体通过高素质农民有效衔接现代农业的“四方融合”。

参考文献

［1］中共中央国务院．关于实施乡村振兴战略的意见［N］．人民日报，2018－02－05（001）．

［2］中共中央国务院．关于全面深化农村改革加快推进农业现代化的若干意见［N］．人民日报，2014－01－20（001）．

［3］中共中央国务院．关于加大改革创新力度加快农业现代化建设的若干意见［N］．人民日报，2015－02－02（001）．

［4］中共中央国务院．关于落实发展新理念加快农业现代化实现全面小康目标的若干意见［J］．中国农民合作社，2016（03）：7－15．

［5］中共中央国务院．关于深入推进农业供给侧结构性改革加快培育农业农村发展新动能的若干意见［N］．人民日报，2017－02－06（001）．

［6］中华人民共和国农业农村部．关于实施农村实用人才培养“百万中专生计划”的意见［EB/OL］．http：//www.moa.gov.cn/nybgb/2005/dseq/201806/t20180618_6152565.htm，2005－12－20．

［7］中共中央国务院．关于推进社会主义新农村建设的若干意见［J］．山西农业（市场信息版），2006（06）：4－10．

［8］关于加快推进农业科技创新持续增强农产品供给保障能力的若干意见［J］．农业机械，2012（04）：89－93．

［9］中共中央国务院．关于加快发展现代农业 进一步增强农村发展活力的若干意见［J］．农业机械，2013（04）：105－110．

［10］樊梦瑶，张亮．新中国成立70周年中国农民培育的变迁与展望［J］．中国职业技术教育，2019（24）：21－27．

［11］李铜山，刘清娟．新型农业经营体系研究评述［J］．中州学刊，2013（03）：48－54．

［12］王聪玲．如何加强新型农机经营主体监管之思考［J］．中国农机监理，2019（02）：23－26．

[13] 王筱．农业新起点 [J]．农经，2013 (02)：14－18.

[14] 恰亚耶夫．农民经济组织 [M]．北京：中央编译出版社，1996.

[15] OECD (2011) “Agricultural policies in OECD countries and emerging economies”, 2011.

[16] Fulton. The Future of Cooperatives in Canada: A Property Rights Approach [J]. American Journal of Agricultural Economics, 1995 (77).

[17] Robert. A. Hoppe. Structure and Finances of U. S. Farms: Family Farm Report, 1999 Edition [R] EIB－66, U. S. Dept. of Agr., Econ. Res. Serv. July 1999.

[18] 马克思．资本论 [M]．北京：人民出版社，1975.

[19] Cook M. L. The Future of U. S. Agriculture Co—operatives: A Neo-Institutional Approach [J]. American Journal of Agricultural Economics, 1995 (77).

[20] 黄祖辉，俞宁．新型农业经营主体：现状、约束与发展思路——以浙江省为例的分析 [J]．中国农村经济，2010 (10)：16－26，56.

[21] 郭庆海．新型农业经营主体功能定位及成长的制度供给 [J]．中国农村经济，2013 (04)：4－11.

[22] 孔祥智．新型农业经营主体的地位和顶层设计 [J]．改革，2014 (05)：32－34.

[23] 刘帅，郭焱．新型农业经营主体发展现状及对策建议 [J]．农场经济管理，2013 (11)：18－20.

[24] 王春平．关于培育新型农业经营主体的几个问题 [J]．新农业，2013 (17)：7－9.

[25] 杜志雄，肖卫东．家庭农场发展的实际状态与政策支持：观照国际经验 [J]．改革，2014 (06)：39－51.

[26] 陈永富，曾铮，王玲娜．家庭农场发展的影响因素分析——基于浙江省13个县、区家庭农场发展现状的调查 [J]．农业经济，2014 (01)：3－6.

[27] John G. Thompson. Mobility of the Factors of Production as Affecting Variation in Their Proportional Relation to Each Other in Farm Organization [J]. The Journal of Political Economy, 1921 (29).

[28] 王礼力，赵晓锋，王来江．论农户选择农业经营组织形式的成本决定 [J]．西北农林科技大学学报（社会科学版），2002 (03)：42－44.

[29] 袁迎珍. 农业合作组织：历史变迁和制度演进——推进我国农业经营组织化的新制度经济学分析 [J]. 经济问题，2004 (02)：49 - 51.

[30] 罗必良，李玉勤. 农业经营制度：制度底线、性质辨识与创新空间——基于“农村家庭经营制度研讨会”的思考 [J]. 农业经济问题，2014 (01)：8 - 18.

[31] 孟丽，钟永玲，李楠. 我国新型农业经营主体功能定位及结构演变研究 [J]. 农业现代化研究，2015 (01)：41 - 45.

[32] 汪发元. 中外新型农业经营主体发展现状比较及政策建议 [J]. 农业经济问题，2014 (10)：26 - 32，110.

[33] 孔祥智，毛飞等. 土地流转与新型农业经营主体培育 [M]. 北京：中国农业出版社，2015：236 - 238.

[34] 江维国. 我国新型农业经营主体管理创新的战略构想 [J]. 农业经济，2014 (03)：62 - 64.

[35] 宋洪远，赵海. 构建新型农业经营体系，推进经营体制创新 [J]. 团结，2013 (01)：31 - 34.

[36] 王国敏，翟坤周. 确权赋能、结构优化与新型农业经营主体培育 [J]. 改革，2014 (07)：150 - 159.

[37] 岳正华，杨建利. 我国发展家庭农场的现状和问题及政策建议 [J]. 农业现代化研究，2013 (04)：420 - 424.

[38] 崔宝玉，谢煜. 农民专业合作社：“双重控制”机制及其治理效应 [J]. 农业经济问题，2014 (06)：60 - 67，111 - 112.

[39] 方春华. 创新农村工作机制培育新型经营主体——含山县培育新型农业经营主体的实践思考 [J]. 决策，2014 (04)：8 - 9.

[40] 朱启臻，闻静超. 论新型职业农民及其培育 [J]. 农业工程，2012 (03)：1 - 4.

[41] 谷小勇，张巍巍. 新型农业经营主体培育政策反思 [J]. 西北农林科技大学学报（社会科学版），2016 (03)：136 - 141.

[42] 张红宇. 抓紧培育新型农业经营主体 [N]. 经济日报，2017 - 04 - 08 (008).

[43] 赵晓峰. 农民合作社规范化的新机遇 [J]. 中国老区建设，2016 (09)：16.

[44] 赵晓峰，赵祥云. 农地规模经营与农村社会阶层结构重塑——兼

论新型农业经营主体培育的社会学命题［J］. 中国农村观察，2016（06）：55－66，85，96.

［45］詹姆斯·C. 斯考特. 农民的道义经济学：东南亚的反叛与生存［M］. 程立显译. 南京：译林出版社，2001.

［46］马克斯·韦伯. 经济与社会［M］. 上海人民出版社，2010.

［47］J. 波耶克. 二元社会经济学与经济政策［M］. 哈莱姆，1953.

［48］西奥多·W. 舒尔茨. 梁小民译. 改造传统农业［M］. 北京：商务印书馆，1987.

［49］弗兰克·艾利思（Ellis）. 胡景北译. 农民经济学［M］. 上海：上海人民出版社，2006.

［50］奥斯卡·列易斯. 贫穷文化：墨西哥五个家庭一日生活的实录［M］. 邱延亮译. 高雄：巨流图书公司，1984.

［51］阿列克斯·英格尔斯，戴维·H. 史密斯. 从传统人到现代人——六个发展中国家中的个人变化［M］. 顾昕译. 北京：中国人民大学出版社，1992.

［52］林毅夫. 小农与经济理性［J］. 农村经济与社会，1988（03）：31－33.

［53］黄宗智. 长江三角洲小农家庭与乡村发展［M］. 北京：中华书局，2000.

［54］黄祖辉，胡豹，黄莉莉. 谁是农业结构调整的主体－农户行为及决策分析［M］. 北京：中国农业出版社，2004.

［55］马良灿. 理性小农抑或生存小农——实体小农学派对形式小农学派的批判与反思［J］. 社会科学战线，2014（04）：165－172.

［56］李继刚. 社区理性和市场理性：小农理性的演化［J］. 湖南农业大学学报（社会科学版），2012，13（06）：16－21.

［57］蒋平. 新型职业农民培育的几点思考［J］. 农民科技培训，2012（04）：6－8.

［58］郭智奇，齐国，杨慧，赵娉，白瑜. 培育新型职业农民问题的研究［J］. 中国职业技术教育，2012（15）：7－13.

［59］杨继瑞，杨博维，马永坤. 回归农民职业属性的探析与思考［J］. 中国农村经济，2013（01）：40－45，66.

［60］魏学文，刘文烈. 新型职业农民：内涵、特征与培育机制［J］.

农业经济，2013（07）：73－75.

［61］曾福生．新型职业农民培育要向深度推进［N］．经济日报，2012－04－25（013）.

［62］朱启臻．新型职业农民的内涵特征及其地位作用［J］．中国农业信息，2013（17）：16－18.

［63］李俏，李辉．新型职业农民培育：理念、机制与路径［J］．理论导刊，2013（09）：82－84.

［64］Rothwell. Training and Skills Working Group of IDC，Workforce，Training and Skills Issues in Agriculture［R］. 2009.

［65］James J. Heckman Rebuilding the Agricultural Workforce［R］. Allen Consulting Group，January 2012.

［66］Nancy Franz. How Farmers Learn：Implications For Agricultural Educators. Journal Of Rural Social Sciences，25（1），2010，pp. 37－59.

［67］Deborah Duveskog，Esbern Friis-Hansen & Edward W. Taylor. Farmer Field Schools in Rural Kenya：A Transformative Learning Experience. Journal of Development Studies，Vol. 47，No. 10，1529－1544，October 2011.

［68］亚当·斯密．国富论［M］．文熙，牟善季，谢士新译．湖北：武汉大学出版社，2010.

［69］加里·贝克尔．人力资本汇［M］．北京：北京大学出版社，1987.

［70］卢卡斯．论经济发展的机制［J］．货币经济杂志，1989（04）：109－125.

［71］Kim，Young Pyoung. New Dynamics for Rural Development：The EVperience of Saemaul Undong［M］. Seoul Korea：Kyobo Publishing Inc，1985.

［72］Rogers，E. M. Diffusion of Innovation［M］. New York：Free Press，1995：78－85.

［73］I Wallace，K Mantzou. Police options for agricultural education and training in sub-Saharan Africa. Report of a preliminary study and literature review［J］. AERDD Working Paper，1996.

［74］Van den Ban A. W. & Hawkins H. S. Agricultural Extension［M］. New Jersey：Blackwell Science，1996. 113－120.

［75］Van Crower. L，Lindley W：Agricultural education for sustainable rural development：challengs for developing countries in the 21st century［R］. Rome：

FAO, 1998.

[76] Bennell, P. etal. Vocational Education and Training in Tanzania and Zimbabwe in the Context of Economic Reform [J]. Education Research Paper., 1999 (100).

[77] Benjamin, D., Brandt, L. & Glewwe, P., et al. Markets, Human Capita, and Inquality: Evidence from Rural China, Unpublished Paper [D]. University of Toronto, 2000.

[78] Noor. Dola. Investigating Training Impact on Farmers' Perception and Performance [J]. International Journal of Humanities and Social Science, 2011, 1 (6): 145-152.

[79] Jurksaitiene, N., Markeviciene, L., Misiunas., D. Proceedings of the 9th Intemational Scientific and Practical Conference on Environment, Technology and Resources [C]. 2013: 87-96.

[80] Ma, SJ. An Evaluation of Korean Farmer Education Policy [J]. Journal of Agricultural Education and Human Resource Development, 2014, 46 (2): 23-45.

[81] 孙中华. 大力培育新型农业经营主体夯实建设现代农业的微观基础 [J]. 农村经营管理, 2012 (01): 1.

[82] 陈晓华. 大力培育新型农业经营主体——在中国农业经济学会年会上的致辞 [J]. 农业经济问题, 2014 (01): 4-7.

[83] 叶迎. 日本农业人力资源开发研究 [J]. 世界农业, 2013 (10): 148-150, 161.

[84] 米松华, 黄祖辉, 朱奇彪. 新型职业农民: 现状特征、成长路径与政策需求——基于浙江、湖南、四川和安徽的调查 [J]. 农村经济, 2014 (08): 115-120.

[85] 夏志禹, 张亮, 赵帮宏. 新型职业农民培育模式对比分析 [J]. 保定学院学报, 2017 (02): 18-23, 60.

[86] 童洁, 李宏伟, 屈锡华. 我国新型职业农民培育的方向与支持体系构建 [J]. 财经问题研究, 2015 (04): 91-96.

[87] 朱启臻. 新型职业农民与家庭农场 [J]. 中国农业大学学报 (社会科学版), 2013 (02): 157-159.

[88] 王秀华. 新型职业农民教育管理探索 [J]. 管理世界, 2012

(04): 179-180.

[89] 贺喜灿. 人力资源开发视角的农民增收长效机制研究 [D]. 南昌大学, 2010.

[90] 吕雅辉, 周瑾, 张亮, 赵邦宏. 涉县“两新融合”培育模式分析 [J]. 农民科技培训, 2015 (05): 16-18.

[91] 刘风国. 山东临邑: “两新”融合发展向“多新”延伸 [J]. 农民科技培训, 2016 (02): 15-18.

[92] 吕雅辉, 张润清, 张亮, 赵帮宏. 新型职业农民培育“阳晨模式”研究 [J]. 农业经济问题, 2018 (11): 38-49.

[93] 范会芳. 福利多元主义视角下因病致贫家庭精准扶贫路径研究——以河南省濮范台地区的扶贫实践为例 [J]. 郑州大学学报 (哲学社会科学版), 2018, 51 (04): 19-22.

[94] 李铜山, 刘清娟. 新型农业经营体系研究评述 [J]. 中州学刊, 2013 (03): 48-54.

[95] 朱丽娟. 借鉴国外职业农民培育研究思路刍议中国新型职业农民培育研究的路径 [J]. 世界农业, 2017 (12): 204-209.

[96] 汪艳涛. 农户分化背景下新型农业经营主体培育机制研究 [D]. 中国海洋大学, 2015.

[97] 贺宏善. 浅议我国农业经营主体及其培育 [J]. 新疆农垦经济, 1998 (06): 7-8.

[98] 匡远配, 曾福生. 经营主体创新与提高农业国际竞争力 [J]. 小城镇建设, 2005 (06): 90-91.

[99] 韩冰华. 农地资源合理配置的制度经济学分析 [D]. 华中农业大学, 2005.

[100] 黄祖辉, 俞宁. 新型农业经营主体: 现状、约束与发展思路——以浙江省为例的分析 [J]. 中国农村经济, 2010 (10): 16-26, 56.

[101] 杨光华. 迈向包容性合作: 一个农民合作社的发展与治理机制研究 [D]. 华中师范大学, 2016.

[102] 于利华, 刘延涛. 农民培训现状与职业农民培育对策 [J]. 山东农业科学, 2012, 44 (04): 135-140.

[103] 段飞泉. 新型农民培育与农村教育改革创新 [D]. 南昌大学, 2007.

[104] 莫鸣. 新型农民培养模式研究 [D]. 湖南农业大学, 2009.

[105] 张亮. 我国新型农民培训模式研究 [D]. 河北农业大学, 2010.

[106] 黄莉莉, 朱奇彪, 米松华. 浙江省新型职业农民的培育路径与战略对策 [J]. 浙江农业科学, 2013 (06): 757-760.

[107] 许颖. 互动. 整合. 大融合——媒体融合的三个层次 [J]. 国际新闻界, 2006 (07): 32-36.

[108] 刘燕飞. 组织行为学视角下合作学习共同体研究 [D]. 山东师范大学, 2016.

[109] Paul A. Samuelson. The Pure Theory of Public Expenditure [J]. The Review of Economics and Statistics, 1954, 36 (4).

[110] 周琳. 论相关理论对会计监管研究的启示 [J]. 中外企业家, 2011 (17): 93-94.

[111] 杨瑞龙, 聂辉华. 不完全契约理论: 一个综述 [J]. 经济研究, 2006 (02): 104-115.

[112] 西奥多·W. 舒尔茨. 论人力资本投资 [M]. 北京: 经济学院出版社, 1990.

[113] 段钢. 人力资本理论研究综述 [J]. 中国人才, 2003 (05): 26-29.

[114] 大卫·李嘉图. 政治经济学及赋税原理 [M]. 北京: 光明日报出版社, 2013.

[115] 张治强. 比较优势视角下西藏经济发展问题分析 [J]. 西藏科技, 2019 (08): 3-7.

[116] 汪文文. 国外农民合作经济组织发展历程、特点及启示 [J]. 现代农业科技, 2008 (03): 200-202.

[117] 林荣清. 基于农业产业化的县域经济发展模式研究 [J]. 科技和产业, 2009, 9 (09): 35-40.

[118] 任兆丽. 对姚安县农民专业合作社发展的思考 [J]. 云南农业, 2019 (06): 27-29.

[119] 刘玉军, 丁风强, 葛树连. 青岛西海岸新区全面建立新型职业农民制度探讨 [J]. 农民科技培训, 2019 (04): 22-24.

[120] 李伟, 闫岩. 关于培育新型职业农民问题研究综述 [J]. 经济研究参考, 2018 (60): 48-60.

［121］罗倩文．专业化分工与农业经营主体演变的逻辑解释［J］．当代经济，2019（06）：121－123.

［122］曹禹．“两权”抵押贷款政策下国家新型职业农民激励计划实施研究［D］．中共四川省委党校，2019.

［123］倪旭．我国新型农业经营主体信用评价研究［D］．中国农业科学院，2018.

［124］何绍波，王秀杰，李艳宏．中学历史教学有效性研究——兼论新课程背景下高效课堂的有效互动［J］．辽宁教育，2014（21）：37－40.

［125］郭嘉．郑州市农业产业化利益联结问题研究［D］．河南农业大学，2010.

［126］高烨淋．尔康制药股权激励对公司绩效的影响［J］．合作经济与科技，2016（21）：126－127.

［127］张海莲．高州市荔枝产业发展对策研究［D］．仲恺农业工程学院，2018.

［128］王艳萍，陈讲飞，方明洁．论新型职业农民与农业现代化的耦合及其培育经验借鉴［J］．铜陵学院学报，2019，18（02）：27－30.

［129］侯继虎．对粮食供给侧结构性改革的新型经营主体——农民专业合作社的探究［J］．粮食科技与经济，2019，44（03）：27－29，32.

［130］倪旭．我国新型农业经营主体信用评价研究［D］．中国农业科学院，2018.

［131］樊川红，黄超，郑西朋．探讨农商行在服务农村工作中的问题和对策［J］．农村经济与科技，2018，29（24）：126，128.

［132］农业部部长韩长赋．解读《关于加快构建政策体系培育新型农业经营主体的意见》［J］．农业机械，2017（07）：30－31.

［133］让党的农村政策惠及广大小农户——中央农办副主任、农业农村部副部长韩俊等介绍《关于促进小农户和现代农业发展有机衔接的意见》并答记者问［J］．农村工作通讯，2019（05）：10－16.

［134］2018年中国新型农业经营主体发展分析报告［J］．吉林农业，2018（08）：18－22.

［135］李会超．大学生入职新型职业农民的意愿及影响因素研究［D］．河北农业大学，2018.

［136］赵红，孔祥银，彭花燕．高等职业院校服务乡村振兴的人才培养

模式创新研究——以湖北工业职业技术学院为例［J］. 湖北工业职业技术学院学报，2018，31（06）：8－11.

［137］王艳萍，陈讲飞，方明洁. 论新型职业农民与农业现代化的耦合及其培育经验借鉴［J］. 铜陵学院学报，2019，18（02）：27－30.

［138］刘曦. 我国农业龙头企业绩效评价研究［D］. 首都经济贸易大学，2018.

［139］骆明军. 崇州农业共营探索与实践［J］. 农村经营管理，2015.

［140］尚旭东，崔小年. 构建现代农业经营体系的组织创新实践：川省观察［J］. 农业部管理干部学院学报. 2017.

［141］刘同山，郭铖. 小农户生产与现代农业有机衔接的崇州实验［J］. 新疆农垦经济，2018.

［142］张世海. “农业共营制”让在家种田成为农民有盼头的职业［N］. 成都日报，2019.

［143］王辉. 不同新型农业经营主体农地规模经营效应及共生发展机制［D］. 西南大学，2018.

［144］罗骏，贺意林. “农业共营制”下土地股份合作社资金融通模式——以四川省崇州市为例［J］. 农业经济，2017.

［145］严蓉，杨洁. 基于农业供给侧改革的农业职业经理人培育实践——以成都模式为例［J］. 粮食科技与经济，2017.

［146］杨成伦. 以“农业共营制”为核心构建新型农业综合服务体系［J］. 农业经营管理，2015.

［147］王守聪，赵邦宏，曹琳琳等. 新型职业农民培育的安康实践与思考［J］. 农民科技培训，2013（11）：7－9.

［148］安康阳晨现代农业集团有限公司［J］. 甘肃畜牧兽医，2014（06）：41.

［149］龚杨，周婷婷. 走进西北养殖业航母阳晨集团之二产业发展篇［EB/OL］. http：//blog. zpmbxle. net/xrws/3949. html，2016－05－06.

［150］孙秀玲，宗成华，乔娟等. 中国农产品价格传导机理与政策——基于生猪产业的分析［J］. 经济问题，2016（01）：113－118.

［151］姜长云. 农业产业化组织创新的路径与逻辑［J］. 改革，2013（08）：37－48.

［152］种养致富网. 2016 年开春生猪规模养殖户补栏咋判断［EB/OL］.

http：//www.371zy.com/nyzx/4892.html，2016-03-01.

[153] 苏晴，胡俊．从经济学视角对长三角职业农民新群体的分析[J]．现代商贸工业．2009（01）：38.

[154] 童洁，李宏伟，屈锡华．我国新型职业农民培育的方向与支持体系构建[J]．财经问题研究，2015（04）：91-96.

[155] 郭岭．现代产业组织模式研究[D]．武汉：武汉理工大学，2004.

[156] 崔用慧，周高新．在产业发展中培育职业农民 在职业农民培育中壮大产业[J]．农民科技培训，2015（10）：17-20.

[157] 朱小鹏．“产业联盟”破解中小企业融资难题的路径探索——基于安康“阳晨模式”案例分析[J]．西部金融，2015（07）：87-89，93.

[158] 李小萃．农民专业合作社发展问题及对策建议[J]．新西部，2019（11）：65-66.

[159] 农民专业合作社联合社发展研究课题组．农民专业合作社联合社调查研究报告（下）[J]．中国农民合作社，2014（04）：57-61.

[160] 袁吕岱，操家齐．政府与市场双轮驱动下的家庭农场发展路径选择——基于上海松江、浙江宁波的调查数据分析[J]．上海经济研究，2016（03）：120-129.

[161] 袁青．苏州地区职业农民培训现状的调查与研究[D]．南京农业大学，2014.

[162] 林乐芬，法宁．新型农业经营主体融资难的深层原因及化解路径[J]．南京社会科学，2015（07）：150-156.

[163] 阮锋儿．中国农户投融资机制研究[D]．西北农林科技大学，2006.

[164] 牟晓婷．基于利益相关者视角的饭店企业社会责任研究[D]．北京第二外国语学院，2010.

[165] 杨林，王璐．乡村振兴战略视域下农村土地经营权抵押融资利益相关者的博弈与平衡[J]．宁夏社会科学，2018（03）：77-85.

[166] 张建群．企业成本控制与财务管理目标的实现[J]．商场现代化，2015（12）：241.

[167] 汪艳涛．农户分化背景下新型农业经营主体培育机制研究[D]．中国海洋大学，2015.

[168] 张弛．企业参与职业教育办学的长效机制构建——基于利益需求

与利益协调的视角［J］. 中国职业技术教育，2017（12）：76－82.

［169］杨果，陈瑶. 新型农业经营主体参与低碳农业发展的激励机制设计［J］. 中国人口·资源与环境，2016，26（06）：94－99.

［170］孙章，宋百明. 科学学构建社会进步模型［J］. 科学学与科学技术管理，2000（05）：24－26.

［171］唐代盛. 人力资本风险投资的理论框架及决策条件研究［D］. 西南财经大学，2005.

［172］张丛. 战略性新兴产业企业的资本运营模式研究［D］. 中国海洋大学，2013.

［173］李含琳. 我国不同区域现代农业三大体系构建战略探讨［J］. 甘肃理论学刊，2018（03）：5－11.

［174］陈靖. 新型农业经营主体如何“嵌入”乡土社会——关联营造的视角［J］. 西北农林科技大学学报（社会科学版），2018，18（05）：18－24.

［175］齐乃敏，蒋平，崔艳梅. 江苏省新型职业农民扶持政策现状·存在问题及对策［J］. 安徽农业科学，2018，46（36）：229－232.

［176］张永翊，王倞. 构建现代农业经营体系的路径研究［J］. 唐山师范学院学报，2014，36（03）：119－122.

［177］花双莲. 企业社会责任内部控制理论研究［D］. 中国海洋大学，2011.

［178］韦永立. 江苏省新型职业农民培育问题研究［J］. 安徽农业科学，2016，44（11）：296－300.

［179］余凤. 重庆农村劳动力转移对农业生产的影响研究［D］. 四川农业大学，2013.

［180］罗必良. 农民的经济理性及其政策含义［J］. 农村研究，1999（02）：31－34.

［181］Jane Yarnall. Career anchors：results of an organisational study in the UK［J］. Career Development International，1998，Vol. 3 Iss：2：56－61.

［182］徐勇. 农民理性的扩张：“中国奇迹”的创造主体分析——对既有理论的挑战及新的分析进路的提出［J］. 中国社会科学，2010（01）：103－118，223.

［183］徐俊，朱宝生. 养老机构床位使用率及其影响因素研究——以北京市为例［J］. 人口与经济，2019（03）：115－126.

［184］晋洪涛．家庭经济周期理性：一个农民理性分析框架的构建［J］．经济学家，2015（07）：55－64.

［185］Meyer J P，Stanley D W，Herscovitch L，et al. Affective，Continuance，and Normative Commitment to the Organization：A Meta-analysis of Antecedents，Correlates，and Consequences.［J］. Journal of Vocational Behavior，2002，61（0）：20－52.

［186］农业部办公厅关于新型职业农民培育试点工作的指导意见［J］．农民科技培训，2013（08）：10－11，14.

［187］何蓉蓉，付亚萍．浅析第二代农民工综合素质与能力的提升［J］．技术与市场，2009（07）：72－73.

［188］宋晶．现代职业教育伦理研究［D］．天津大学，2013.

［189］孙娟．关于农民职业化的若干思考［J］．天水行政学院学报，2007（05）：22－24.

［190］史清华，徐翠萍．农户家庭农地流转行为的变迁和形成根源——1986～2005年长三角15村调查［J］．华南农业大学学报（社会科学版），2007（03）：1－9.

［191］牟少岩，杨学成．农民职业分化微观影响因素的实证研究——以青岛为例［J］．农业经济问题，2008（11）：90－95，112.

［192］杨金凤，张清霞．教育对农村劳动力外出就业及收入的影响——基于山西省的调查［J］．高等农业教育，2005（12）：91－95.

［193］张林秀，霍艾米，罗斯高，黄季焜．经济波动中农户劳动力供给行为研究［J］．农业经济问题，2000（05）：7－15.

［194］苏群．农业产业化经营的组织模式与农民合作经济组织的培育［J］．农村经济，2004（03）：35－37.

［195］Gould J L. Notes on Peasant Consciousness and Revolutionary Politics in Nicaragua 1955～1990［J］. Redvet Revista Electrónica De Veterinaria，2014（15）：50－62.

［196］乔冬．家庭主要因素对大学生职业选择的影响［J］．出国与就业（就业版），2010（14）：42－44.

［197］赵志群．职业选择的理论模式与影响因素［J］．现代技能开发，1995（02）：33－34.

［198］Huffman，W. E. Allocative Efficiency：the Role of Human Capital

[J]. Quarterly Journal of Economics, vol. 1977, 91 (1): 59 - 77.

[199] 李恒. 外出务工促进农民增收的实证研究——基于河南省49个自然村的调查分析 [J]. 农业经济问题, 2006 (07): 23 - 26, 79.

[200] 周瑾, 夏志禹. 影响新型职业农民从业选择的微观因素分析 [J]. 统计与决策, 2018, 34 (12): 94 - 98.

[201] 李长健. 论农民权益的经济法保护——以利益与利益机制为视角 [J]. 中国法学, 2005 (03): 120 - 134.

[202] 崔月明. 利益相关者视角下的企业社会责任研究 [D]. 华东师范大学, 2010.

[203] 刘有贵, 蒋年云. 委托代理理论述评 [J]. 学术界, 2006 (01): 69 - 78.

[204] 罗必良. 论农业分工的有限性及其政策含义 [J]. 贵州社会科学, 2008 (01): 80 - 87.

[205] 张森林, 陈光玖, 张斌. 企业人力资本投资及效益研究 [J]. 科学管理研究, 2009, 27 (03): 91 - 95, 111.

[206] 陈光玖, 张斌. 企业人力资本投资优化创新的理论与对策 [J]. 科技与经济, 2010, 23 (02): 63 - 67.

[207] 杨娅芳. 基于战略的企业人力资本投资收益与风险评价 [D]. 西北工业大学, 2007.

[208] 程德俊, 赵曙明. 高参与工作系统与企业绩效: 人力资本专用性和环境动态性的影响 [J]. 管理世界, 2006 (03): 86 - 93, 171.

[209] 马春艳. 我国农业生物产业技术创新路径及政策研究 [D]. 华中农业大学, 2008.

[210] 高浩翔. 现代青年农场主政治素养研究 [D]. 安徽农业大学, 2017.

[211] 李峰. 乡村振兴正当时 [N]. 金昌日报, 2018 - 10 - 10 (001).

[212] 宋洪远. 中国农村改革40年: 回顾与思考 [J]. 中国农业文摘 - 农业工程, 2019, 31 (01): 3 - 11.

[213] 文军. 大力培育新型职业农民, 提升市场竞争能力 [J]. 农村工作通讯, 2019 (03): 44.

[214] 张天佐. 提升农民合作社发展质量 助力乡村全面振兴 [J]. 农村经营管理, 2019 (01): 1.

[215] 龚云. 坚定不移发展壮大农村集体经济 [J]. 中共杭州市委党校学报, 2019 (01): 4-9, 97.

[216] 李如潇. 中国农业经营制度变迁的路径依赖及其对策研究 [D]. 吉林大学, 2019.

[217]. 提质创新促发展 规范升级谱新篇——山东潍坊农民合作社发展概述 [J]. 中国农民合作社, 2019 (05): 13-14.

[218] 李秀川. 山西农村改革回顾与展望 [J]. 山西农经, 2019 (12): 41-43.

[219] 张平. 南通农业社会化服务体系建设研究 [J]. 江苏农村经济, 2013 (10): 50-51.

[220]. 2016年农村经营管理工作要点 [J]. 农村经营管理, 2016 (04): 15-18.

[221] 宋洪远, 赵海. 新型农业经营主体的概念特征和制度创新 [J]. 新金融评论, 2014 (03): 122-139.

[222] 姚王信, 郭蓉, 闫晓燕. 科技创新和商业模式创新的融合机制与路径——基于"创新·创业·创智·创富"情境的理论分析框架 [J]. 科技进步与对策, 2014, 31 (23): 4-8.

[223] 黄宇. 习近平新时代中国特色社会主义思想的逻辑基点与实践基础 [J]. 浙江社会科学, 2017 (12): 4-11, 155.

[224] 魏登峰. 乡村振兴战略 新时代"三农"工作总抓手 [J]. 农村工作通讯, 2018 (Z1): 35-36.

[225] 王军. 合作社进入了高质量发展阶段 [J]. 中国农民合作社, 2019 (01): 13.

[226] 魏玉栋. 着眼现代农业发展 强化农民教育培训——访农业部副部长张桃林 [J]. 农村工作通讯, 2012 (02): 16-19.

[227] 芦千文, 张益. 对现代农业产业化联合体发展的调查与思考——以安徽省宿州市为例 [J]. 农业经济与管理, 2017 (02): 24-31.

[228] 王中彬. 徐州市农业生产规模化促进农民增收的模式探究 [J]. 科技信息, 2012 (16): 438-439.

[229] 农业农村部全面启动2019年农民教育培训工作 [J]. 农民科技培训, 2019 (07): 4-5.

[230] 赵海. 新型农业经营体系的涵义及其构建 [J]. 中国乡村发现,

2013 (01): 41 -46.

[231] 李俏. 农业社会化服务体系研究 [D]. 西北农林科技大学, 2012.

[232] 关锐捷. 构建新型农业社会化服务体系初探 [J]. 农业经济问题, 2012, 33 (04): 4 -10, 110.

后　记

党的十九大提出实施乡村振兴战略的重大决策。人的因素是最活跃的因素，人才振兴是实现乡村振兴的最关键因素，2020年中央一号文件提出，抓紧出台推进乡村人才振兴的意见，推动人才下乡，培养更多知农爱农、扎根乡村的人才，整合利用农业广播学校、农业科研院所、涉农院校、农业龙头企业等各类资源，加快构建高素质农民教育培训体系。而高素质农民的最重要的载体是新型农业经营主体，新型农业经营主体带头人是高素质农民的优秀代表。农业农村部提出实施高素质农民培育计划，围绕全产业链，分类分层分模块开展培训，组织产业扶贫带头人、新型农业经营服务主体经营者、返乡入乡创新创业者、专业种养加能手4个培养行动，可以提高他们的综合素质和职业能力，充分发挥示范带动作用，促进经营主体和农民个体实现融合、一体化发展，加快构建现代农业生产经营者队伍。为深入实施乡村振兴战略，促进高素质农民学历提升。统筹涉农高校、中高等农业职业院校等教育资源，大力推进百万高素质农民学历提升行动计划。用5年时间完成培养100万名接受学历职业教育、具备市场开拓意识、能推动农业农村发展、培育新时代高素质农民，形成一支乡村振兴人才队伍。支持各地立足资源优势打造各具特色的农业全产业链，建立健全农民分享产业链增值收益机制，形成有竞争力的产业集群，重点培育家庭农场、农民合作社等新型农业经营主体，培育农业产业化联合体，通过订单农业、入股分红、托管服务等方式，将小农户融入农业产业链。通过鼓励组建专业协会、产业联盟等，促进农民合作发展，鼓励高素质农民发展新型农业经营主体和服务主体。这是今后农业农村部门的工作重点，也和本课题组研究成果的方向相一致。

由于在未来一段时期内，小农户仍然数量庞大且长期存在，他们处在农业发展的“边缘地带”，影响农业现代化的实现。要实施乡村振兴战略，必须促进小农户和现代农业发展有机衔接。未来高素质农民是联系小农户与新型经营主体的重要纽带，通过新型经营主体带动扶持小农户，从而形成三方

“利益共同体”，在市场机制下，资源达到最优配置，实现良性循环，各方获得各自应得的价值。新型农业经营主体通过打造品牌，完善社会化服务体系，开展农社对接，帮助小农户对接市场，增加收益。在未来培养高素质农民的同时，会逐步建立起与小农户、新型农业经营主体的三方双向耦合发展机制，促进小农户转变为高素质农民，拓展小农户加入新型农业经营主体的渠道。新时代下“两新融合”将逐步转变为如何使小农户、新型农业经营主体通过高素质农民有效衔接现代农业的“四方融合”，这也是本团队今后的研究重点。

本书完成过程中得到农业农村部科技教育司、中央农业广播电视学校、河北省农业厅、各地农业主管部门、新型农业经营主体和新型职业农民的鼎力协助。感谢湖南师范大学的吴易雄教授、山东省广播电视大学副校长姜家献研究员、安徽省广播电视大学副校长阚言华研究员等许多专家和学者提出了宝贵意见。本书研究成果是一项集体调研、集体研究的成果，是课题组成员共同的成果。河北农业大学赵帮宏教授非常关心课题进展，提供了许多好的研究思路和建议，河北农业大学的张岩峰、周剑、马林娜等老师和研究生冯肖昆、韩长山、赵芸、赵子健、李文双、王鹏、肖阔等同学参与了本书的部分修改和校对工作，河北农业大学经济管理学院的张润清教授、宗义湘教授、王俊芹教授、王哲教授对本书的写作提出了许多中肯的建议，在此一并表示感谢。同时本书得到国家社会科学基金项目新型农业经营主体与新型职业农民“两新融合”机制研究（15BJY104）和2020年度河北省哲学社会科学学术著作出版资助，出版得到中国财政经济出版社的大力支持，在此表示最诚挚的感谢！本书研究成果历时5年，付出了很大的精力，期望通过对新型农业经营主体与新型职业农民“两新融合”机制的研究，对我国现代农业的发展起到一定的积极影响，但仍有很多问题研究得不够深入，恳请各位专家、学者、领导批评指正。

张　亮

2020年6月